古典籍が語る

—書物の文化史—

山本信吉

八木書店

古来風躰抄上

やまとうたのおほやうのこと
とり/＼しなあるなかによろつのこと
ハみなしきしまのミちよりおこり
なをしくさやうにうつりかわることハ
ら六義をわかちやうのことハ万代よく
いろよ今集の序にいへることくく人乃
こゝろことハをしけくなれる事のよろつ
こゝろもしれハ春のはなをもてよろつ

『古来風躰抄』　藤原俊成自筆　国宝
建久8年（1197）筆（上巻冒頭　冷泉家時雨亭文庫所蔵）

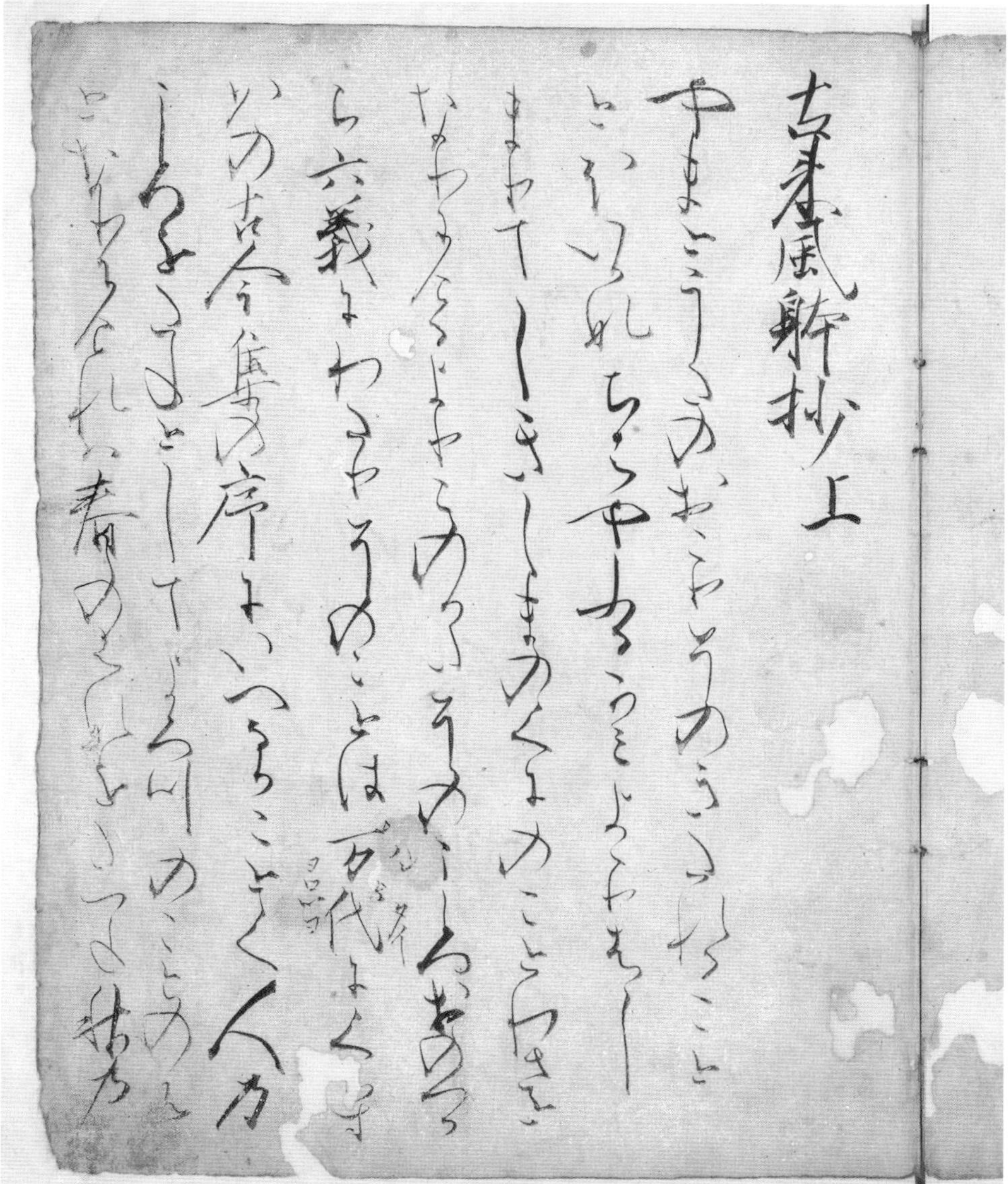

『古今和歌集』嘉禄二年本　藤原定家筆　国宝　嘉禄二年（一二二六）筆（冷泉家時雨亭文庫所蔵）

（表紙）

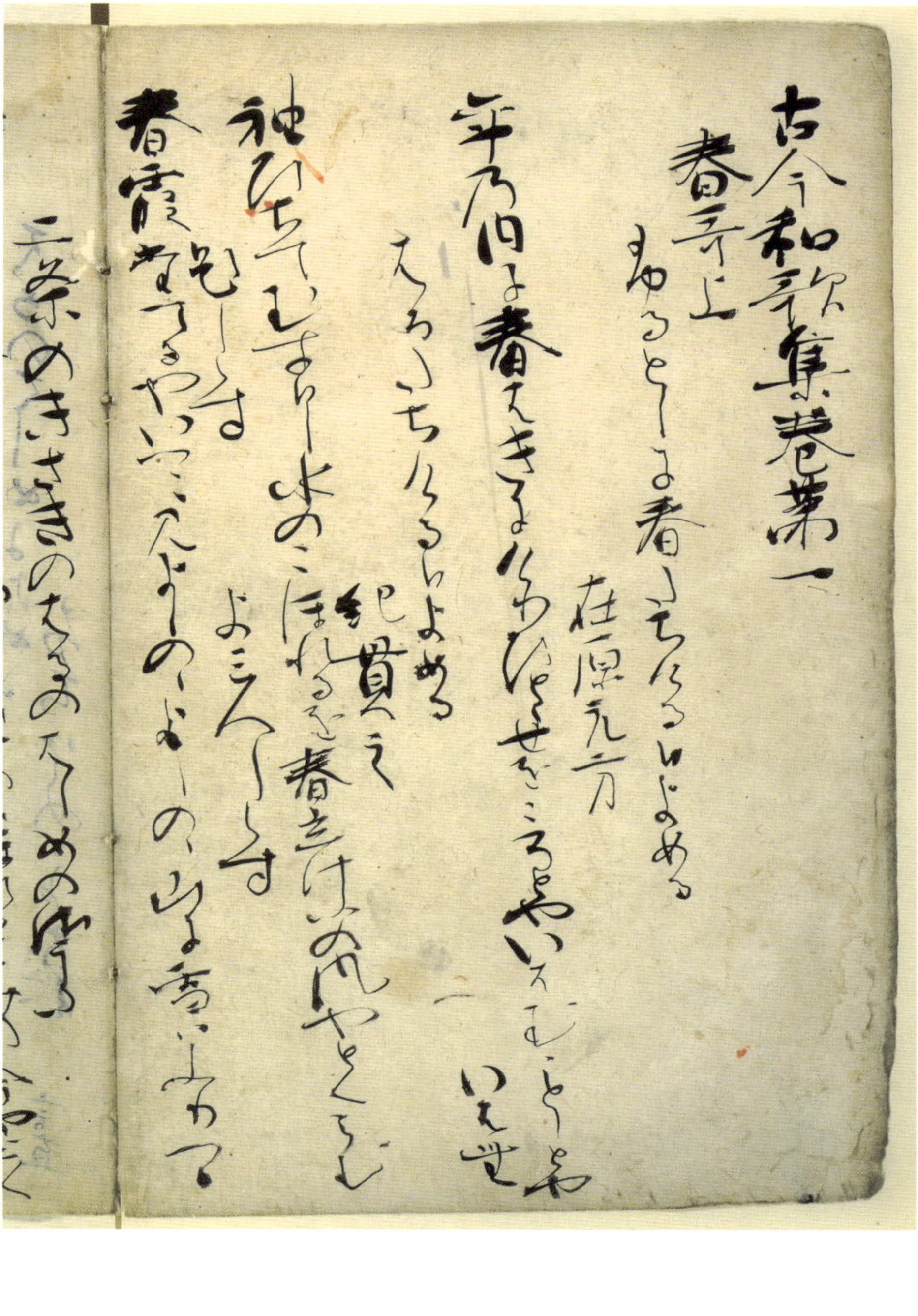
古今和歌集巻第一
春歌上
ふるとしに春たちける日よめる　在原元方
年の内に春はきにけりひとゝせをこぞとやいはむことしとやいはむ
春たちける日よめる　紀貫之
袖ひちてむすびし水のこほれるを春立けふの風やとくらむ
題しらず
春霞たてるやいづこみよしのゝよしのゝ山に雪はふりつゝ
二条のきさきのはるのはじめの御うた

（上巻冒頭）

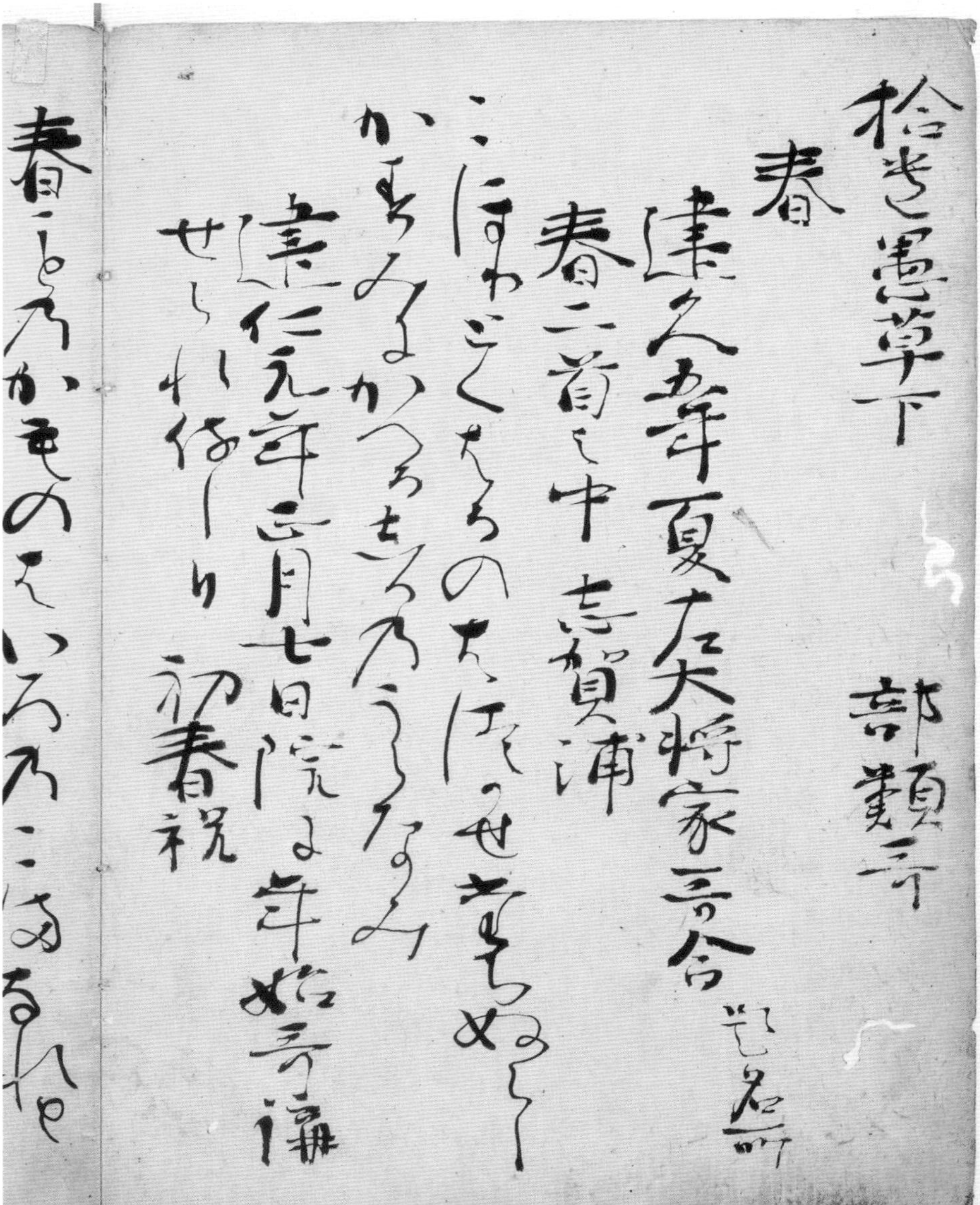

『拾遺愚草』　藤原定家自筆　国宝
鎌倉時代中期（下巻冒頭　冷泉家時雨亭文庫所蔵）

『古典籍が語る—書物の文化史—』目次

〔本扉図版の出典〕冷泉家時雨亭文庫所蔵『古今和歌集』嘉禄二年本　藤原定家筆（上巻冒頭）

古典籍が語る
—書物の文化史—

はじめに――古典籍はどのように伝わったか――

日本の国は古い文化遺産が数多く今日に伝わっていることで知られている。単に文化遺産が多いということならば中国・朝鮮、あるいはエジプト・ギリシャ・ローマなどが有名である。しかし、これらの栄えた国々の文化遺産のほとんどは、歴史の変遷のなかで、いったんは滅びて地中に埋没した。それらが、近代の考古学、あるいは科学技術の発達によって、発見され、その存在と価値が改めて注目されている。

それに対して日本の文化遺産とくに有形の文化財の多くは、木・紙または布・絹、あるいは漆・陶磁器など燃えやすく、破れやすい、壊れやすく、腐りやすい材質でありながら、失われることなく今日に伝えられているのが特徴である。このように脆弱《ぜいじゃく》な文化財、とくに典籍《てんせき》・文書《もんじょ》・記録《きろく》あるいは絵画・彫刻・工芸品が今日に残った理由は、一言でいえば人から人へ、親から子へ、師匠から弟子へと、手から手へ伝えられたためである。その手渡しにさいして、人々は大切なものは箱に入れ、唐櫃《からひつ》・長持《ながもち》に納め、土蔵の二階（一階は湿気が溜るので）に安置して、あまり空気や人の目にふれることなく保存した。いわば今日国宝とか重要文化財と呼ばれて世間の注目を浴びている文化財は、永年にわたり人の心に支えられ、箱と蔵に守られて今日に伝わっている。

その場合にどのような人々がこれらの文化財を守ったのであろうか。現在、国指定の文化財のうち、いわゆる美術工芸品と呼ばれている分野の文化財を所有者別にみてみると、その割合は大別して神社一〇%、寺院五〇%、個人五%、国有一五%（近年は文化庁が非課税を前提に個人所有の指定文化財を買上げているので、国有品は毎年増加している）、地方自治体五%、美術館・博物館などの財団法人一〇%、その他五%となっている。これらのうち、国・地方自治体・法人等は明治維新後、我が国が近代になってから行政・管理組織が作られて所有者となったもので、これらの組織が所有する文化財は、江戸時代に遡《さかのぼ》ると、そのほとんどは神社・寺院および公卿・武家・その他の旧家など個人の家に伝わっていたとみてよいであろう（たとえば現在国立博物館などにある懸仏《かけぼとけ》・御正体《みしようたい》はもとは神社の本殿に祀られていたものが、明治維新の廃仏毀釈《はいぶつきしやく》で神社から流出したものである）。

衆知のように我が国の神社の多くは、各地の地主神《じぬしのかみ》あるいは鎮守《ちんじゆ》の神、あるいは氏族の祖神を祭神として祀っていて、これらの神社の御神体あるいは神宝《じんぽう》はその祭神にゆかりがあるものが多い。たとえば近くの古墳からの出土品、あるいは祭神の由緒を示す縁起資財帳《えんぎしざいちよう》、祭神と氏子との関係を示す系図《けいず》などがそれで、一例を挙げれば、京都丹後の籠《この》神社の海部氏《あまべし》系図《けいず》はかつては祭神の歴史を伝えた御神体として神殿に祀られていたが、現在は撤下されて我が国最古の系図として国宝になっている。また京都の吉田神社は平安時代以降、神祇家として栄えた卜部《うらべ》（吉田家）の子孫が神主となって代々の文庫を大切に守り、神祇・神道関係の貴重書を数多く伝えた。

また、寺院では経典《きようてん》・聖教《しようぎよう》・文書などはそれぞれの寺院の教学の内容、日本への伝来の歴史、日本での発展の姿を伝えた法宝《ほうほう》として大切に伝えられた。私が永年にわたる文化財の指定調査で学んだことは、日本の寺院は宗祖・開基の自筆本を大切に保存していることである。その例を平安仏教についてみれば、天台宗《てんだいしゅう》の伝教大師《でんぎょうたいし》最澄《さいちょう》・慈覚大師《じかくたいし》円仁《えんにん》・智証大師《ちしょうたいし》円珍《えんちん》、真言宗《しんごんしゅう》の弘法大師《こうぼうたいし》空海《くうかい》がその代表で、とくにこれらの人々の入唐《にっとう》に関する史料、つまりこれらの高僧がどのようにして新仏教を唐から日本に伝えたかを明らかにする史料は開宗の歴史を示す根本史料として大切にされた。いわゆる鎌倉仏教についても源空《げんくう》（法然房）・親鸞《しんらん》・日蓮《にちれん》・叡尊《えいそん》、あるいは建仁寺の栄西《ようさい》・東福寺の円爾《えんに》・泉涌寺の俊芿《しゅんじょう》などの高僧の自筆本が開祖・宗祖の根本史料として、また日蓮宗では日蓮の自筆名号・書状が本尊《ほんぞん》として大切に今日に伝えられた（日蓮の自筆書状は法華経寺・大石寺などにまとまって伝わっているが、信仰の対象になったためか、地方寺院に伝わるものは偽物も多い）。これらの自筆本は歴史上、学術上あるいは芸術上にも価値が高いことは当然であるが、おそらくその理由だけでは今日に残らなかったであろう。その高僧の教え、法流を継承した人々が、自分達の信仰の支えとして、また、属する宗派が歴史的に正統であることの証拠・象徴として命がけで大切に保持したためである。ただし、大切なものを守るためには犠牲も大きかった。たとえば三井寺《みいでら》の呼び名で有名な滋賀の園城寺《おんじょうじ》は宗祖円珍の入唐関係典籍文書をまとまって伝えているが、寺にはこの円珍関係以外の平安・鎌倉時代の典籍・文書はほとんど残っていない。その理由は、永年にわたる延暦寺との争乱のなかで、寺の人々はいざというときは円珍関係典籍・文書、それにその御像と円珍ゆかりの五部心観《ごぶしんかん》、不動明王（黄不動《きふどう》）を持ち出して、ほかの財物は犠牲にした結果であった。また、比叡山は桃山時代の元亀二年（一五七一）のいわゆる信長の叡山焼き打ちで山上寺院は一物も残らず法宝を焼失したが、伝教大師最澄の出家記録である「度《ど》縁案《えんあん》並びに僧綱《そうごう》牒《ちょう》」は京都大原の来迎院《らいごういん》に伝わり、入唐についての「入唐牒」および最澄自筆の「天台法華宗年分縁起《てんだいほっけしゅうねんぶんえんぎ》」など最澄関係の根本史料はいったんは琵琶湖の東に逃れて、のちに延暦寺に戻っている。これなども猛火のなかを身に代えて宗祖の秘宝を守った人がいたからのことである。

　こうした幾つかの例に示されるように、日本の貴重な文化財、ことに典籍・文書は、信仰の力によって今日に伝えられている場合が多い。その信仰の力は単なる信仰心をいうのではなく、永年にわたって培われた教学の歴史に裏付けられた信仰心を土台としていたことに大きな特徴があった。日本の寺院が持つ特色の一つは、教学が発展をするなかで、多くの法流が成立し、その法流の正統性を明らかにするために経典の内容、修法の次第を述べた聖教の蒐集が行われたことである。その代表例が京都の門跡寺院として有名な青蓮院の吉水蔵《きっすいぞう》である。我が国の天台密教は、最澄ののち慈覚大師円仁・慈恵大師良源らによって発展した。平安時代中期になると谷阿闍梨《たにのあじゃり》皇慶《こうけい》が出て、天台密教の法流として谷流《たにりゅう》を確立した。皇慶は入寂にさいして多くの弟子のなかから若年の安慶《あんけい》を法流の継承者と定めて附法状《ふほうじょう》を与え、自身が所有した聖教を伝授した。青蓮院の吉水蔵はその皇慶伝授の聖教を源として、鎌倉時代前期に慈鎮和尚《じちんかしょう》慈円《じえん》、ついで南北朝時代に尊円親王《そんえんしんのう》が整備・補充を行い、歴代天台座主相承の聖教として大切にされて今日に至っている。その内容は平安・鎌倉時代に書写された台密の秘籍で、その特徴は各聖教が筆者・書写年代および伝来を明らかにしていて、台密の教学・秘法が由緒正しいもので、その継承の次第などを具体的に伝えて、その正統性を明確にしていることにある。

　仏教の興隆にさいして聖教が重視されたことは、東寺の観智院《かんちいん》聖教（その聖教を伝えた経蔵は金剛蔵《こんごうぞう》と呼ばれている）が成立した理由によっても判明する。東寺は弘法大師空海によって国家鎮護の修法道場として位置付けられていた。しかし、鎌倉時代後期から南北朝時代にかけて、真言諸宗の寺院がその法流の発展を競うようになると、東寺にも頼宝《らいほう》・杲宝《ごうほう》・賢宝《けんぽう》のいわゆる東寺三宝《とうじのさんぽう》が出て、東寺を法会中心の祈願道場から、弘法大師信仰を背景とした学問研究の教学道場として東寺宝菩提院《ほうぼだいいん》・観智院を中心に二季《にき》伝法会《でんほうえ》談義《だんぎ》、勧学会《かんがくえ》談義《だんぎ》および毎月二一日論義《ろんぎ》などの諸論義を行い、教学の興隆に努めた。そのさい杲宝らがまず行ったのは弘法大師空海が唐から将来した聖教を東寺で再興するための書写事業を行うことであり、ついで真言密教の事相・教相に関する優秀な聖教を蒐集することであった。その事業のことは東寺の歴史を伝えた寺誌である『東宝記《とうぼうき》』第六、安置聖教項に掲げる「暦応四年十一月東寺定額評定事書（高祖大師御請来経論等書写安置事）」に述べられている。この文書には東寺の聖教の散失を嘆き、その再興を願った東寺の学僧の意志がよく現されている。現存する観智院聖教はその努力の成果を伝えたもので、平安・鎌倉時代の優れた古写本を数多く伝えていて、いわば台密の吉水蔵に対して、東密の金剛蔵として対比される質量を誇っている。それは偏に弘法大師の教学を復興しようとした東寺の学僧の情熱の賜物であった。

一口に聖教の蒐集・整備といってもそれは苦労が多いものであった。その姿の一例を京都山科《やましな》の真言密教寺院である醍醐寺《だいごじ》にみることができる。平安時代前期に聖宝《しょうぼう》が開創したこの醍醐寺は中期に三宝院流《さんぼういんりゅう》の法流を確立した。平安時代後期に醍醐寺の座主を務めた勝宝僧正《しょうぼうそうじょう》は、醍醐寺の歴史を伝えた『醍醐寺新要録』の経蔵項によれば、治承三年（一一七九）にその三宝院流の支えとなった三宝院の経蔵の内容の整備・充実を目指して、顕密聖教・代々先徳自筆書籍および本尊・曼荼羅・法具類の目録を作った。しかし、勝宝は目録作成の作業のなかで、経蔵にある経典・聖教類には由緒が明らかでない写本が多く、伝来不明で真偽未定の聖教が多いと嘆いている。醍醐寺三宝院における経蔵の整備は室町時代にも行われた。醍醐寺文書中の永享六年（一四三四）三月二二日の「満済准后《まんさいじゅごう》自筆申置条々」は「本尊・仏具・聖教は一尊・一種・一帖といえども散逸させてはいけないと代々の祖師が戒めている。しかし、法流を継承する灌頂道具等は近年その大略を紛失してしまった。もし伝法の法具、伝法の軌則（の聖教）がなくなれば法流が断絶してしまう。法流が断絶すれば国家護持の修法も中絶するであろう」と嘆いている。

こうした法流の継承と聖教との関係は高野山においても同じであった。高野山の主要な学侶寺院には歴代院主が空海以来の正統な法流を継承したことを証明する附法状《ふほうじょう》が数多く伝わっている。その内容は附法とともに聖教を継承したことを記していて、その寺院には附法印信《ふほういんじん》とともに附法の内容を明らかにする修法次第・作法書が大切に保存されている。ただし、高野山の経蔵の特徴は仏典・聖教とともに漢籍・文学・和歌・連歌などの古写本も併せて伝えていることである。この理由の一つは空海の思想・学問が仏教に留まらず、詩文の世界に及んでいたことにある。『三教指帰《さんぎょうしき》』『遍照発揮性霊集《へんじょうはっきしょうりょうしゅう》』あるいは『玉造小野小町壮衰《たまつくりおののこまちそうすい》書《しょ》』（偽書）などの書物は空海の著作あるいは著作集として平安・鎌倉時代にその注釈書が大切にされたが、それらの注釈書の内容は中国の『論語』などの儒書、あるいは『史記』などの史書をはじめとして広く漢籍を駆使したもので、自然高野山の学僧は中国・日本の古典を学ぶ機会が多かったと思われる。

我が国の古代の文庫は奈良時代の貴族であった石上宅嗣《いそのかみのやかつぐ》の文庫「芸亭《うんてい》」が有名であるが、この芸亭は宅嗣が晩年に自分の邸宅を寺とし、その一隅に文庫として建てたもので、その蔵書の内容は内（仏教）・外（漢籍）

典の両門にわたっていたといわれる。古代の寺院の経蔵の多くはおそらくこの方針を受け継ぎ、内典とともに外典も蒐書の対象としていた。現在、我が国には唐写本あるいは奈良時代の書写になる漢籍の稀観本《きこうぼん》が数多く伝わっているが、それらの大部分は平安時代中期にいったん反故《ほご》とされながら、裏面に各種の仏典を写されたことによって、いわば仏典の紙背文書として残っている。これはかつては経蔵のなかに仏典とともに漢籍も伝えられていたことを示している。高野山には『文館詞林《ぶんかんしりん》』（国宝）『漢書周勃伝《かんじょしゅうぼつでん》』（重要文化財）『白氏《はくし》文集巻第三残巻《もんじゅかんだいさんざんかん》』（重要文化財）など漢籍の貴重な古写本、縁起・説話から和歌・連歌・説話文学などに至る写本が数多く現存しているが、これは高野山の諸寺院が今はほとんどの寺院で失われてしまった経蔵本来の姿を今日に伝えていることを示している。

自身が拠って立つ基盤を明らかにする証拠として、先祖から伝わった典籍・文書を大切に守るという考え方は個人の家においても同じであった。日本の社会は平安時代の中期になって摂政・関白を中心とする新しい貴族社会が成立すると、官職あるいは学問がしだいに専門化し世襲化したことはよく知られている。官職については貴族の身分が固定化し、特定の氏族による家格が成立する。太政官の事務官僚も小槻・清原など特定の氏族が専従するなかで、学問・文化においてもたとえば明経道《みょうぎょうどう》（儒学）は清原・中原氏、紀伝道《きでんどう》（歴史・文学）は大江・菅原・藤原式家・同南家、神祇《じんぎ》は中臣《なかとみ》・忌部《いんべ》（吉田家）、医学は和気・丹波氏、天文《てんもん》・陰《おん》陽道《みょうどう》は賀茂・安倍氏、算道《さんどう》は三善《みよし》氏などが代表で、いずれもその専門の学問を親から子へ、子から孫へと伝えて世襲の学問とした。家学《かがく》の成立である（この家学のことは本書第四章「一　漢籍貴重書の伝来」で述べておいた）。

この家学の特徴は正しい本文とその読み方・解釈を加えた先祖伝来の古写本を「家の証本《しょうほん》」として大切に

したことである。その一例として吉田家の『日本書紀』がある。現在、奈良の天理大学附属天理図書館にある吉田家本の『日本書紀』（二八冊）は室町時代の天文九年（一五四〇）一一月に卜部《うらべ》兼右《かねみぎ》が書写した本で、巻第三〇・持統天皇紀の末に記された書写奥書によれば、かつて父兼満の時代の大永五年（一五二五）三月に卜部家累代の『日本書紀』を火災で失った。その焼失を惜しんだ兼右は諸処を訪ね、まず鎌倉時代の卜部家《うらべけ》の秘説を記入した三条西実隆本を借用して書写し、ついで処々にある卜部家の系統の写本をみて本文を校合し、さらに禁裏本を借覧して再度の校正を行い、注釈など不審の個所は各種の注釈書などによって確認を行った。兼右はこのようにして卜部家の家学を伝えた証本を復興した。

『日本書紀』の古写本は現在平安時代の写本である古本系、鎌倉時代の写本である卜部家本系の二系統があるが、いずれも完存せず、『日本書紀』三〇巻のうち、神武天皇紀（巻第三）から持統天皇紀（巻第三〇）までを完存しているのはこの兼右本が唯一の写本である。今日私どもが『日本書紀』の全体を知ることができるのは偏に兼右が家の証本を復興しようとした努力のおかげであるといえる。なお、兼右が『日本書紀』の巻第一・二の神代巻《じんだいかん》を書写しなかったのは、吉田家に神代巻の証本である鎌倉時代の写本の卜部兼方本（弘安本、旧大橋家本、現在国有、国宝）と卜部兼夏本（乾元本、奈良・天理大学附属図書館所蔵、国宝）の二本が火難をのがれて現存していたので、証本を再興する必要がなかったためである。

こうした家学の在り方は国文学の世界においても同じである。今日、平安文学ことに仮名物語文学・和歌文学の研究は全盛期を迎えているが、これは藤原定家の努力に負うところがきわめて大きい。私は冷泉家の秘庫がその扉を開け、冷泉家および関係者の努力のなかで財団法人冷泉家時雨亭文庫としてその保存と活用が計られていく過程のなかで、専ら貴重書の調査に当たり、数多くの古写本を拝見する機会を得たが、そのなかで定家は歌人としての偉大さは当然として、きわめて実証的な研究者として平安時代の古典の研究と保存に絶大な努力を重ねていたことに改めて強い印象を受けた。衆知のように平安時代中期は仮名文学の全盛期で『伊勢物語』『源氏物語』などの物語、『古今集』『後撰集』をはじめとする和歌文学の諸本が成立した。しかし、平安時代後期から鎌倉時代にかけて、その写本が転写されるなかでしだいにその本文の正確さを失うようになった。それを防ぐため定家は諸本を博捜して蒐集に努めるとともに、自らも書写を重ね、後世の証本となるべき校訂本の完成に尽力した。現存する平安時代の仮名文学の諸写本は定家の努力によるものと申して過言ではない。そしてこれらの貴重本が今日に伝わったのは、定家の学問を家学とし、定家の写本を家学の証本として大切にした冷泉家の歴代の人々の努力によるものである。

定家の孫で冷泉家の始祖となった冷泉為相《ためすけ》は、父為家《ためいえ》の寵愛を受け、祖父定家の日記『明月記』を始めとして俊成・定家・為家相伝の秘籍を相続した。父の没後は『十六夜《いざよい》日記《にっき》』の著者として名高い母阿仏尼《あぶつに》の下で成人し、持明院統《じみょういんとう》の伏見《ふしみ》・花園《はなぞの》天皇の近臣として活躍し、しばしば鎌倉に往復して、武士層に対しても和歌の普及に努めた。その子為秀《ためひで》は南北朝時代に北朝の光明《こうみょう》・崇光《すこう》・後光厳《ごこうごん》天皇に仕えたが、その生涯は動乱の時代のなかで定家以来の和歌の興隆に務めるとともに代々の秘籍の維持に苦労した一生であった。為秀は冷泉家に伝わった申状のなかで、「俊成・定家・為家らの自筆の秘籍・代々の勅撰集・家々の歌集は、為秀が相続した私物ではあるが、天下の重宝であって、その安全に努力した」と述べている。そののち、室町時代になって、冷泉家第六代に当たる為広のときに、後土御門天皇は定家が書写した『古今集』を宮中に召し寄せられて御覧になった。そのとき、天皇は為広に宛てられた礼状（後土御門天皇宸翰女房奉書・冷泉家所蔵）に門外不出の定家筆の写本をみた喜びを述べられるとともに、「一らむ《（乱）》中にもうしな《（失）》われ候ハぬ事、めでたくおぼしめし候」と、応仁の戦乱のなかにも失わず大切に保存した功績を讃えている。

為広の略歴は『為広詠草集』（冷泉家時雨亭叢書第一一巻）の解説に記されているが、それによれば為広は応仁の乱にさいしては近江・坂本に難を避けた。そののち延徳三年（一四九一）には室町幕府の前管領細川政元と越後を廻り、永正一〇年（一五一三）に駿河の今川氏を尋ね、同一四年（一五一七）に能登国、大永元年（一五二一）には堺の地を訪ねて歌学の普及に努めたことが為広自筆のそれぞれの下向記によって判明している。大永六年（一五二六）に子息為和と能登守護畠山義総を訪ね、同年七月に七七歳でその地に没した。つぎの為和ものちに駿河の今川義元を訪れて滞在中に出家し、天文一八年（一五四九）に六四歳で薨じた。このように冷泉家の歴代は南北朝・室町時代の動乱期に戦乱の京都を避けながら世襲の秘籍の保存を計っていたが、その苦労は並大抵のものではなかったと思われる。

明治維新にさいして、公家のほとんどは遷都に伴って東京に移住したが、冷泉家はその蔵を守るため京都に留まって、文明開化の恩恵に浴することがなかった。しかし、東京で華族の生活を送った家の多くが、関東大震災あるいは第二次大戦の戦災を受け、また大正末・昭和初期の大恐慌あるいは昭和二〇年代の経済変動を経るなかで、世襲の文化遺産のほとんどを失ったのに対し、冷泉家がその邸宅とともに文庫蔵を今日に伝え得たことは、偏に家学に基づく家意識が日本の伝統的学問・文化を守った顕著な事例といえる。

学問・文化が個人の努力によって今日に伝えられた例は国史の写本の姿にみることができる。先に日本の国史の代表である『日本書紀』が卜部家の家学を守った吉田兼右の努力によって今日に伝わったことを述べたが、「六国史」と呼ばれる国史のうち『日本後紀』『続日本後紀』『日本文徳天皇実録』『日本三代実録』の四つの国史は、かつて坂本太郎博士がその著『六国史』（日本歴史叢書二七、一九七〇年一一月、吉川弘文館刊）のなかで強調されたように、室町時代後期の公卿三条西実隆《さんじょうにしさねたか》・同公条《きみえだ》父子の努力によって今日に伝わった。

日本の古典は応仁の乱で京都が戦火を受け、そのため多くの書物が失われたといわれているが、国史もその被害者で、とくに平安時代初期の歴史を伝えた『日本後紀』は全四〇巻のうち三〇巻が失われ、現在残っているのは一〇巻にすぎない。その一〇巻は実隆が自ら写し人にも命じて書写させたもので、この努力によって今日の私どもは『日本後紀』の姿を知ることができる。他の三国史も現存する写本の祖本はいずれも永正から天文年間にかけて実隆・公条父子の尽力によってその本文が残されたものであった。この時代に失われる運命にあった典籍・記録の収集・保存に努力した人物としてはたとえば朝廷の儀式に通暁した権大納言《ごんだいなごん》甘露寺《かんろじ》親長《ちかなが》が知られているが、これらの国史が現在の歴史学研究に果たしている重要性を考えると、実隆父子が果たした功績はきわめて大きかったといえる。

我が国の文化財の今日への伝わり方をみるとき、きわめて特徴的なことは国家機構が蒐集・管理したものは全くといってよいほど残っていないということである。中世武家の文庫として名高い金沢文庫も、鎌倉幕府滅亡後は真言宗称名寺の経蔵としてその姿を残すことができたといえる。貴重な典籍はその価値を心で支えた人々の努力があって今日に伝わったのであって、権力・組織・施設だけではなかったことを歴史が示していると申して決して過言ではないと考えている。

第一章　冷泉家時雨亭文庫に伝わった貴重書

日本の古典籍についてこのたび『冷泉家《れいぜいけ》時雨亭《しぐれてい》叢書《そうしょ》』（以下、冷泉家叢書と略す）の月報に執筆するに当たり、この叢書が関係者の御努力により刊行されることとなったことについて、心から御祝いを申し上げたい。故冷泉為任《ためとう》氏が冷泉家歴代相承の秘庫などについて、その保存のいっそうの万全を計り、その公開・活用を企てられるため、財団法人冷泉家時雨亭文庫を設立されたのは一九八一年であった。爾来、冷泉家および財団法人関係者の御努力によって、秘籍の公開、修理などの事業が着実に進められている。そうしたなかで永年の課題であった『冷泉家叢書』が刊行される運びとなったことは、故冷泉為任氏も泉下でさぞかし喜ばれていることと思い、感慨に堪えない。

『冷泉家叢書』の対象となる冷泉家時雨亭文庫は、公卿《くげ》伝来の文庫としては近衛家の陽明《ようめい》文庫と並ぶものである。陽明文庫が摂政・関白の家として藤原道長の『御堂関白記《みどうかんぱくき》』をはじめとする公卿日記、古記録、文《もん》書《じょ》、名家筆跡などに特色があるのに対し、冷泉家時雨亭文庫は、冷泉家の始祖藤原為相《ためすけ》が相承した藤原俊《とし》成《なり》・同定家《さだいえ》・同為家《ためいえ》三代の歌書、文書、諸記録と、冷泉家歴代相伝の歌書・詠草《えいそう》・懐紙《かいし》・短冊《たんざく》、文書・記録がまとまって伝存しているのが特徴である。その内容は、いわば和歌を家学《かがく》とし、和歌師範を家業とした勅撰集撰者の家の蔵書と、大・中納言を家格とした公卿家の規模をよく伝えたものといえる。

その特色の概要を個条書き風に述べてみると、文学面では、

①勅撰集・私家《しか》集の古代・中世、とくに平安・鎌倉時代の古写本がまとまって、数多く伝わっていて、そのほとんどが現存最古本で、現行流布本《るふぼん》の祖本と目されること。

②これら古写本のなかには、冷泉家時雨亭文庫本によって、初めて存在が知られるもの、また本文が新たに判明したもの、あるいは現行流布本と構成などを異にする別系統本と認められるものなどがあり、その多くが貴重本と認められること。

③俊成・定家・為家三代の自筆本、書写本として、俊成の『古来風躰抄《こらいふうていしょう》』『周防内侍集《すおうのないじしゅう》』『中御門大納言集』、定家の『拾遺愚草《しゅういぐそう》』『古今集』（嘉禄本）『後撰集』（天福本）そのほか、為家の『続後撰集』『和歌初学抄』『伊勢物語』などがあり、和歌文学史上の白眉となっていること。

④平安・鎌倉時代書写の私家集古写本が数多くあるが、その多くは定家の手沢本《しゅたくぼん》で、定家書写本、定家一部書写本（他筆との合筆本）、定家加筆本（校合、集付など）、内・外題加筆本などに分けられること。

⑤鎌倉時代後期書写の私家集古写本には藤原資経《すけつね》書写本（三九帖）、僧承空《しょうくう》本（四三冊）など書写年紀、筆者を明らかにする、まとまった古写本があり、そのうちに『言葉集《ことのはしゅう》』（下）など現存唯一の貴重本が含まれていること。

⑥鎌倉時代後期から南北朝時代の歌集には、文保百首・永徳百首、あるいは正中二年（一三二五）・元徳

二年（一二三〇）七夕御会《しつせきぎよかい》和歌《わか》懐紙《がいし》などがあり、藤原為相、北畠親房など著名人の自筆詠草・懐紙があること。

⑦鎌倉時代書写の物語古写本に『伊勢物語』『源家長日記《みなもとのいえながにっき》』などがあること。

⑧室町時代以降、和歌懐紙・詠草・短冊等がまとまっていること。

⑨歴代天皇の宸翰《しんかん》和歌懐紙・詠草がまとまっていること。

また、歴史面からみると、

①定家の日記である『明月記《めいげつき》』の自筆清書本五四巻がまとまって伝わっていて、鎌倉時代の公卿自筆日記として貴重なこと。また、清書は数回にわたって行われているため、定家の筆跡の年代による変遷が明らかにされること。

②定家・為家の自筆文書がまとまっていて、その平生の筆跡を知るうえで貴重であること。

③典籍類に俊成・定家書継ぎの『公卿補任《くぎようぶにん》』あるいは現存唯一の古写本である『豊後国風土記』などの貴重本があること。

④定家が朝廷儀式研究のため書写した平安貴族の日記である『台記《たいき》』『長秋記《ちようしゆうき》』の抄出、あるいは朝儀次第がまとまっていること。

⑤文書は冷泉家の所領文書と和歌門弟関係文書に大別される。所領文書は播磨国越部庄《こしべのしよう》・細川庄、近江国小野庄、越中国油田庄《あぶらだのしよう》、洛中屋地《らくちゆうやち》などに関する鎌倉・南北朝・室町時代の文書がまとまっていて、公卿家文書としては九條家文書、久我家文書に並ぶ内容を有していること。

また、書誌面からみると、

①冷泉家時雨亭文庫本は、装幀、表紙、本文料紙、内・外題の掲げ方、本文書写の体裁など、平安時代後期から鎌倉時代における我が国独自の本の姿を伝えていて、和書の書誌研究に貴重であること。

②歌書、とくに私家集に装飾本が多いのが特徴で、表紙・本文料紙に色紙《いろがみ》・唐紙《からかみ》（蠟牋《ろうせん》、雲母《きら》刷など）・金銀切箔散らし・飛雲《とびくも》・墨流し・葦手絵《あしでえ》などさまざまな装飾紙を用いていて、なかには白描絵《はくびょうえ》あるいは破《やぶ》れ継ぎなどもみえている。これらは平安時代の私家集の姿を伝えようとした努力の跡を示すもので、類例の少ない鎌倉時代の装飾本としてとくに注目されること。

③和歌懐紙・短冊、書状類で掛幅装とされたものが多いが、江戸時代の表具の趣向を知るうえで貴重であること。

などを挙げることができる。

1　藤原俊成筆本

冷泉家時雨亭文庫に伝わる和歌文学書のなかで、藤原俊成（一一一四〜一二〇四）の筆になる本は、『古来風躰抄』（国宝）、『周防内侍集』（重要文化財）、『中御門大納言集』の存在が判明している。これまで俊成筆本としては、承安二年（一一七二）一二月一七日の書写奥書がある『広田社二十九番歌合』（東京・前田育徳会所蔵、国宝）、建久元年（一一九〇）九月に藤原良経の九條亭で行われた花月百首の草稿本である『花月百首撰歌稿』

（東京・前田育徳会所蔵、重要文化財）が有名で、そのほか古筆切として知られた『古今集』断簡（昭和切）、『千載集』断簡（日野切）などがあるが、新たに三種の俊成筆本が世に紹介されたことは冷泉家の秘庫の価値をいっそう高らしめたものといえる。

この三種のなかで、白眉ともいえるのは申すまでもなく『古来風躰抄』である。俊成の歌人としての生涯の結晶であるこの歌論書は、式子内親王の命に応じて建久八年（一一九七）に初撰本が成立し、ついで建仁元年（一二〇一）に再撰本が作られた。冷泉家本はその初撰本の自筆清書本で、上下二帖からなり、本文を完存し、全文が俊成の自筆である。上帖の首に建久八年文月（七月）二〇日ごろとして撰述の由来を記した自序があり、下帖の尾に生年八四歳で書いた旨の奥書があって、初撰の自筆本であることを明らかにしている。

綴葉装《てっちょうそう》で、縦二八・二センチメートル、横二〇・八センチメートルと通常の本に比べて大型本として書かれたこの俊成筆本は、一見して飾り気のない簡素な姿にみえるが、その原表紙は白茶色の料紙に雲母で唐草模様を型押ししたもので、本文の料紙には全面に雲母を散らして上品な姿にしつらえられている。

冷泉家本をみて感じるのは、俊成・定家の筆写本は常に表紙・本文料紙など本の姿に心を配り、和歌のめでたさを本の装幀に現そうと努力していることである。定家筆の『古今集』についてみても、原表紙は薄茶色の斐紙《ひし》に金銀泥で水辺の草花を描き、金銀の箔あるいは砂子《すなご》を霞引きに散らしたもので、本文の料紙には薄茶色で波模様を型刷りした装飾紙を用いるなどの心配りがみられる（本書冒頭口絵参照）。平安時代の和歌集や『和漢朗詠集』などで、華麗な装飾本は、子女の手本《てほん》として、あるいは贈答用として書写され、これに対し飾り気のない素紙《そし》（漉いたままで加工がない紙）のままの本は、学問用の本と大別されていて、その区別はおおむね間違いないと考えられているが、冷泉家本をみていると学問の本であってもどこかに和歌のめでたさを反映させて飾ろうとする心配りが窺われる。

俊成筆『古来風躰抄』の第二の特徴は、下帖末の奥書が、金葉・詞華・千載各集への批評と和歌二首とともに、帖末に縫いつけられた薄手の楮斐《ちょひ》交ぜ漉きの三紙の継《つ》ぎ紙《かみ》に書かれていることである。これは綴葉装の製本が、まず料紙を六、七枚ずつ重ねて半折りの一括《ひとくくく》りを作り、数括りを折目を背として重ね合わせ、表裏に表紙をつけて折目に綴じ糸を通して折目の内側で結んで一帖としているため、現存の大学ノートと同じで勝手に枚数の増減ができない、いいかえれば綴葉装本は書写にさいして余分な枚数を見込んで製本するのが通例で、したがって粘葉装本《でっちょうそう》と違って帖尾に余白紙が生じる場合が多い。俊成筆『古来風躰抄』が下帖で、本文末と奥書と和歌二首が本来の料紙からはみ出して追加の補紙に書かれているということは稀有な例といえよう。

また、その補紙を糸でつなぐという方法も珍しい。奈良・平安時代の古写経などで、その貴重さを珍重し、料紙の散逸を防ぐため、巻子装の各料紙の糊継目をさらに糸で括り、いわば封の代わりとした例はごくまれにあるが、筆記中に生じた綴葉装の料紙の不足にさいし、その補紙を糸で綴り合わせるという例は知らない。このことは俊成筆『古来風躰抄』の成立を考えるときに、さまざまな手がかりを与えてくれるかもしれない。

なお、この『古来風躰抄』の綴葉装としての括り方は、上帖が七括で、第一括一四丁（ただし、首一丁は表紙裏に貼り付け、第二丁は扉紙）、第二ないし第六括は各一四丁、第七括は一三丁（ただし、尾一丁は裏表紙裏に貼り付け）で、下帖は六括、第一括一四丁（ただし、首一丁は扉紙）、第二・三括は各一六丁、第四括一四丁、第五・六括は各一六丁である（ただし、第六括の尾一丁は裏表紙裏に貼り付けている）。

2　藤原定家本

冷泉家の秘庫が公開されたとき、『明月記』と並んで世間の人の耳目を驚かせたのは、いわゆる定家本、すなわち藤原定家が書写、あるいは校訂など、何らかの形で関与した本の存在であろう。その数は国文学関係についてみると、現在のところおおむね四〇数件が確認されている。定家本の価値は、歌聖として崇められた定家の本という貴重性もさることながら、基本はその学術性にある。

歌学者として、また勅撰集撰者として、定家は常に勅撰集、私撰集、私家集、あるいは物語などの証本を求め、また諸本を博捜して校訂を重ね、正確な本文の復元に努めた。定家本は定家の歌学者としての努力を反映して、正しい本文を伝えたものが多いのが特徴である。したがって、冷泉家の秘庫から出現した定家本は、我が国の国文学の研究に限りない影響を与えたといっても過言ではないであろう。

ただし、一口に定家本といっても、その種類はさまざまである。定家が関与した内容から大別すると、

①定家自筆本

②定家筆書写本

③定家合筆本《がっぴっぽん》

④定家書写奥書本
⑤定家校訂本
⑥定家加筆本
⑦定家外題本
などに分類される。

①の定家自筆本とは、定家が自身で著述した本を自ら筆写した本のことで、たとえば定家が平生詠んだ和歌を編集した自身の私撰集である『拾遺愚草』(三帖)などはその代表である。文化庁がこの本を重要文化財に指定するにさいして、その名称を『拾遺愚草』(上中下、自筆本)として、ことさら藤原定家の名を表記しなかったのは、自筆本とは著者自筆本のことであるという考え方に基づいている。

②の定家筆書写本は、自筆本に対して、定家が他人の著書を書写した本のことを指している。たとえば定家が『古今集』を書写した場合に、その名称を『古今集』(藤原定家筆)と称するのは、その一例である。冷泉家時雨亭文庫には、定家が全文を書写した本は、『古今集』のほか『後撰集』『仲文集《なかぶみしゅう》』などがある。

③定家合筆本は、書写にさいして本文の始めの部分を定家が書写し、以後の本文を人に書写させたものである。公卿として政務に忠実であった定家は、寸暇を惜しんで歌書の書写・校訂に努めたと思われ、定家本にはこうした人を雇って書き継がせた一部雇筆《こひつ》本が多い。ただ人を雇うといってもその人は子息為家、あるいは民部卿局など身辺の人達に依頼していたのが定家の習慣であったと思われる。たとえを挙げれば、『寛《かん》

平《ぴょうの》御時《おんとき》后宮《きさいのみや》歌合《うたあわせ》』は筆跡からみて、首九行は定家が書写して、のちの部分は為家が書き継いでいるし、前木工頭《さきのもくのとう》源俊頼の家集である『散木《さんもく》奇歌集《きかしゅう》』は首一丁半を定家が書写し、以下は別筆であるが、帖末には自筆で安貞二年（一二二八）八月書写した旨の奥書を加えている。その奥書によれば、もとの家本を失ったので、その転写本を前亜相《あしょう》（参議の唐代の呼び名）から借りて書写せしめたが、失った家本は、定家の母であった若狭守藤原親忠の女、美福門院加賀の自筆書写本で、人に貸して失ったのは残念で堪え難いと追慕している。また『恵慶集《えぎょうしゅう》』（上）は、首から第二一丁表の一行目までは定家晩年の筆跡であるが、それ以後の部分は民部卿局と伝えられる筆跡に近似している。現在、冷泉家以外の民間に所在する定家本は、こうした定家合筆本が多いのが特徴である。

④の定家書写奥書本とは、本文は別人の筆跡であるが、奥書には定家自筆で自分が書写した旨を記している定家本を指している。自分が自ら書写すべきところを他人に依頼し、あるいは人を雇って書写させることを、書誌学では雇筆といっているから、この場合は定家雇筆本というのが正確なのかもしれない。一般的に定家書写奥書本といえば、前に述べた②定家筆書写本、③定家合筆本でも、定家の書写奥書があれば、それらは定家書写奥書本に含まれることとなるので、定家本の分類名称としては不正確であるとの謗をまぬかれないであろう。

しかし、冷泉家時雨亭文庫本中にある本をみていくと、たとえば『五代簡要《ごだいかんよう》』などは、定家書写奥書本といいたくなる本である。この本は、定家が『万葉集』『古今集』『後撰集』『拾遺集』『後拾遺集』の五歌集から所収の和歌あるいは歌句を抜き出したもので、定家が和歌を作るにさいして参考とすべき要歌、要句を聚めた手控えと考えられている。原本には本来の書名の記載はなく、後世に『五代簡要』あるいは『万物部類倭歌抄』と呼ばれて世に知られている。冷泉家時雨亭文庫本は、承元三年（一二〇九）三月の奥書がある定家自撰の原本で、本文は他筆であるが、帖末に定家自筆で、

為レ備二忽妄一馳レ筆書レ之、是為二至愚之一身一也、
専為二他人一無益歟、深禁二外見一、
承元三年暮春下旬、羽林枯木（花押）

と記して、（この本は）物忘れに備えるため筆を馳せて書いたもので、愚かな自分のために作った。専ら他人には無用であるので、人にみせることは禁止するという奥書がある。この奥書を一見すれば、当然本文も定家の自筆と考えるのが自然であるが、本文は前述したように他筆である。

おそらく、この本の成立過程を考えれば、まず定家が自身で『五代簡要』の抄出を行い、それを誰かに清書させ、自筆本と同様の気持ちで奥書を加えたと解すべきなのであろう。定家が公卿として、また学者としてきわめて多忙な生活のなかで、数多くの書写を行うため、身近な人の助筆を得ていたことは前に述べたが、自らの著述本についても雇筆で浄書し、その本を自筆本扱いしていたことが、この『五代簡要』の奥書によって窺われる。

⑤定家校訂本は、定家が歌集の書写にさいし、その本文をほかの諸本と比較、校合し、正しく本文を復元するため校訂作業を行った本を指している。具体例を挙げれば冷泉家時雨亭文庫本の一つである『寛平御《かんぴょうのおん》時《とき》后《きさい》宮《のみや》歌合《うたあわせ》』（一巻）がある。もとは粘葉装で、江戸時代に巻子装に改装されたこの本は、歌合として一〇

巻本系統本に属する写本で、一九一首を収めている。巻首の一部を定家が写し、以後の大部分を為家が書き継いだ定家合筆本であるが、その内容は自ら校異を加え、重出歌を省き、抹消歌を生かし、二〇巻本系統本にある歌を補うなどの校訂を行っている。末には定家の自筆奥書があって、

此歌多有㆓字誤㆒、又古今本多有㆓替字等㆒、皆是本々之所㆓写来㆒歟、推而不㆓改直㆒、

と、この『寛平御時后宮歌合』の所収歌に字の誤が多く、また『古今集』所載歌の用字とも相違があるが、これらはもとから写し来たことで、推敲したが改めなかったと校訂結果を記している。

⑥定家加筆本としたのは、本文の筆跡は他筆であるが、本文中に定家の自筆で校異、あるいは欄外に集付《しゅうづけ》（その歌が『古今集』『後撰集』『拾遺集』など既存の勅撰集に収録済みであることを示す「古」「後」「拾」などの勅撰集名の略名が記されていること）の記載がある本を指している。現存する定家本はいずれも本文中に定家自筆の校異、集付などなんらかの加筆があるのが通例で、広義にいえば定家本とは定家加筆本であるといっても過言ではない。したがって分類名称としては厳密さに欠ける表現であるが、ここでは定家が取得し、あるいは他人に書写させた本で、本文中に定家自筆による簡略な校異、あるいは集付などがあって、定家手択本、つまり定家所持本であったことを明らかにしている本を対象としている。

その定家加筆本中には、古筆上、村雲切《むらくもぎれ》として著名な『貫之集』（第五残巻・第八、一巻）がある（冷泉家叢書第一四巻『平安私家集一』所収）。薄茶地の色紙に金銀小切箔を散らした華麗な装飾紙に書かれたこの私家集は、平安時代後期の名跡を伝え、冷泉家に伝わった数多い装飾本のなかでも筆頭に位置するものであるが、本文中には定家自筆の校異、集付があって、定家手択本であったことを明らかにしている。

⑦定家外題《げだい》本とは、外題、つまり表紙に書かれた書名が定家の自筆である本を指している。この定家外題本のなかには、『古今集』『後撰集』のように、本文も外題もともに定家自筆となっている本もあるが、本文は他筆で、外題のみ定家自筆という場合が多い。その意味では定家手択本のうちといってよいかもしれない。本の種類は私家集がほとんどである。こうした定家外題本は民間に所在するものが比較的多く、私も仕事上若年時代から閲覧する機会がしばしばあったが、その外題の筆跡はいわゆる定家様、俗にいえば「お玉杓子」筆法で、後世の似せ書きのものも多い感じがして、あまり好感は持てなかった。その考えは冷泉家の秘庫の調査のはじめにおいても同じであったが、段々に数多く拝見するようになり、また古筆のうえでは「記録切」とも呼ばれる定家自筆の朝廷儀式次第（折紙）に記された外題の書風などをみるようになって、しだいに考え方を変えるようになった。今では、なお要慎をしてみる必要があるが、そのほとんどは定家晩年の筆と認めてよいと思っている。

冷泉家時雨亭文庫本をみて気がついたことは、平安時代後期から鎌倉時代前・中期にかけての私家集は、その多くの傾向として本文に内題、つまり、本文の首または尾に書名がないことで、とくに綴葉装本にはほとんどといってよいほど首題、尾題がない。題はオモテ表紙の裏、すなわち見返《みかえ》しの所か、表紙の次にある扉紙、あるいは遊紙の裏に、やや散らし書き風に記されている場合が多い。定家自筆の外題は、そうした本の内側に書かれた題名が書名として正しいか検討をして、そのうえで外題として表紙に引き出して改めて書名としている感じがしてくる。冷泉家に伝わった定家本には、定家が生涯をかけて行った歌学研究の努力の跡が随所にしみ込んでいるといって過言ではないであろう。

3　藤原定家の筆跡

藤原定家の筆跡はきわめて個性的である。定家の父、俊成の筆跡もこれまた個性的で、筆線がきわめて鋭く、張りがあり、癖の強い特徴的な筆法で知られているが、両者の筆法はまったく異質である。定家の子為家、その子為氏・為相が鎌倉時代中・後期の貴族として典型的な書風を示しているのに対し、歌聖と呼ばれた俊成・定家の父子が、ともに奇癖とまで評される特徴的な筆跡を残し、しかも両者の筆法に共通性が少ないということは注目してよいことであろう。

人の筆跡の特徴を文章で表現するのはなかなかに難しいもので、筆線が強く逞しいと「勁抜《けいばつ》」といい、のびやかな筆線には「闊達《かったつ》」、穏やかな書法には「温雅」、整って美しいと「典麗」といったように描写して、その字体の持つ雰囲気を現す場合が多いが、定家の筆跡を形容詞で表現しようとするのは困難である。定家の晩年の筆跡を「肥《ひ》厚鈍渋《こうどんじゅう》」と形容した人がいて、一瞬いい得て妙と思ったこともあるが、これは俊成の字を評して「奇癖偏習」というのと同じく、定家に対して失礼な表現であろう。ただ、定家の筆跡が能書《のうしょ》、すなわち名筆か否かは以前から議論があるところである。歌聖と尊ばれたために名筆の扱いを受けているので、その書法は能書と認め難いという意見もあるが、私は能書として見事だと考えている。

定家の筆跡は、字形としてみると、上部をやや大きく形づくるためか、形が縦長の字に比べて、偏平な姿にみえるが、字自体は整った書体である。運筆の動きをみると、中から外へ伸展するといった勢いが少なく、逆に筆線が内向きに働こうとしているため、闊達さに乏しい感じを与えるが、運筆は柔かく、独特の端麗さが窺われる。筆線の特徴は概していえば縦の線が太く、横の線が細く鋭く引かれている場合が多く、墨の濃淡の変化はあるが、筆線自身の緩急、抑揚の変化にあまり意を置かず、字画に力みがない。造形的に美しい書だと思う。こうした定家の筆跡を数多くみているうちに気がついたのは、こうした書風は、本の書写にさいして本文を少しでも早く、かつ正確に、そしてわかりやすく写そうとした定家の永年にわたる書写努力のなかで育まれてきたと思われることである。

そう考えてみると、定家の筆跡は、書状・記録、あるいは歌書、懐紙でも、その運筆は余計な筆の動きを省きながら、概して一字一字を単独に書いている場合が多い。もちろん二、三字を続けて書いている場合もあるが、その字体は漢字でも略体を書く場合はあっても極端な草・行体は少ないし、仮名でも連綿体、つまり崩した続き字はごくまれで、全体として読みやすい書体である。歴史上、学者として本の書写に努力した人は数多いが、とくに本文の校訂に尽力した人の筆跡の字体は、字の上手・下手は別として、書体は正確でわかりやすい字を書くのが特徴である。たとえば鎌倉時代の東大寺の学僧宗性《そうせい》、室町時代に古典研究に努めた一条兼良《かねら》、江戸時代の本居宣長《もとおりのりなが》などはその代表である。現代でも史料・文献の校訂に苦労している人は、日常でも字を崩さず、正確な字体を書くように努めている人が多い。

定家の特徴ある書体は、公卿として公務に忠実な日々を送りながら、寸暇を惜しみ、一刻も猶予することなく、古典、歌書を博捜して書写を重ね、諸本を校合して本文の復元に尽力した定家の努力の結晶であるといってもよいであろう。

定家の筆跡はその生涯のうちでしだいに変化している。それは現存する定家自筆の書状、日記、古記録、歌書、和歌懐紙類に伝えられた筆跡によって明らかで、壮年時代、熟年時代、老年時代、最晩年時代によって、運筆に変遷がある。定家にはその日記『明月記』があって、治承四・五年記（定家一八・一九歳）から天福元年九月一〇月記（定家七二歳）に至るまでの分、およそ二四年分が途中断絶しながら現存している。本来ならば定家の日常の筆跡の変遷はこの『明月記』によって明らかになるはずであるが、現存する『明月記』は辻彦三郎氏が『藤原定家明月記の研究』（一九七七年、吉川弘文館刊）に明らかにされたように、いずれも定家が後年になって書き改めた清書本であって、『明月記』の内容の年代と筆跡の年代とが一致していない。このため『明月記』の筆跡が定家の筆跡の年代による変遷を裏付ける証拠として使えないのが残念である。

ただ、冷泉家時雨亭文庫に伝わった建久三年（一一九二）三月四月五月記（定家三一歳）から天福元年（一二三三）九月一〇月記（定家七二歳）に至る五二巻を概観すると、①料紙の上下に墨の横線が引かれていない天地無界の巻と、②料紙の上下に墨の横線が施されている天地有界の巻とに大別される。①の天地無界の巻は建久七年（一一九六）四月記（定家三五歳）から建暦三年（建保元年、一二一三）冬記までの一九巻で、清書に至る一歩手前の中清書の巻と認められ、②の天地有界の巻は建久三年三月四月記（定家三一歳）から天福元年九月一〇月記（定家七二歳）までの三三巻で、本文の体裁は清書本の姿となっている。このうち①の天地無界の巻の筆跡は建仁元年（一二〇一）、定家四〇歳の筆である『熊野《くまの》御《ご》幸記《こうき》』（東京・三井文庫所蔵）、あるいは建仁二年（一二〇二）頃、定家四〇歳前後の筆跡と認められる『転任申文《てんにんもうしぶみ》』（東京国立博物館保管）などの筆跡に近似していて、定家が四、五〇歳頃の筆跡と認められる。そこにみられる定家の筆跡は、おおむねいわゆる定家様の書風であるが、その運筆、筆線は闊達、軽妙で、晩年の筆跡とは趣きを異にし、なかには定家様の特徴を示さない筆法の部分もあって、仔細にみれば、筆跡は数種に分類される。

これに対して②の天地有界の巻は天福二年（一二三四）、定家七三歳の書写になる『後撰和歌集』あるいは『拾遺愚草』の筆跡に類似して、晩年のいわゆる定家様の書風を示している。

冷泉家時雨亭文庫に伝わる歌書類には、前述したように各種の定家本が数多く伝わっていて、おおむね自筆本は確認されているが、なかには定家自筆かどうか判断に迷うものも少しある。それは定家自筆か、後人が定家の書跡に擬して書いたかという真偽の話ではなく、その書風はいわゆる定家様でなく鎌倉時代前期の貴族の一般的な筆跡にみえるが、実は定家が壮年時代には、こうした書風で書いたのではないか。一見すると別筆のようにみえるが、熟覧すると定家特有の筆線の鋭さが窺われ、定家筆と認めてもよいのではないかと迷うものがあることである。その一方で、前述した表紙外題の筆跡のように、もしその本が民間に単独であったら、とても定家自筆と認められない、お玉杓子のような「肥厚鈍渋」と評される筆跡が、冷泉家時雨亭文庫にまとまってあることによって目も不自由になった定家最晩年の筆跡として承認される場合もある。定家筆跡の研究は、冷泉家時雨亭文庫の公開と『冷泉家叢書』の公刊のなかで、さらに深められるものと楽しみにしている。

4　定家自筆本の見方

書誌学のうえで、ときにはその本文が著者の自筆か否かが問題となることがある。学術研究の立場でいえば本文の記事が正確かどうかということが問題で、自筆か否かは二の次といえないこともないが、本の価値からいえば本文の内容についての是非の問題も含めて重要なことであって、ときにその判断を誤るとあたら貴重な典籍に瑕瑾を与える結果となる場合もある。その意味で近時気になっていることの一つが『拾遺愚草』（二帖、冷泉家叢書第八巻・第九巻所収、重要文化財）の自筆問題である。

藤原定家が歌人として生涯にわたる詠草をまとめた自撰私家集である『拾遺愚草』（自筆本）が定家の自筆でなく他筆の可能性があるという説を最初に公にされたのは久保田淳氏である。同氏は『冷泉家叢書』の解題のなかで藤本孝一氏の見解に導かれながらその筆跡に言及されて、「（前略）それゆえ、定家の典籍書写にしばしば見られるごとく、ここでも定家の書風に酷似した字を書くその側近の者が定家の綿密な指示の下に書写したのち、定家がそれを点検し、校訂したのではないかという見方も可能である」と述べられ、「今後の研究に俟ちたい」と慎重さを示されつつ、「もしもそのような方式で書写されたとしても、定家が全体にわたって点検し、自身手を下して校訂しているからには、この本を定家自筆本と呼ぶことは誤りではないであろう」と論じられた。この久保田氏の見解が出されてのち、藤本氏は「藤原定家自筆本『拾遺愚草』の書誌的研究」（京都文化博物館研究紀要『朱雀』第八集、一九九五年所収）を発表され、久保田氏の説をさらに強調された。私はこの両氏の説を拝見し、たまたま『明月記』を中心に定家自筆についての所見をまとめた「藤原定家の筆跡について」（『国華』第一二三九号、一九九九年所収）の注記のなかで、藤本氏の説に対する疑問を簡潔に述べておいた。ただし、定家が歌人として、老齢の身を省みずに晩年まで努力した、いわば生涯の詠歌の結晶ともいうべき『拾遺愚草』のためには、それだけでは申し訳ないと思うようになったので、あえて少し声を大きくして自筆問題にふれてみることとした。

なお、両氏はこの『拾遺愚草』を定家自筆ではないが、定家自筆本と呼んで差し支えないといわれているが、それはおかしい。重要文化財の名称が『拾遺愚草（自筆本）』となっている意味は定家の自著自筆の価値を認めたためであって、自著雇筆本、あるいは雇筆校訂本の意味ではないのである。たとえば『御堂関白記（自筆本）』とは藤原道長が日々自筆で書いた日記という意味で、決して誰かに清書させて道長が手を入れたということではない。指定名称は代々の文化財指定担当者が調査研究のうえに立って考えたことであって、安易に「自筆本」の定義を変更されては困るのである。

久保田氏は『拾遺愚草』を定家自筆本ではないと判断された理由を四点指摘された。それは、

①下帖末の一四三ウに記された定家遁世後の贈答歌四首の部分はほかの本文と筆跡がやや異なった印象である。

②上帖一二五ウ、中帖三三オ、同三五ウには本文といささか感じが違う書き入れがある。

③下帖三九ウの秋部の補訂文は墨色が薄く本文とは異なった感じがする。

④上帖一七八ウの建保四年三月一八日定家本奥書に記された定家の花押は筆線が弱い。

ということで、藤本氏の見解もほぼ同じである。

『拾遺愚草』は筆録を示す奥書がないため定家の筆記年代は明らかでないが、久保田氏はその解題のなかで、内容から成立年代を三次に分けている。第一次は上帖にある建保四年（一二一六）三月一八日の本奥書

によって建保四年、定家五五歳のとき、第二次は本文の詠草の年代によって、貞永元年（一二三二）以降の天福元年（一二三三）一〇月定家出家以前の間の成立、第三次は出家後、定家が源家長と藤原隆衡との間に交わした四首の贈答歌を下帖末に追記したときとされた。これにしたがえば第一次部分と第二次部分は一筆で書かれているから、本文は貞永元年七月から天福元年一〇月の間、定家七一歳から七二歳のときの筆となり、贈答歌の追記は七二歳以降となる。

①の本文の筆跡について、この年代前後の定家の筆跡をほかの写本で求めると、安貞二年（一二二八）書写奥書がある『散木奇歌集』（六五歳筆）（冷泉家叢書第二四巻所収）、天福元年仲秋書写奥書がある『拾遺集』（七二歳筆）（安藤積産合資会社所蔵）などがある。これらに比べると『拾遺愚草』の筆跡は『散木奇歌集』の巻首一丁半および書写奥書とほぼ同一である。『拾遺集』に比べると、『拾遺愚草』の筆跡はやや豊潤であるが、それは『拾遺集』が一首一行書きのやや小字であるのに対し、『拾遺愚草』が一首二行書きで、字が大きく書け、老齢の定家にとって筆先が確かめやすかったためであろう。

②の遁世後の贈答歌四首の筆跡が本文と異なるという指摘は、その四首が本文書写終了後の追筆であるためで、別に筆法が異なっているわけではない。筆法と筆致とは別のことである。本文と贈答歌追記との筆致の違いは六五歳筆の『散木奇歌集』から七三歳筆の『後撰集』（冷泉家叢書第三巻所収）に至る定家筆跡の本文と加筆との筆致の変化のなかで理解すべきことで、何も自筆を疑う根拠にはならないのである。

③の指摘も定家筆の和歌集、あるいは『明月記』自筆本に親しんだ者にとっては問題にする必要がないことである。たとえば『古今集』（嘉禄二年本）二一ウ、五五ウなど、あるいは『拾遺集』五括一二オ、十括一

六オなどに記された勘物注記などの定家書き入れの類は本文と墨色・筆致が一見して異なる場合が多いのであって、本文を他筆とする理由にならない。

④の花押についても同様のことがいえる。私はかつて、前掲『国華』所収の小論で、『五代簡要』について、この冷泉家本は嘉禄年間ごろの雇筆清書本で、帖末にある承元三年（一二〇九）の定家の書写奥書は、内容、筆致からみて承元三年に『五代簡要』を選出した原本にあった奥書をそのまま写し加えたものと思われると述べたことがある（本書二四頁参照）。その奥書にみる花押は『拾遺愚草』の建保四年本奥書の花押と形・運筆はほとんど同じで、筆勢が弱い。他方、『古今集』書写奥書に捺された六五歳の花押と比較すると、『古今集』の花押は運筆にやや省略が認められる。つまり定家は自分の花押が歳とともに省略化されていることを自覚して、壮年時代の花押を忠実に復元しようとしたため、自然とその筆勢が弱くなったのである。しかし、そのためわれわれは『拾遺愚草』の花押によって定家の花押の運筆の順序を正確に知ることができる。

以上、簡略ながら『拾遺愚草』が定家自筆でないという説は成立しないことを改めて述べたが、両氏の説で一番気になるのは、定家の傍に定家そっくりの字を書く人がいるという説である。久保田・藤本両氏は「定家の典籍書写にしばしば見られるごとく」と述べられているが、それは定家筆跡研究上に重要なことで、そうした人の存在を示す説明がぜひ必要であろう。

こうした定家側近の書に早くから関心を持ち、冷泉家叢書の読者にわかりやすいよう問題を整理されたのは片桐洋一氏と田中登氏である。片桐氏は田中氏とともに担当された『平安私家集四』の解題の冒頭に、

> いわゆる藤原定家書写本は、①全丁を定家自身が書写したもの、②一部分を定家みずからが書写し、残りを周辺の人に書写させて校閲加筆したもの、③全体を周辺の人に書写させたのちに校閲し加筆したもの、に大別できるが、いずれも定家の監督下に書写されたものであるゆえに、総じて定家書写本と称してよい。

と述べられて、同書に②③に該当する平安私家集を収められた。

②の例として『兼澄集《かねずみしゅう》』（一オ定家筆、以下側近の筆）『恵《え》慶集《ぎょうしゅう》』（一オから二一オ1行まで定家筆、以下側近の筆）『発心和歌集』（一オから四オ2行まで定家筆、以下側近筆）を収められ、③の例として『藤六集《とうのろくしゅう》』『仲文集《なかぶみしゅう》』『斎《さい》宮女御集《ぐうにょうごしゅう》』『傅大納言母上集』『伊勢大輔集』を所収された。まことに行き届いた構成で、同書によって定家の書写事業に協力した定家周辺の人々の筆跡がどのようなものであったか、その代表例を影印図版と解題によって具体的に知ることができる。

定家の書写を手伝った周辺の人々はさまざまであったと思われ、なかには『寛平御時后宮歌合』のように筆跡によって首九行を定家が写し、以降を子息為家が書いたことが明らかな場合もあるが、ほとんどの場合その側近者は筆者未詳である。

その筆跡の書風は『平安私家集四』の所収本の場合でも『斎宮女御集』『兼澄集』『傅大納言母上集』『発心和歌集』『伊勢大輔集』のようにそれぞれ個性的で定家の筆跡とはまったく趣きを異にするものと、『藤六集』『仲文集』『恵慶集』のようにその筆法が定家の筆跡に何らかの姿で近似しているものとに大別される。ただし、近似しているといっても『藤六集』と『仲文集』『恵慶集』とではその運筆がまったく異なっている。その運筆の違いは『平安私家集四』の影印で両者の筆跡を熟覧して頂ければ自ずから会得されることでとくに説明の必要がないと思われる。それでは『仲文集』『恵慶集』の筆跡はとなると、その筆跡の位置付けを的確に整理されているのが田中登氏で、同氏は前記『平安私家集四』の『恵慶集』の解題のなかでその本文の筆跡について、

本文は冒頭から二一オ1行目までが定家の筆で、以後は別筆。この別筆の部分はおそらく定家の子女あたりの手になるものと思われるが、他にもこれと同一筆跡の作品が伝存し、これまで世に紹介されてきた私家集に限っても、天理大学図書館蔵の『秋篠月清集』に『伊勢集』、大阪青山短期大学蔵の『興風集』に『是則集』、(中略)松岡家蔵の『金槐和歌集』と、その数は決して少なくはない。そして、本巻に収めた『仲文集』などもこれと同筆と認められる。

と述べられて、注記のなかで吉田幸一氏の『和泉式部集』(定家本考下、一九九〇年、古典文庫刊)を引用し、「なお、吉田氏はこの筆者を定家の息女、民部卿局とする」と紹介されている。

さきにあえて取り上げさせて頂いた久保田・藤本両氏の「定家の書風に酷似した字を書くその側近の者が定家の綿密な指示の下に書写したのち、定家がそれを点検し、校訂したのではないかという見方も可能である」という見解は、おそらく田中氏が指摘された問題点を前提にされて述べられたものであろう。実は私もかつてはこの側近の筆を、定家がいわゆる定家様の書法を作り上げる以前の壮年時代の筆跡と考えたことがあり、今でもその存在は歌集書写における定家の筆跡を考えるうえに重要なことと思っている。

ただし、側近の筆と考えられるこの筆跡は『恵慶集』の影印をみれば明らかなように、定家の筆跡と比べ

て年齢差がある。前半を書写した定家の筆跡がその七〇歳前後の老筆で『拾遺愚草』の本文の筆跡とほぼ同じであるのに対し、『恵慶集』の後半を書き継いだ側近の筆跡は年齢でみると、若い筆跡である。つまりこの側近の人の字は確かに定家の筆法を習熟したものであっても、それはその人なりに独自の筆法を会得したのであって、決して年齢に応じて変化する定家の筆跡を意図的に模倣している訳ではない。それは一般的にいえば妻か子女か、日ごろ身近に近侍するなかで無意識のうちに習得できる性格のもので、それであるからこそ定家も自分に近似した字を書く人物の存在を容認したと思われる。そのことを明らかにしないで、定家の書風に酷似した字を書く側近の人が七一歳余の定家の書体を模したかのごとく『拾遺愚草』を書写したとされるならば、それはもう少し丁寧な説明が必要なのではないかと考えている。

近時、定家の書に関心を持つ中堅の書の研究者が定家の書写スタッフのなかには定家を信奉し、定家の書風を真似るものが多かったに違いないということを安易に述べた文章に接する機会があり、この側近者の筆跡についてはより慎重に検討をすることが必要であると感じている。

［補記］『拾遺愚草』は本稿発表後、藤原定家自筆本として国宝に指定された。

5　冷泉家に伝わった天皇宸翰《しんかん》

冷泉家の御文庫を拝見して学ぶことの多かったことは、改めて申すまでもないが、そのなかで、今でも印象に残っていることの一つに、同家には天皇宸翰（天皇自筆の筆跡）がまとまってよく伝えられているということがあった。御歴代としては、伏見天皇から始まって孝明天皇に至るもので、内容としては御書状から、和歌の懐紙、色紙、あるいは手本の類もあって多彩な種類を伝えているのが特色である。書状としての白眉は文和三年（一三五四）一二月一四日の後光厳《ごこうごん》天皇宸翰御書状（冷泉家叢書第五一巻『冷泉家古文書』所収）で、この宸翰とともに伝えられた一二月一四日の二条良基の冷泉為秀宛ての自筆書状（同所収）によって、南北朝時代の動乱期に勅撰和歌集の編纂の計画があり、その撰者を冷泉為秀が希望し、天皇もそれを勅許される可能性があったことを示していて、我が国和歌文学史上の貴重な文書として、重要文化財に指定された。

このように冷泉家の御文庫には中世の貴重な宸翰があって注目されるが、同時に和歌の家としての面目を最もよく伝えているのは江戸時代の天皇宸翰である。後水尾《ごみずのお》天皇から孝明天皇に至る歴代宸翰は、その多くが、和歌の懐紙、色紙である。これらの宸翰は宮中で行われたさまざまな和歌会にさいして、冷泉家の御当主が直接に賜わったもので、内箱の蓋裏、あるいは箱のなかに収められた添状にその由来を書き留めているものが多い。近世の宸翰はその現存例が比較的多く、皇室ゆかりの神社・寺院あるいは公卿の家などでしばしば拝見するが、その来歴が明らかなものがまとまって伝わっているのは、冷泉家をもって筆頭としても過言ではないであろう。

これらの宸翰は、そのほとんどが掛幅装に表具されているが、その表具の裂《きれ》にも特色がある。その多くは一文字《いちもんじ》・風帯《ふうたい》、中廻《ちゅうまわし》、上下《じょうげ》のいわゆる三段表具であるが、その裂の色は黄地、赤地などきわめて大胆な色彩で飾られているものが多い。もちろん、紫地、紺地あるいは白茶地《しろちゃじ》、浅黄地《あさぎじ》など、通常見馴れている表具裂もあるが、それは他所から入ったもので、いわゆる日本的表具に接している感覚からみると、冷泉家の宸翰の表具の色彩感覚は中国的な感じさえする。

なぜかなと思いながら、内箱の蓋裏、あるいは添状を拝見していくと、一つ教えられたのは、これらの表具裂は、朝廷で用いられていた装束の裂を利用したものが多いらしいということである。その事実を最も具体的に示しているのは、桜町天皇宸翰の三首勅題である。冷泉為村卿が書き留めたこの内箱蓋裏墨書および箱内に納められた添状によれば、この宸翰は延享二年（一七四五）五月九日に宮中で行われた月次御会《つきなみのぎょかい》に申沙汰するよう勅命を受けた右兵衛督冷泉為村卿が、天皇から「郭公・夏月・浦松」の勅題を宸筆で賜わったもので、のち延享五年（一七四八）夏、天皇の御衣の端をもって掛幅装に表具したというのである。その表具をみると、本紙の周囲は金砂子を霞引きした白紙を縁取として、一文字に紫地花文の紗《しゃ》に花模様を縫付けた裂を用い、中廻に浅黄地飛鶴霊芝《ひかくれいし》緞子《どんす》、上下に赤地菱変わり花紗を用いた華麗な表具裂である。

冷泉家の宸翰和歌懐紙・色紙の特徴は、天皇から御下賜されたときは、生《う》ぶな状態で頂き、のちに冷泉家で掛幅装に表具して、改めて天皇にこのように表具いたしましたと御覧に入れている場合が多いことである。したがって、これらの掛幅装の表具は、当時の宮廷社会の好みを反映したものといえる。今日伝わっている名幅の表具は、案外に明治・大正の時代の好みのなかで改装されているものが多いことを考えるとき、江戸時代の姿を伝えた冷泉家の宸翰表具は、それ自体が一つの文化財ということができる。

なお掛幅装の表具裂に装束の裂を用いることは、ほかにも例がある。某公卿家の調査をさせて頂いたとき、忌日あるいは遠忌法要に用いた江戸時代の歴代の御当主の肖像画があって、その内箱に由緒書きがあり、この肖像画の表具裂は、生前に着用していた束帯の一部を用いたものであること、その紋様は、とくに認められた独自の紋様であって、それを記念して肖像画に装具した旨が記されていた。表具は修理などにさいし、古い裂を再利用するのは仕事が面倒なので新しい裂を使うことが多いが、勝手に替えることはできないなと改めて自戒した覚えがある。

第二章　古典籍が教える書誌学の話

一　本の姿の変遷の歴史

書誌学とは、一般に漢籍・仏典・国書などの典籍、つまり本（書物）の形態、内容を調べ、分類・整理する学問だといわれている。この学問の東洋における発達は中国にその源があって、その歴史については先学の研究に多くの論考があるので、それにゆずることとして、ここでは改めてとくに述べることはしない。ただ歴史学・国文学などに従事する研究者が、この書誌学に関心を持つのは、研究の基本資料となる文献資料の取り扱いにさいして、この書誌学に関する知識が必要・不可欠と考えているからであろう。これは古文書を研究史料として利用するものが古文書学について一応の理解を持つことが求められていることと同じで、この注意を怠ると思わぬ誤りを犯すこととなる場合があるからである。

書誌学の内容は多彩で、形態・製本・内容・書名・解題・伝来・蒐集・保存・修理・鑑定などその分野は多岐にわたっている。しかし、それらの基礎となるのはまず本の形態についての考察である。その要点を一

応箇条書風に述べてみると、

①本の基本区分として、その本が筆写本であるか、印刷本であるか。印刷本の場合、板木で印刷した整版印刷か、銅・木の活字による活字版印刷かの区別が必要となる。

②本の装幀が俗に巻物と呼ばれる巻子装（本）か、あるいはノート形式の帖装《じようそう》か。帖装の場合は料紙を糊で貼り合わせた折本装《おりほんそう》か粘葉装《でっちょうそう》か。あるいは糸で綴った冊子装か。冊子装は綴葉装《てっちょうそう》（胡蝶装《こちょうそう》または列帖装《れっちょうそう》ともいう）か袋綴装《ふくろつづりそう》か。

③本の成立・内容・編著者がわかっているか。また巻数・本文が完全であるのか。

④本には表紙があるのが原則であるが、その表紙は裂《きれ》製か紙製か、材質の様子。また表紙には書名（外《げ》題《だい》）があるか、その書名は題簽《だいせん》に記されているか、直か書きか。さらに表紙は表《おもて》表紙と裏《うら》表紙に分かれるが、その裏、つまり見返《みかえ》しはどうなっているか。

⑤本文を書写、あるいは印刷するために使われている料紙、つまり本文料紙の紙質は何か。また本文料紙は漉いたままの紙、つまり素紙《そし》か、打紙《うちがみ》など何か加工をした紙か、あるいは唐紙《からかみ》・色紙《いろがみ》などの装飾紙か。紙背に文書などがあるか、いいかえればいったん使用された反故紙《ほごし》を利用したものか。

⑥本文料紙に書写の便宜を計って界線《かいせん》（罫線）が引かれているか。あれば墨・朱・押界などその種類。

⑦書名の表記はどうなっているか。書名がある場合、表紙に記された外題、本文に記された内題《ないだい》、さらに内題のうち本文の始めにある首題《しゅだい》、本文の末にある尾題《びだい》は同じか違うか。

⑧序・叙はあるか、本文中に内容の構成を示す章名はあるか、また本文の首に標目（目次）はあるか。

⑨本文の用墨は墨か、あるいは金・銀・朱か。

⑩本文の表記は漢文（真名）か、仮名文か、あるいは仮名交じり文か。また仮名は平仮名か片仮名か。本文の記し方は一紙もしくは半葉（一ページ）、あるいは印刷本の場合は半面何行か、一行の字数は一定か不定か。

⑪本文中の書き入れの有無。あった場合、それは校正のうえでの加筆訂正か。他本との校異か。文中に句点・返点・送仮名・傍訓・連続符、あるいは乎古止《をこと》点などの訓読点があるか。行間・欄外もしくは紙背に注記などがあるか。

⑫奥書・識語・跋の類があるか。その内容は書写・校合《きょうごう》・一読・一見《いっけん》・伝領《でんりょう》・寄進・譲与・伝授・修理などどういう性格のものか。

⑬その奥書などは、その本の筆者もしくは所有者が書いたその本独自のものか。あるいは書写にさいしてテキストとして使った本（親本《おやほん》・藍本《らんほん》・底本《ていほん》ともいう）にあったものをそのまま写したいわゆる本奥書《もとおくがき》か書写《しょしゃ》奥書かの区別。

⑭本の伝来を示す所有者の墨書、もしくは所有を示す所蔵印などの印記があるか。

⑮筆者は誰か、本文は全文同一人の筆跡か、何人かの分担書写で、別人の筆跡があるか。また奥書の筆者と本文の筆者は同一人かどうか。

⑯書写もしくは印刷の時代は何時代か。

⑰本の縦・横（巻子装の場合は全長）の法量、界線がある場合はその高・幅、また本文料紙一紙分の縦横

の寸法、紙数などの法量。
⑱その他の特徴。
などの把握がまず行われる。

このように書いてくると、書誌学とは一見煩雑で無味乾燥な学問であるかのように思われる。こうした考察は、いわば対象となる本の成立・作製過程を知るための作業であるが、こうした考察を通じて、その本が何のために書写もしくは印刷されたのか、その成立の意図が明らかにされ、歴史・文学史上に正確な位置付けを行うことが可能となる場合が多い。

1　筆写本と印刷本

本の分類の仕方はさまざまな方法がある。内容分類でいえば図書館分類法があって、いわゆる十進分類法が普及している。ただ、これは近代の学問法による普遍的な分類法で、合理的な内容であるが、古代・中世の日本独自の学問の在り方を知る手がかりを変えてしまうことがある。歴史的な由緒がある文庫、たとえば陽明文庫、冷泉家時雨亭文庫、あるいは寺院文庫の場合などは、歴史的に形成された内容、伝来に基づいた独自の構成・分類法があって、その文庫を理解するうえに便利である場合が多い。内容とは別に本を形態で分類するとなると、まず区別されるのはその本が筆写本か印刷本かということである。

①筆写本

筆写本は単に「書写本」「写本《しゃほん》」ともいい、一般には紙に文字を筆で書いた本のことを指している。一般にといったのは、文字を書く料紙は必ずしも紙に限るものではなく、のちに料紙の項で述べるように、古代では木や竹に書いたいわゆる「木簡《もくかん》」「竹簡《ちくかん》」もあり、仏教典籍つまり仏典ではインドに起源があると考えられている梵字を木の葉に書いた「貝葉《ばいよう》」もある。また欧米のいわゆる洋本でいえば羊皮紙《ようひし》も料紙として用いられている。また文字を書く用具としての筆にしても必ずしも毛筆だけではなく、仏典で梵字を書く場合には竹筆《ちくひつ》が用いられた場合が多い。こうした本の多彩な姿を列挙すれば際限がないが、そうした多様な在り方を前提として、筆写本について述べてみたい。

筆写本の特徴はその性格が多彩なことである。通例、筆者が自身の著作物を筆写した場合、その本を「自筆本」と呼んでいる。たとえば冷泉家本でいえば藤原俊成筆の『古来風躰抄』は、俊成が撰述した自身の歌論書を自ら筆写したのだから、それは『古来風躰抄』自筆本である。同じく冷泉家本である藤原定家の和歌集『拾遺愚草《しゅういぐそう》』は、これまた自身の和歌集を自ら清書した自筆本であり、定家の日記『明月記』も自筆本である。ただし、自筆本は、著述の成稿過程によって、段階があるのが通例で、原稿の段階に応じて「初稿本」「再稿本」（「再治本《さいじぼん》」という場合もある）などがあり、最後の完成の姿の本を「成稿本」「清書本」「浄書本」などと呼んでいる。成稿段階が明らかでなければ、加筆・訂正の著しい段階の本を「草稿本」、整った姿となった本を「清書本」「浄書本」と称する場合も多い。前述した『古来風躰抄』『拾遺愚草』は本の体裁、本文の筆写の状況からみて原稿としての「浄書本」とみてよいであろう。『明月記』は定家の自筆本ではあるが、定家が自分の行動を日々に具注暦《ぐちゅうれき》に書き留めた自筆原本ではなく、おそらく一部に訂正を加えながら子孫のためにのちに書き改めて浄書した「再治本」もしくは「清書本」である。

私が知る限りでは、著述過程を最もよく伝えたまとまった著述稿本類は、近世ではあるが、現在は松阪市所蔵（財団法人鈴屋遺跡保存会管理）になる『本居宣長稿本類』である。『古事記伝』『歴朝詔詞解《れきちょうしょうしかい》』『玉匣《たまくしげ》』など多くの「草稿本」「再稿本」が残っていて、著述にさいしての宣長の推敲過程を知ることができる。通例、子孫の家に伝わった自筆本は稿本段階のものが多いが、冷泉家の『古来風躰抄』『拾遺愚草』が「浄書本」であることは珍しい例で、それだけに内容に重みがあるといえよう。

自筆本に対し、他人が著作した本を別人が筆写した本を「書写本」と呼んでいる。冷泉家本でいえば藤原俊成筆の『周防内侍集《すおうのないじしゅう》』、藤原定家筆の『古今和歌集』『後撰和歌集』、そのほか『恵《え》慶集《ぎょうしゅう》』（上）をはじめとして定家が書写した数多くの和歌集はいずれも人の著述本の書写本である。

書写本をみてまず思うことは、この本は何のために写したのだろうか、ということである。つまり、自分のための手控えとして写したのか、自分のためであってものちの世のために残そうとして写したのか、それによって書写本の体裁・姿が異なってくる場合が多い。単なる手控えであれば本文の内容を写すことに重点があるが、学問伝授のため、あるいは貴重な本を借りて研究するため、あるいは贈答用に使うためなど、特定の目的のために書写する場合には、本の大きさ、装幀、料紙への心遣いから始まって、用字、一行字数、一ページ（半葉）の行数に至るまで慎重に配慮している場合が多い。書写本をみて、その書写に用いた底本、それを「親本」「藍本」と呼んでいるが、その姿をどこまで忠実に写そうとしたのかを判断することは大切なことだと考えている。

②印刷本

印刷本は、一般に版本もしくは板本《はんぽん》と総称している。ただし、版本は印刷の用具、機具によって、整版本《せいはんぽん》、銅活字本、木活字本、キリシタン版に大別されるのが通例である。

整版本は、版本と略称されるが、中世では板本と呼ばれた。縦約三〇センチメートル、横一メートル前後、厚さ一・〇センチメートルから二・〇センチメートル位の平らな板木《はんぎ》（その材質は日本では桜木が主として用いられた）に表・裏に本文を左右逆字に彫り出して、馬楝《ばれん》刷りと呼ばれる方法で、料紙に印刷し、製本したものである。版本の中世での製本、つまり装幀は、巻子装か粘葉装が原則で、鎌倉時代後期に中国から元時代の禅宗関係の版本が輸入されるようになって、袋綴冊子《ふくろつづりさつし》本《ぼん》も出現するようになった。

日本で作られた印刷本の最初は、いわゆる「百万塔陀羅尼《だらに》」で、奈良時代後期に起こった恵美押勝《えみのおしかつ》（藤原仲麻呂）の乱ののちに孝謙天皇が亡者の供養のために命じて印刷させ、百万塔に納めた四種（正確には八種）の版本陀羅尼であると考えられている。この陀羅尼が銅版印刷であるのか、木版印刷であるのかは永年にわたって議論されているが、今日なお決着をみていない。銅版印刷という考え方は、この陀羅尼の印刷面の感覚が、平安時代の木版印刷に比べて異質の感じを与えているためであるが、といって、銅版印刷といい切るには客観的な根拠がないという悩ましさがある。しかし、この陀羅尼が百万部印刷されたことは間違いないところであるが、中世の木版印刷の一回の印刷部数は、板木が水分を過剰に含むためせいぜい百部前後と考えられていて、それ以上の印刷は、なかなか困難が多かったと思われる。陀羅尼の印刷文字の字形は、同一種類内はいずれも同一で、板木の種類がそう数多くあったとは思われないから、短時間に多数の印刷を行うためには銅版利用を考えるのが妥当かもしれない。

百万塔陀羅尼以降、我が国ではしばらく印刷が行われたことを伝える史料、遺品はなく、印刷本の存在を示すのは平安時代中期、一一世紀初頭になってからである。平安時代中期に印刷文化の発展をうながしたのは、奝然《ちようねん》上人が入宋して清涼寺の釈迦如来立像とともに将来した北宋の勅版《ちよくはん》(蜀版《しよくはん》)一切経(蜀の成都で印造されたので蜀版一切経とも呼んでいる)である。奝然上人がこの一切経を京に運んだのは一条天皇の永延元年(九八七)のことで、これに刺激されてか、一一世紀初頭の貴族日記、たとえば藤原実資《さねすけ》(九五七〜一〇四六)の『小右記《しようゆうき》』、藤原行成《ゆきなり》(九七二〜一〇二七)の『権記《ごんき》』などに法華経などの経典の印刷本に関する記事が頻出するようになる。『本朝文粋《ほんちようもんずい》』に収められた供養願文などには、しきりに版本経典が亡者の追善供養経として活用されている様子が明らかにされている。

これら平安時代中・後期の文献史料にみえる版本は「摺本《すりほん》」「摺写《しゆうしや》」「模本《もほん》」「模写《もしや》」などと呼ばれたが、

①印刷対象が、仏教経典に限られていたこと。

②経典も法華経を代表として、大般若経、金光明最勝王経など、追善供養に用いられる経典が中心であったこと。

③これら印刷経典、つまり版経は、書写経の補助、あるいは書写経に代わるものとして用いられていたこと。たとえば法華経百部供養の場合、一部は書写した紺紙《こんし》金字《きんじ》法華経《ほけきよう》で、残り九九部が版本法華経

で構成される場合があった。

④これら版経の文字は筆写体（写刻体ともいう）を用いていて、中国・朝鮮の版経の多くが活字体であるのと大きく違っていたこと。

などの特徴がある。

平安時代に中国宋から、漢籍、たとえば『史記』『漢書』など史学・文学の版本が輸入され、日本の貴族・文人がこれらの北宋・南宋時代の印刷本、つまり宋版本を珍重していたことは、たとえば平安時代後期の左大臣で学者であった藤原頼長（一一二〇〜五六）の日記『台記《たいき》』などによっても明らかなことである。平安時代の人々が印刷本の利点、すなわち大量印刷による典籍の普及、諸本との校訂を経た本文の正確さ、印刷文字の鮮明さなどに注目していたことは間違いないことで、宋版本からしばしば写本を作っている。しかし、それにもかかわらず日本の古代・中世の人々が印刷本の利用を仏教経典だけに限定して、歴史・文学の典籍への活用を計らなかったことは、日本文化の不思議の一つといってよいであろう。印刷文化の漢籍への適用は南北朝時代の正平一九年（一三六四）になって、清原宣賢《きよはらのぶかた》が行ったいわゆる『正平版論語《しょうへいばんろんご》』の刊行が最初となっている。

日本の古代・中世において版経を書写経の代わりと考えていたことは、版経の本文の用字、および印刷・製本の在り方をみても明らかである。印刷本の用字は、中国の宋版においてもはじめは書写体であって、唐代の名筆、顔真卿《がんしんけい》あるいは欧陽詢《おうようじゅん》の書風による版下書きが用いられた。しかし中国では北宋から南宋、さらに元と印刷文化が発展するにつれて、本文の用字の書体は、今日でいう活字化し、いわゆる明朝体となった。

それに対して、日本では時代が降っても書写体の文字が尊重された。

日本の印刷文化における最も著しい特徴は印刷・製本の方法である。中国・朝鮮では一枚の板木に一枚の紙を宛てがって印刷し、印刷した紙を糊で貼り合わせて製本した。大量印刷という印刷・出版の利点を生かした当然の方法である。これに対して日本では巻子本の場合、まず印刷用紙を貼り継いで巻子本とし、その上に板木を宛てがって印刷した。したがって、日本の版経は、用紙の継目に本文の文字が印刷されていて、一見して日本版、つまり和版であることが判明する。この方法は、印刷・製本技術の持つ最大の利点を無視したもので、今日からみれば不自然であるが、古代の日本人が、印刷は書写の代わりで、印刷の方法も書写に準じて行ったと考えれば、一応の筋は通ることとなる。

ただし、古代の日本人も供養のための経典と、学問研究用の注釈書は区別して取り扱っていた。法華経などの仏に供える経典は、巻子装仕立てとしたが、『成唯識論述記《じょうゆいしきろんじゅつき》』(春日版)、『法華経義疏《ほけきょうぎそ》』(法隆寺版)、『大《だい》日経疏《にちきょうそ》』(高野版)などの学問用の注釈書は、いわばノート形式の粘葉装として印刷技術の利点が充分に活用できる印刷・製本方法を採っている。公式の経典と、私的な注釈書に対する印刷技術の見事な使い分けにわれわれの先祖の物の考え方をみることができる。冷泉家時雨亭文庫には古い印刷本、つまり版本がないが、それは、古代・中世の人々が歴史・文学の分野に印刷文化を適用しなかった結果であって、桃山時代に本阿弥光悦らがいわゆる「嵯峨本」を普及させてから一般化した。藤原定家も印刷文化の便利さは知っていたが、和歌に日本人の心を求めた中世の歌人達は書写こそが最も大切と考えていたのであろう。和歌集が印刷されて広く普及するようになるのは室町時代に入ってからである。

2　巻子装本

本の体裁の基本は本文を書写、もしくは印刷する本文料紙を横につないだ巻子装本・折本装本と、本文料紙を重ね合わせて糊または糸で留めた草子本・冊子装本に大別される。形態の古さからいえば紙が発明される以前の姿として木簡・竹簡を綴じたもの、あるいは貝多羅樹《ばいだらじゅ》の葉を利用した貝葉経《ばいようきょう》があり、日本にもその遺例が伝わっているが、ここでは対象外としてよいであろう。

紙の時代でいえば大別した四種の体裁のうち、最も古いのは巻子装本で、飛鳥・奈良時代の現存する典籍・記録・文書はいずれも巻子装である。我が国に現存する最古の典籍は、もと法隆寺に伝わった聖徳太子の『法華義疏《ほっけぎそ》』（四巻、宮内庁保管）で、それにつぐのが「歳次丙戌（天武天皇一五年、六八六）」の書写奥書がある『金剛場陀羅尼経《こんごうじょうだらにきょう》』（一巻、京都・小川家所蔵）であり、慶雲三年（七〇六）一二月の書写奥書がある『浄名《じょうみょう》玄論《げんろん》』（五巻、京都国立博物館保管）である。この飛鳥時代の三件はいずれも仏教経典の巻子装本で体裁はほぼ成立当初の姿を伝えている。奈良時代に入ると現存する典籍の数は飛躍的に増大し、とくに古写経は一万点を超す膨大な数になるが、いずれも巻子装本である。また漢籍の類も正倉院に伝わった聖武天皇の『宸筆雑《しんぴつざっ》集《しゅう》』、光明皇后の『楽毅論《がくきろん》』『杜家立成《とかりっせい》』をはじめとして、石山寺の『史記』（巻第九六・九七残巻）、名古屋の宝生院の『漢書食貨志《かんじょしょくかし》』（巻第四）などがあるが、これらも巻子装本である。日本で著作された国書（和書）には奈良時代の古写本は伝わっていないが、最も書写の時代が遡るものとしては、平安時代前期、九世紀前半の古写本として紙背に『遍照発揮性霊集《へんじょうはっきしょうりょうしゅう》』を写した『日本書紀』残巻がある。現存する四点のうち三点は数行の断簡であるが、最も長く一〇紙分を伝えた田中勘兵衛氏旧蔵本によればその原姿は巻子装本であった。したがって、現存する飛鳥・奈良時代の典籍はすべてが巻子装本であるといって間違いはない。

なお、奈良時代の古写経のうち、たとえば、滋賀の太平寺・見性庵・常明寺に伝わる和銅五年（七一二）一一月の長屋王願経である『大般若経』は、いずれも現在は折本装本となっているが、これは室町時代の応永二九年（一四二二）の修理にさいして折本装本に改装されたものである。奈良・平安時代の古写経が、鎌倉時代後期から南北朝・室町時代にかけて、披見の便を計り、転読《てんどく》の簡易さを考えて、巻子装本から折本装本に改められたことは、ほぼ全国的にみられる風潮であった。ただ、その改装のさいに料紙の天地（上下）を切断された本が多いことは惜しまれる。

奈良時代の巻子装本の作成方法については『延喜式』図書寮式《ずしょりょうしき》に詳しい規定がある。その内容は写経に関するものであるが、紙・筆・墨など、資材の用意、あるいは罫線の引き方、巻の首・尾の余白のとり方など、書写にさいしての作法を定めた規定もあって、巻子装本一般の仕立て方を示していて注目される。

このように巻子装本は、我が国で典籍が一般的になった飛鳥・奈良時代および平安時代前期においては、典籍の体裁の基本であったが、平安時代中期以降に帖装本・冊子装本が利用されるようになると、しだいに特定の地位を占めるようになる。それは巻子装本が典籍として正式的・公式的地位を占めるようになり、帖装本・冊子装本の私的性格と区別される傾向が生じてくることである。

巻子装本が公的性格を持った本であると書いた史料は別にない。ただ、永い間、数多くの貴重な古典籍を拝見しているなかで、自ずから特定の目的を持って書写された本は巻子装本となっている場合が多いと理解している。たとえば漢籍で鎌倉時代の古写本が比較的多いのは『古文孝経《こぶんこうきょう》』であるが、金沢文庫本として有名な出光美術館の『古文孝経』（一巻）は、巻子装本で、巻末に寛元五年（一二四七）清原教隆《きよはらのりたか》の伝授奥書および嘉元二年（一三〇四）金沢貞顕《かねざわさだあき》の校合奥書があって、いかにも『古文孝経』を家学とした清原家の証本らしい姿をしている。これに対し、建久六年（一一九五）の書写奥書があり、現存最古本として知られた愛知・猿投《さなげ》神社の『古文孝経』（一帖）は粘葉、つまり料紙を重ね合わせて糊で貼り合わせた草子本で、いかにも筆者が自分の勉強のために書写した手控え本の姿をしている。同様のことは国書の場合にもいえることで、鎌倉時代の写本であるが、日本書紀研究を家の学問とした吉田家が、その家の秘説を注記した『日本書紀神代巻』（上下）の二種、つまり弘安九年（一二八六）卜部兼方《うらべかねかた》奥書がある弘安本、および乾元二年（一三〇三）に卜部兼夏《うらべかねなつ》の奥書がある乾元本は、ともに立派な巻子装本で、いかにも家の大切な証本としての体裁を整えている。こうした例を挙げると際限がないが、帖装本・冊子装本が普及した鎌倉時代以降の古写本にあって、巻子装本の姿を伝えたものは、留意してその本の性格を考えてみる必要がある。

和歌集の場合でも、現存は手鑑に断簡として貼られていても、もとは巻子装本の姿であった場合、それは奏覧本（完成して天皇にみせること）系統の勅撰和歌集ではないかと考える必要があるということは、よくいわれていることである。その意味で、冷泉家時雨亭文庫に伝わった『伊勢物語』（一巻）は、惜しむらくは下巻のみであるが、鎌倉時代書写の建仁二年本『伊勢物語』で、巻子装本の姿を伝えた唯一の古写本として注目される。

3　折本装本

折本装本とは、いわば巻子装本の改装である。巻子装本は本の姿としては古い基本形を伝えた装幀で、軸を中心にして本文料紙を巻き、表紙で全体を包んでいるため、本文面が空気にふれることも少なく、保存上は最も有効な姿となっている。しかし、欠点は巻物のため本文を読むための扱いが不便なことで、本文の奥の方、ことに巻末に書かれた奥書などをみようとしたら、時間をかけて巻き開かなければならない。こうした巻子装本の欠点を改善し、本文を読みやすくしたのが折本装本である。

折本装本（単に折本とも呼んでいる）は、簡単にいえば巻子装本の軸を取りはずし、本文料紙を本文の行数にして四行ないし五行幅宛てに折ったものである。こうした折本装本がいつごろから行われるようになったのかは明らかでないが、本格的に普及するようになったのは中国・北宋時代、一一世紀初頭である。その明確な姿を伝えているのが宋版一切経である。北宋の太宗の時代、太平興国八年（九八三）に完成した勅版（蜀版）一切経は巻子装本であったが、元豊三年（一〇八〇）ころに成立した福州東禅等覚院版《とうぜんとうかくいんばん》（東禅寺版と略称されている）の一切経は折本装本として出版された。これ以降、中国で刊行された宋代の福州開元寺版、思渓《しけい》円覚禅院版《えんかくぜんいんばん》（思渓版）、磧砂延聖院版《せきしゃえんせいいんばん》（磧砂版）、元代の普寧寺版《ふねいじばん》などの一切経はすべて折本装本として刊行されている。これらの宋版一切経は本文の校訂が厳密に行われていて、テキストとして優秀で、日本・朝鮮をはじめとしてアジアの仏教文化に多大の影響を与えた。この一切経の装幀が巻子装本から折本装本に変更されたのは、やはり披見の便を計ってのことであったと思われる。その装幀は折本ではあるが巻子装本の形式を尊重しているのが特徴で、本文の料紙は半葉五行宛てに折って折本としているが、その帙《ちつ》表紙（紺色紙または茶色紙を用いている）は本文の折本を左右から包むように覆い、中央やや左で重ね合わせている。表紙の左端には細い竹の串を八双《はっそう》として貼り込んで、平織《ひらおり》の紐を付け、紐で巻き留めるようにしていて、いわば巻子装本を平たくした姿としている。

ただし、本文料紙を帙のように左右から包み、前面で重ね合わせる帙表紙の古い例としては、弘法大師空海が入唐中に筆録した研究ノートとして有名な『三十帖策子《さんじゅうじょうさっし》（冊子）』がある。本文の装幀は粘葉装で、折本装ではないが、表紙は宋版本と同じ紺色の帙表紙で、紐が付いている。取り扱いを簡便にしながら、巻子装本と同じように本文料紙を大切に保存するという表紙の本来的機能を尊重している点では、軌を一にしているといえる。

宋版一切経は平安時代後期以降に日本に数多く輸入され、大きな影響を与えたが、平安・鎌倉時代の古写本、古版本で、この折本装本が積極的に用いられた形跡はあまり窺われない。むしろ、奈良・平安時代の古写本、とくに古写経を修理するにさいして、披見の便を計って巻子装本から折本装本に改装することが行われた。こうした改装はとくに鎌倉時代後期から南北朝・室町時代前期にかけて、全国的に行われたといってよい。その理由はいろいろと考えられるが、転読《てんどく》の流行と関係があった。転読とは真読《しんどく》に対比する言葉で、経文の全文を読み上げるのを真読というのに対し、経の題名だけを読む略式の読み方を転読と呼んだ。この転読は平安時代後期以降、中世村落が成立し、大般若経を中心とする特定の写経が村落の平安を守るため盛んに転読されるようになる風潮とも密接な関係があった。このため、転読に便利なように、修理にさいして、折本装への改装が盛んに行われた。

4　粘葉装本《でっちょうそうほん》

この装幀は、我が国では平安・鎌倉時代に、国書、つまり日本で著述された歴史書・文学物語・和歌集などを書写するさいに広く使用されたもので、とくに私家集の古写本の装幀はそのほとんどが粘葉装であるといっても過言ではない。本としての在り方からいえば、巻子装本がどちらかといえば古典的で格式が高い雰囲気を持っているのに対して、この粘葉装本はいわば今日でいうノート感覚的な性格を持っているといってよいであろう。

製本の姿は、一般的にいえば料紙の表面を内側にして半折（二つ折）し、各料紙の折目の外側の部分に糊付けして一冊の本としたものである。表紙はおおむね四通りあって、表裏の料紙をそのまま表紙としたもの（料紙共紙の表紙）、表裏を一枚の表紙で包んだもの（包表紙）、背の部分のみ絹などの裂で包み、表裏に装飾的な表紙を各一枚付けたもの（包背装）、あるいは単に表裏に表紙の紙を付けたものに分類される。この粘葉装の本としての特徴は、本を開くと、糊の貼り合わせのない平らな面と、糊の貼り合わせ目があるため全開しない浮き上がった面とが交互にあることで、貼り合わせ目がある面は立ち上がりがあるため、一見蝶が翅を開いた姿にみえ、中国では胡蝶装とも呼んでいる。

この装幀の由来については折本装本から発展した装幀と考えられている。それは折本装の各折目の裏の背を糊付けし、腹の部分を切り開けば、粘葉装の装幀となるからである。つまり、巻子装本から折本装本、さらに旋風葉装本《せんぷうようそうぼん》へという本の発達の姿の延長線上にある装幀という考え方である。私も基本的にはこの説は正しいと考えている。ただ現実に粘葉装本の古い姿をみていると、その変化の過程はそう単純ではない。

粘葉装本が中国の装幀法であることは、空海将来の『三十帖策子（冊子）』が粘葉装本であったこと、またフランス国立図書館にあるペリオ将来の敦煌本『白氏文集』（一帖・番号二四九二号）が粘葉装であることによって明らかである。ただ、付言すれば、この粘葉装本は北宋時代の宋版策子（冊子）本の装幀法でもあった。今日現存する宋版の漢籍などの策子本はいずれも南宋時代の印刷で、袋綴装であるが、北宋時代の装幀は印刷した料紙の文字面を内側にして二つ折りにし、折目の外側に糊を付けて貼り合わせたもので、見開きの本文面と糊付けの白紙とが交互になる、つまり二枚あけては文字を読み、また二枚あけては文字を読む仕立てであった。その証拠が「耳題《じだい》（耳格）」と版心の存在である。「耳題」とは印刷された本文を取り囲む匡郭《きょうかく》の左右の肩の部分に耳のように張り出した形で記された略題もしくは篇名のことで、本文の篇・章の検索の便宜を計った、今日でいう柱のことである。袋綴装となった現在の宋版本では、この「耳題」が綴目側にあって見出しとしては何の役にも立っていないが、これが粘葉装ならば立派に見出しとして役立っている。書名、巻数、丁数、刻工名を記した版心も同じことで、袋綴装では折目の外側にかかって見苦しいが、粘葉装ならば折目の内側にあって一目瞭然である（余談ながらこの「耳題」の話は故神田喜一郎博士の御自慢の話で、上杉家本『慶元版史記・漢書・後漢書』の調査のさいに、親しくお教えを受けたのを懐かしく憶い出す）。

宋版が我が国に渡来するようになったのは平安時代中期であるから、空海の『三十帖策子』の将来で粘葉装本の存在に注目した平安貴族、僧侶層が、さらに宋版本の輸入で、ますます粘葉装本に親しみ、その装幀法を利用するようになったことは当然であろう。

粘葉装本の装幀の最大の特徴は、まず一枚一枚の料紙に文字を書いて、それを製本することである。つまり、印刷本の製本で印刷した料紙を重ねて本に仕立てているのと同じ方法である。現存する平安・鎌倉時代の一般的な粘葉装本の製本の仕方をみると、まず製本以前の一枚一枚ばらばらの料紙に、必要に応じて界線を施し、それに本文を左ページから表裏に書写している。書写し終わると、半折し、外側の糊を付ける部分に料紙の順序を示す製本用の丁数を墨書し（ときには書名、書写年月日、筆者名を書く場合もある）、界線の位置を合わせて順次糊付けし、貼り合わせが終わると料紙の天地の余白を裁断して形を整え、必要に応じて表紙を付けている。粘葉装本の背をみると上部の所に墨または小刀で切った跡が付いているが、これは製本にさいして本文の文字の高さを整えるため、界線の位置をしるしたもので、このしるしを目途に料紙を整え、天地の余白を小刀で断ち落としたのであろう。粘葉装本が、まず一枚ずつの状態の料紙で本文が筆記され、そののちに製本されたことは、粘葉装本に余白の料紙がないことによっても証される。のちに述べる綴葉装《てっちょうそう》本は帖末に余白紙があるのが普通であるが、それは装幀と筆記の順序がまったく異なっているためである。

寺院の文庫の調査をしていると、平安・鎌倉時代書写の粘葉装本に出会うことが多い。京都でいえば、青《しょう》蓮院《れんいん》・教王護国寺（東寺）・高山寺・仁和寺など、奈良でいえば東大寺・興福寺など、滋賀では延暦寺・石山寺などがその代表である。内容は各種の経典から始まって、論疏などの注釈書、儀軌、諸法の作法・次第など多岐にわたっていて、これらを便宜上一括して仏教聖教、略して単に聖教と呼んでいるが、その中心を占めるのが粘葉装本の聖教である。そのほとんどは僧侶の学問研究の跡を示したもので、これらの聖教をみていると、毎朝、前夜に僧侶が勉強のため書写した粘葉装本用の料紙を製本するため、御用聞きに塔頭・子院を訪ねる製本屋さんの姿が浮かんでくる。

粘葉装本はいつごろから始まったのであろうか。日本で確認できるのは平安時代前期からである。奈良時代の典籍で現存するのは漢籍と仏典で、漢籍は正倉院宝物に含まれている四件、つまり聖武天皇宸筆『雑集』、光明皇后筆『杜家立成』、同筆『楽毅論』、筆者未詳の『王勃《おうぼつ》詩序《しじょ》』で、装幀はいずれも巻子装本である。また仏典はいずれも写経で、その数は数千巻に及んでいるが、これまた巻子装本で、ほかの装幀はない。もし奈良時代の写経で折本装本があったら、それは転読の便宜のため鎌倉時代以降に巻子装本が改装されたものとみて間違いがないことは「折本装本」の項で述べたとおりである。

したがって、奈良時代に粘葉装本があったかどうかについては、現状では確かめる術がないといってよいであろう。ただ前述した装幀法からいえば、粘葉装本は比較的簡単な方法であって、おそらく中国から古い時代に我が国に伝わっていたと推測してよいと思われる。

日本に現存する最古の粘葉装本は、弘法大師空海の『三十帖冊子』（京都・仁和寺所蔵）である。この冊子（策子とも呼んでいる）は、空海が入唐した延暦二三年（八〇四）から大同元年（八〇六）のおよそ一年半の間に、唐で学んだ経典、真言、儀軌、梵文などの密教秘籍を書写した勉強ノートとして有名である。もとは三八帖あったと考えられていて、現に仁和寺に伝わる『十地経《じっちきょう》　並《ならびに》　十力経《じゅうりききょう》・廻向輪経《えこうりんきょう》』（二帖）はその体裁からみて、もとは『三十帖冊子』の一部ではないかと思われる。しかし醍醐天皇の日記『延喜御記』にはすでに「策子《さつし》三十帖」とみえているから、古くから三〇帖として伝来していたことが知られる。本文中、空海の自筆と認められるのは一部で、ほかは助筆、つまり空海が筆写の手伝いを依頼した唐人の筆で、なかに入唐留学生として同行した橘逸勢が執筆した部分もあると考えられている。

この『三十帖冊子』は、濃紫絹地の表紙が、巻子装本のように本文料紙を包んで、前で重ね合わせ、縹《はなだ》地の綺の帯紐で結ぶようにした、いわゆる帙表紙、つまりのちの宋版の折本装と同じ装幀で、書誌学のうえでは「旋風葉装本《せんぷうようそうぼん》」と呼ばれている。しかし、本文を書く料紙の部分の装幀の仕方は、粘葉装そのものである。『三十帖冊子』は形として升型、つまり正方形に近いもの、あるいは横長本、つまりは長方形を横にしたものなどまちまちで体裁は一定せず、料紙も上質の斐紙ながら厚さに厚薄があり、あらかじめ統一的に用意されたものではない。随時必要に応じて作られた勉強用のノートであったことを示している。空海は使いやすく、携帯に便利なこの装幀に注目したのであろう。唐時代の僧侶はこの粘葉装本を日常的に使っていたに相違ない。

中国の現存する最古の粘葉装本は、おそらくフランス・パリ国立図書館のペリオ将来敦煌本のなかにある白楽天の『白氏文集』(一帖・番号二四九二号)であろう。以前訪問した節に、とくに閲覧する機会を与えられた。現存枚数一一丁のやや小形の残簡本で、本文は半葉八行に書写されている。唐時代後期の筆と認められる無雑作な手控えノート風のもので、当時粘葉装本が敦煌の地にも普及していたことを示している。

日本で作成された粘葉装本で時代が最も遡るのは、私が知る限りでは、京都・青蓮院の文庫である吉水蔵《きっすいぞう》に伝わる平安時代の貞観年間（八五九〜八七七）の一帖である。内容は諸経典からの要文を抄出したもので、いかにもノート形式のやや縦長の比較的小形本である。それ以降になると、たとえば延喜八年（九〇八）書写の『熾盛光経《しじようこうきよう》』（一帖）、同二〇年書写の『不動法玄印口決《ふどうほうげんいんくけつ》』（一帖）、天暦一〇年（九五六）書写の『十二天法《じゆうにてんほう》』（一帖）などがあって、平安時代中期以降の仏典聖教類の主流は粘葉装本が占めるようになる。この傾向は奈良・京都の寺院の聖教についても同じである。

粘葉装本について少し補足を加えると、平安時代の学問僧は、主に勉強用の書写本の装幀として用いたこの粘葉装本に特別な愛着を持っていたらしい。その心遣いは粘葉装本の表紙に表れている。たとえば京都・高山寺に伝わる聖教の表紙には、華麗な唐紙、つまり、草花などの装飾模様、あるいは菱形などの幾何学的模様などさまざまな形模様を雲母刷《きらずり》にしたものを用いている。また、外題を書くための題箋に、唐紙あるいは色紙を短冊型に切って貼り付けたものもあって、粘葉装本をめでたく飾ろうとする心遣いが窺われる。

こうした粘葉装本が、いつごろから国書、ことに歌書、物語の写本に用いられたのかとなるとあまりよくわからない。現存する平安時代の歌書、物語の古写本のうち主要なものについて、その装幀をみてみると、次表のとおりである。

ここにみる巻子装本、粘葉装本および綴葉装本の違いは、とくに顕著なものがあるわけではない。ただ、確実にいえるのは、私家集には巻子装本の写本がないということで、粘葉装本と綴葉装本とは写本の内容に区別がほとんどないといってよい。強いていえば、一帖中に大部の内容を写そうとするとき、つまり料紙の枚数が多くなる場合には、装幀法がより丈夫な綴葉装を用いる場合が多く、勅撰集などを上下二帖に書写し

巻子装本

史料名	巻数	所蔵先
万葉集巻第四残巻（桂宮本）	一巻	宮内庁
万葉集巻第九残巻（藍紙本）	一巻	東京国立博物館
万葉集巻第一五（天治本）	一巻	香川・冠纓神社
深窓秘抄	一巻	大阪・藤田美術館

た本はいずれも綴葉装本である。

粘葉装本

史料名	巻数	所蔵先
万葉集巻第三、第六残巻（金沢万葉）	一帖	東京・前田育徳会
元暦校本万葉集	二〇帖	東京国立博物館
古今集（筋切・通切本）	一帖	大阪・藤田美術館
三十六人家集	三七帖	京都・西本願寺
是則集	一帖	東京・静嘉堂文庫
斎宮女御集断簡（小島切）	一帖	石川・小堀家
粘葉本和漢朗詠集	二帖	宮内庁

5　大和綴装本《やまとつづりそうぼん》

粘葉装、綴葉装あるいは袋綴装は、いずれも中国の唐・宋代の本の作り方の影響を受けたものであるが、我が国の独自の装幀法として大和綴と呼ばれる体裁があることはよく知られている。この大和綴がどのような装幀法であるのか、その解説を手近にある書誌学の本に求めてみると、

たとえば川瀬一馬氏の『日本書誌学用語辞典』（一九八二年、雄松堂書店刊）によると、

唐綴（袋綴）の対。わが国で始められた装訂の一様式で、料紙を綴葉装のように重ねて綴じているものもある（注記省略）が、通例は袋綴と同様な重ね方をして、紙捻等で下綴じを行なった上に、前後に表紙を添えて、右端を二箇処、結び綴じにしたものである。（中略）このやり方は平安末期から行われており、故山口光円師蔵「打聞集」（本文共紙表紙）などはそれで、原装をよく伝えていたものを、近年それ

を心なく原形とは別種の改装をしてしまった。

と述べている。この解説にやや付言すれば、平安時代の大和綴は綴葉装のような料紙の綴じ方に用いられたもので、袋綴装に大和綴が用いられるのは鎌倉時代後期以降のことと思われる。川瀬氏が山口光円師旧蔵（現在は京都国立博物館保管）の『打聞集《うちぎきしゅう》』のことに言及されてその改装を惜しんでいるのは、平安時代の書写本で、当初の装幀が大和綴であったと判明する本の遺例がほとんどないためであると思われる。川瀬氏ほどではないが、私も古写本の類を人より数多くみる機会があったと思っているが、これまでは、これが確かに大和綴だという古写本をみたことがなかった。文献のうえでも大和綴という詞は、近世江戸時代の本には現れてくるが（たとえば『古事類苑』文学部三、書籍下参照）、中世以前の史料にはその詞は出てこない。

強いていえば『枕草子』（五、なまめかしきもの）に、

うすやうのさうし、むら濃の糸して、おかしくとぢたる

とある草子の様子が、粘葉装はもちろん、綴葉装の姿にもあてはまり難いので、あるいは綴じ紐の目立つ大

綴葉装本

史料名	巻数	所蔵先
万葉集巻第一六（尼崎本）	一帖	京都大学
類聚古集	一六帖	京都・大谷家
古今集（元永本）	二帖	東京国立博物館
古今集（清輔本）	二帖	東京・前田育徳会
古今集（関戸本）	一帖	愛知・関戸家
古今集（亀山切）	一帖	東京・藤原家
後撰集	一帖	栃木・二荒山神社
重之集	一帖	東京・徳川黎明会
道済集残巻（彩牋）	一帖	東京・前田育徳会
入道大臣集（彩牋）	一帖	東京・前田育徳会
時明集（色紙）	一帖	京都・冷泉家時雨亭文庫

和綴を指しているかとも思われる程度である。したがって、私は大和綴という装幀は、綴じ穴が上部に二つ下部に二つの計四穴で、上部二穴、下部二穴を色糸で織った平織、あるいは組紐で綴じた装幀法を指すものであること、しかしこの装幀法は当初からのものではなく、粘葉装本が糊り離れをした場合に応急手当として行われた日本的な綴じ方と考えていた。

ところが、冷泉家時雨亭文庫の歌書を拝見して、いろいろと驚き、教示を受けたなかの一つに、古写本の装幀として大和綴装が多いということであった。もちろん、一言で大和綴といってもいろいろとあって、もとは明らかに粘葉装本であったが、伝来の途中で貼り合わせ目の糊がきかなくなり、このため、本の右端を紙撚で仮綴じ風にとめた本（たとえば『後拾遺和歌集』など）もあれば、現在は後世の手で立派な大和綴装となっているが、もとは粘葉装であった『権中納言敦忠集』『能宣集』『重之女集』（以上、冷泉家叢書第一四巻、『平安私家集一』所収）などがある、しかし、そのなかでたとえば『素性集《そせいしゅう》（唐紙本）』『花山僧正集』（ともに『平安私家集一』所収）などは、料紙の綴じ目に糊跡がなく、またかつて綴葉装であったことを示す紐の穴跡もなく、成立当初から大和綴装であったことが認められる本である。したがって、製本にさいして始めから綴じ穴を上二つ、下二つとあけて、それぞれを色糸で綴じた装幀法が、平安時代後期に日本的装幀法として成立していたことは確かであると思われる。この装幀法の特色は『源氏物語』のなかで草子の綴じ糸の鮮やかさを愛《め》でている源氏の姿にみられるように、本の料紙と綴じ糸の変化の妙を求めたことにあったのであろう。しかし、その成立の原因は粘葉装本の糊り離れした料紙を応急処理のため糸で綴じたことに起源があったことは相違ないと思っている。

6　綴葉装本《てっちょうそうぼん》

綴葉装とは、料紙を五、六枚、あるいは七、八枚重ね合わせて縦に中央から半折して一括りとし、数括りを重ねて、オモテ表紙、ウラ表紙とともに背を糸で綴じたもので、現代でいう大学ノートに近い装幀である。ただ、この装幀の特徴は綴じ糸の結びのたれを外に出さず、料紙の内側に収めていることと、表紙はオモテ・ウラの二枚で、それぞれの表紙の端が若干内側に折り曲げられて、オモテ表紙の端は第一括りと第二括りの間に、ウラ表紙の端は最後の括りとその前の括りの間に綴じ込まれていることである。ノート形式の本としての姿は、前述した粘葉装本と同じであるが、粘葉装本は料紙を糊でつないで綴じ糸を使わないのに対し、綴葉装は綴じ糸を使っている点が異なる。書写にさいしての使用法としては、粘葉装本が一枚ずつ未表具の料紙に書写し、書写が終わってから製本したのに対し、この綴葉装本は本として装幀が完成しているものに書写するという違いがある（したがって粘葉装本には書写した料紙だけ貼り合わせているため帖末に余白紙がないのに対し、綴葉装本は帖末に数枚、ときにはそれ以上の余白がある場合が多い）。

この綴葉装本は平安時代以降、粘葉装本とともに我が国の物語や和歌集など、主に仮名文学に関する書写本として用いられ、巻子装本に対する草子本として互いに近い関係にあった。しかし、その成立過程を考えると歴史的には異なった性格を持っている。その違いとは粘葉装本が明らかに中国から伝わった装幀法であるのに対し、綴葉装本は中国の影響がないとはいい切れないが、我が国で工夫された装幀法であろうという点で、書誌研究者の意見が一致していることである。

綴葉装の歴史を考えてみる場合に注意しておかなければならないことが一つある。それは粘葉装という用語が「粘葉」「粘法」「粘装」などと呼ばれて古い書物にみえるのに対して、綴葉装という用語は新しく作られた言葉であるということである。そのため、かつて書誌学者の間でこの装幀を胡蝶装あるいは列帖装・列葉装と呼んで名称が統一されていなかった。そののち、列帖装にまとめられたと聞いたこともあるが、綴葉装をよしとする考えもあって、文化庁では綴葉装を用いている。

この綴葉装本について平安時代にしばしば用いられている言葉は「葉子」「冊子」あるいは「草子」、ときには「草紙」「双紙」「造紙」などであることはよく知られている。それらの用例のいくつかを示してみるとつぎのようである。

まず、「葉子」については、たとえば平安時代中期に右大臣であった藤原実資の日記『小右記』の寛弘二年（一〇〇五）正月七日条に、

経通《（藤原）》朝臣来伝レ詔云、邑上《（村上天皇）》御時令二筆削一給年中行事節会巻有レ可二御覧一、只今可レ献者、件書三巻、書二葉子一帖一、即以献レ之、令レ奏下太狼籍令二清書一可レ備二叡覧一之由上（後略）、

とあり、藤原実資と同時代に権大納言として活躍した藤原行成の日記『権記』長保二年（一〇〇〇）八月二五日条には、

（前略）詣二左府《（藤原道長）》一、（中略）此後、依レ命書二葉子六帖和歌一、以二古歌一画二其意一、仍書二其歌一、

と、それぞれ「葉子」のことがみえている。

『小右記』の記事は、村上天皇のときに編修された『村上天皇御撰年中行事』を一条天皇の命によって献上したことを伝えたものであるが、実資はこの年中行事の写本について、本来は巻子本三巻であるのを葉子一帖に書写したもので、「はなはだ狼籍」つまり手元用に自由に書き写したもので、天皇が御覧になるのならば清書して提出したいと記している。

また、『権記』の記事は、左大臣藤原道長の命によって、藤原行成が和歌を葉子六帖に書いたことを伝えている。その和歌は道長が歌の意を絵に描かせるために選んだ古歌で、その古歌を行成に書写させたのだと説明している。実資も行成もいずれもノート風の冊子本を「葉子」と中国様の呼称で表現していることは注目される。

「冊子」という言葉は「策子」と同義語で、これまた中国に出典がある用語であるが、この用例は『紫式部日記』にしばしばあって、たとえば寛弘五年（一〇〇八）一一月一日条に、

（前略）御前（藤原彰子）には御冊子つくりいとなませ給ふとて、あけたてば、まづむかひさぶらひて、色々の紙選りととのへて、物語の本どもそへつつ、所々にふみ書きくばる。かつは綴ぢ集めしたたむるを役にて明かし暮らす。（後略）

とあり、また同年一一月一七日条には、

（前略）よべの御おくり物、今朝ぞこまかに御覧ずる、御櫛の筥のうちの具ども、いひつくし見やらむかたもなし、手筥一よろひ、かたつかたには白き色紙、つくりたる御冊子ども、古今・後撰集・拾遺抄、その部どもは五帖につくりつつ、侍従の中納言（藤原行成）と延幹（源）と、おのおの冊子ひとつに、四巻をあてつつ、書

かせ給へり、表紙は羅、紐、おなじ唐の組、かけごの上に入れたり、下には能宣（大中臣）、元輔（清原）やうの、いにしへいまの歌よみどもの家々の集書きたり。（後略）

とみえている。

寛弘五年一一月一日条の記事は、『源氏物語』の清書の作業が中宮藤原彰子の御前で進められている有様を述べたものと考えられていて、清書用の料紙のために「色々の紙選りととのへて」、『源氏物語』の原稿を副えて清書を頼む人々に依頼状を書き送ったり、清書された料紙を綴じ集めたりする状況を表している。また同年一一月一七日条は一条天皇皇子敦成《あつなり》を道長の上東門第《じょうとうもんのだい》で生んだ中宮彰子が皇子とともに内裏に還御されたさいに、道長から送られた贈物に関する記事である。手筥の懸子《かけご》の上段には藤原行成と源延幹が分担書写した『古今集』『後撰集』『拾遺抄』（拾遺集とする説がある）が一帖に四巻あてで五帖の「冊子」に作られた勅撰集が入っていて、その冊子の表紙は羅の裂地を用い、綴じ紐は同じ羅を唐様の組紐としたものであった。そして下段には大中臣能宣、清原元輔などの歌人の私家集が収められていたと記している。

ここに掲げた『小右記』『権記』『紫式部日記』などの記録にみえる葉子（草子、以下草子と表現する）に関する史料は、いずれも平安時代中期、一一世紀初頭のもので、藤原兼家・道隆、さらに道長らを中心とする摂関政治体制が最盛期を迎えた時代に、本の装幀の中心が巻子装本から草子に移りつつあった情況を伝えている。

こうした変化が起こった理由の一つには、巻子装本より草子の方が取り扱いやすいという便宜上の必要性もあったと思われる。『小右記』が伝えているように、『村上天皇御撰年中行事』三巻が藤原実資の手元で

「葉子一帖」に書写されていたのは、実資が宮中で行われる毎年の行事の故実書を日々の公務上の手引として利用していた様子を窺わせている。『枕草子』（第二三段）に『古今和歌集』二〇巻を全部暗誦する話があって、かつて村上天皇が宣耀殿女御藤原芳子の勉強ぶりを試すため、御物忌の夜に『古今和歌集』の草子を広げて、さまざまに質問し、芳子がすべて答えることができたという有名な話が収められている。これなども巻子装本を巻き開くのではいかにも堅苦しく面倒で、各丁をめくりやすい草子であってこそ可能であったと思われる。

しかし、この時代における草子の普及は、ただ単に草子が取り扱いに便利であったという理由だけでなく、その背景には当時の人々の時代意識、そして美意識があったと思われる。それを最も明確に主張したのが紫式部である。

『源氏物語』にしばしば草子の話が記載されているのはよく知られているが、とくに「梅枝」の巻の記事は有名である。この巻は源氏の娘である明石の姫君が入内するため、各種の調度品が整えられ、源氏も贈り物としてさまざまな草子を準備する有様が詳細に記されていて、当時の草子の華麗さを伝えた一級の史料ともなっている。

その内容をあえて書誌的に分類してみると、草子の装幀については、

まだ書かぬ草子ども作り加へて、表紙、紐などいみじうせさせたまふ（『日本古典文学全集』本による。以下同じ）

と、これから人に執筆を依頼する草子が華麗な表紙、綴じ紐で整えられていて、今日でいう綴葉装本の姿で

あったことを伝えている。

また、本文の料紙については、

唐の紙のいとすくみたるに草《さう》書きたまへる、すぐれてめでたしと見たまふに、高麗の紙の膚《はだ》こまかに和《なご》うなつかしきが、色などは華やかならで、なまめきたるに、おほどかなる女手の、うるはしう心とどめて書きたまへる、（中略）またここの紙屋の色紙の色あひ華やかなるに、乱れたる草の歌を筆にまかせて乱れ書きたまへる、

とあって、蠟箋《ろうせん》あるいは雲母刷の紙質のやや堅い唐紙《からかみ》、薄様《うすよう》の鳥《とり》ノ子《こ》様の斐《ひ》紙《し》で柔らかい紙質の高麗紙、さらには都の紙屋院で作られた色紙《いろがみ》も用いられていたことを伝えている。この色紙はさまざまな色を取り揃え、色変わりに重ね合わされて使われていたことは、色紙の草子の書写にさいして、源氏が、

白き、赤きなど、掲焉《けちえん》なる枚《ひら》は筆とり直し、用意したまへるさまさへ

と、白や赤の色紙で書いた文字の墨色がはっきり映る料紙の場合は、筆を取り直して心を込めて書いたと伝えていることによって明らかである。

また、源氏が宰相中将らに、

葦手、歌絵を思ひ思ひに書け

と料紙の下絵に葦手絵《あしでえ》、歌絵《うたえ》（歌絵については前掲『権記』にも類する記事がある）を書くことを命じていて、でき上がった葦手絵の描写の記事は、その内容を明らかにした数少ない史料として注目されている。

さらに草子に書かれた筆跡の字体についても、

草のも、ただのも、女手もいみじう書きつくしたまふ

とあって、草仮名、通例の仮名、女手の仮名とさまざまであった。注目されるのは、前述のように紙質の堅い唐紙には草仮名、柔らかい高麗紙には女手、紙屋院の色紙には乱れたる草仮名と、料紙の紙質によって書く文字の筆法を変化させていることである。

このように『源氏物語』「梅枝」の巻は、源氏の言動を通じて、当時の草子が善を尽くし、美を尽くしたものであったことを示して有名で、経巻の美しさを描いた『栄花物語』（巻第一六、もとのしづく）、あるいは冊子（草子）の華やかな姿を描写した同書（巻三六、根あはせ）の記事とともに、我が国の古典籍の姿に関する根本史料となっている。

しかし、紫式部は、草子の華麗さを伝えるためだけに、この巻を書いたのであろうか。私は、紫式部の真意はこの草子に対する讃美を通じて、平安時代の人々が生み出した仮名、そして仮名文学の日本的価値を高らかに謳《うた》い上げているのだと考えている。紫式部はこの「梅枝」の巻の草子についての記述に先立って、仮名の書にふれて、

よろづの事、昔には劣りざまに、浅くなりゆく世の末なれど、仮名のみなん、今の世はいと際《きは》なくなりたる、古き跡は定まれるやうにはあれど、ひろき心ゆたかならず、一筋に通ひてなんありける

と述べて、万事、今の世は昔に比べて劣り、浅くなっていく世の末の時代であるが、仮名の書は今が一番見事に発展している。古き跡（真名、つまり漢字の書を指すのであろう）は書法が定まっているようであるが、発展性がなく、一様で形式的になっていると批判している。

紫式部が『源氏物語』(蛍の巻)で「日本紀などはただかたそばぞかし、これら(仮名物語)にこそ道々しく詳しきことはあらめ」と、中国の史書に準じて漢文で編纂された国史よりも仮名物語を評価し、また同じく『源氏物語』の「少女」の巻で、「日本魂《やまとだましい》」(大和心)、つまり中国伝来の学問を学ぶなかから、日本独自の実用的な思想、あるいは知恵・才覚を生み出す能力を大切にするよう主張したことはよく知られている。

そうした紫式部にとって、平安時代の人々が創造した仮名文学を日本独自の書法である仮名書きによって自由に表現でき、しかも装幀、料紙に当時の美意識を容易に反映できる草子は、いわば大和魂(大和心)の象徴とでもいうべきものであったに相違ない。そしてその考えは、紫式部のみならず、いわゆる王朝の文化を築き上げた一一世紀前後の平安時代人に共通するものであったと思われる。

前述したとおり、帖装本としての草子(葉子・冊子)は弘法大師の『三十帖冊子』に代表されるように中国から伝わった製本の技術であったが、その技術を日本の実情に合わせて発展させたのが草子であって、今日の綴葉装の源というべき草子の普及は一〇世紀末から一一世紀初頭、つまり摂関政治体制の最盛期にあったと考えられる。ただし、同じ草子であっても、粘葉装本に比べて、糸で綴じた綴葉装本が仮名文学に多く利用されたのは、

①糸で綴じているので本が厚くできる。

②異なった紙質のさまざまな料紙を取り合わせて使用できる。

などの便利さがあったためと思われる。

もちろん、紫式部はそれ以前の装幀、つまり巻子装本について充分な敬意は払っている。「梅枝」の巻の

草子の記述の末に蛍兵部卿宮が嵯峨天皇筆の四巻の『古万葉集』、さまざまな装飾紙を継ぎ合わせて巻子装本に仕立てた醍醐天皇筆の『古今和歌集』を源氏に贈り、源氏が感激した様子を述べているのがそれである。

ただし、嵯峨天皇・醍醐天皇の時代を考え、また両天皇の現存する筆跡から推測すると、嵯峨天皇自筆の『古万葉集』、醍醐天皇自筆の『古今和歌集』が女子の手本として実際に存在したとは思われない。紫式部がそれをあえて述べたのは、摂関政治の時代に生きた人々にとって、嵯峨・淳和天皇の弘仁・天長の時代、醍醐・村上天皇の延喜・天暦の時代（いずれも天皇親政の時代）が過ぎさりし理想の聖代であったからであろう。

藤原道長を頂点とする摂関政治体制の成立は、栄華に満ちた社会を作り上げたが、それは社会秩序からいえば、先例を改め、新儀、つまり従前には考えられなかった思考・行動を実現させた。こうした動きは時代に新しい活力を与えたが、異なった立場の人にとっては時代の成り行きに不安を与えるものであった。

草子本の盛行は、いわばこうした時代を背景として出現したものであった。しかし、そのかげには、女子がいない自分にとっては宝の持ちぐされになるからと、嵯峨・醍醐両帝の名筆になる巻子装本の手本を源氏に贈った蛍兵部卿宮の姿が印象的に思われてくる。

冷泉家時雨亭文庫に伝わる数々の綴葉装本は、書写時代からみれば平安時代後期あるいは鎌倉時代前期で、『源氏物語』とは直接的に関係はないが、これらの本が伝えている体裁、料紙、写された本文のさまざまな姿は、『源氏物語』に描かれた草子の世界を今日に教えてくれる唯一の姿といえる。

7　袋綴装本《ふくろつづりそうぼん》（明朝装《みんちょうそう》・康熙装《こうきそう》・朝鮮装）

料紙を文字面を表にして二つ折りにし、折り合わせた小口《こぐち》を右側に揃えて、右端に四穴（ときに六穴、五穴）をあけて糸（紐、紙捻《こより》など）で綴じた装幀で、近世以降は冊子装本の代表となった。この装幀法は中国に起源があり、南宋時代に遡ることは、すでに粘葉装の項で述べた。日本でもこの袋綴装は鎌倉時代中期以降しだいに普及し、室町時代中期から江戸時代にかけて最も一般的で身近な装幀法となった。「綴本《とじほん》」「冊子本《さっしほん》」といえばこの袋綴本を示した言葉となっている。

この袋綴本が中世から近世にかけて急速に普及した背景には料紙つまり和紙の変化がある。古代の巻子装本全盛時代の料紙は中国・日本ともに溜《た》め漉きで作られた麻紙をはじめとする古代紙、すなわち唐代の漉き法による厚紙《あつがみ》が中心であったが、中国では南宋時代（一一二七〜一二七九）に入って、袋綴装で装幀された南宋印刷本が一般的となると、その料紙も薄手の白楮紙が用いられるようになった。その状況は京都・東福寺に現存する円爾《えんに》将来本である各種の南宋版本などによって判明している。こうした薄手楮紙の出現は日本の和紙にも影響を与え、鎌倉時代中期にはそれまで粘葉装・綴葉装本の料紙として用いられていた杉原紙・檀紙《まゆみし》などの厚紙に混じって、薄手の楮紙が出現するようになった。鎌倉時代後期以降、仏書あるいは仮名文学の注釈書などに袋綴装が出現してくるのは、こうした薄手楮紙の普及と密接な関連がある。こうした傾向は室町時代中期に流し漉きによる製紙法が普及し、美濃紙《みのがみ》と呼ばれる薄手で強靱な楮紙が全国的に流通するようになると、袋綴装は軽量で、丈夫で取り扱いやすく、しかも姿が整った装幀法として日常的に用いられることとなった。とくに漢籍ではまた、この袋綴装は線装《せんそう》とも呼ばれて中国式の本格的な装幀法としても尊重された。

線装とは、本の右端に四つ、もしくは六つ、あるいは五つの穴を開けて、上端から下端に一本の糸を縦に通して綴じたため、中国で線装と呼んだもので、綴じ穴の四穴を明朝装、四穴の上下に一穴ずつを補って六穴としたものを康熙装、綴じ穴が五つのものを朝鮮装と呼んでいる。明朝装の型式はおそらく宋版・元版などの印刷本によって古くから日本に導入されていたと思われるが、室町時代に明版が大量に輸入されて普及したため、明朝装と呼ばれたのであろう（たとえば明版一切経はこの明朝装である）。六穴の康熙装は明朝装の上下端の綴じ目をいわば補強したもので、本が大型化するのにともなって装幀の補強を兼ねたと思われる。

五穴の朝鮮装も大型本の装幀法として朝鮮で発達し、日本では室町時代前期からはじまって、室町時代から江戸時代前期の写本の装幀法として広範囲に用いられた。これは室町時代の日本が学術・文化の面で今日のわれわれが考える以上に朝鮮の文化の影響を受けていたことを示している。また、朝鮮で発明・普及した銅活字印刷本が桃山時代に急速に日本に普及したことも、朝鮮装利用の傾向に拍車をかけたと思われる。しかし、従前未公開の寺院の経蔵を調査してみると、修理などで手を加えていない室町時代中・後期の漢籍・仏典の写本に朝鮮装の本が意外に多いことに驚かされ、朝鮮文化の影響の深さを知ることができる。この朝鮮装を愛用したのは徳川家康である。静岡・久能山東照宮には家康の遺愛品が数多く伝えられているが、家康手択本《しゅたくぼん》はいずれも五穴の朝鮮装である。家康の影響を受けてか徳川幕府はこの朝鮮装を重んじた。幕府が編纂し、その保存を期して日光東照宮に奉納した『寛永系図伝《かんえいけいずでん》』などはいずれも五穴の朝鮮装である。

なお、桃山時代に朝鮮装が普及した背景には『太閤軍記』など軍記物を中心とした本の大型化にも原因がある。朝鮮の大型本が日本に影響を与えるなかで、四穴より安定性がある五穴の綴じ方が好まれたのであろう。

8　紙捻《こより》（紙撚・紙縒）綴本《とじほん》

私の父は一九四四年一二月に七二歳で亡くなったが、生前、書斎で机に向かうとまずはじめたのは紙捻作りであった。和紙の薄い書き損じの原稿を縦に二、三行分細長く裂いて、左右の指先で器用に捻りをかけて筆立てに一五、六本立ててから、やおら原稿を書きはじめていた。使い方は今のゼムクリップと同じで、数枚もしくは十数枚の原稿を書き終わると、筆立てから錐を取り出して原稿の右端に適宜穴を開けて、四穴の場合は上二箇所、下二箇所をそれぞれ紙捻で綴じて、簡単な袋綴り本を作っていた。紙捻と小刀と錐と鋏がいつも机の上にあったことを憶い出す。

紙捻綴とはこのようにいわば本の仮綴りとして用いられたもので、当初は装幀というより一時的な紙のまとめ方、留め方といった方が実態に即している。ただし、まとめ方、留め方といってもさまざまな姿があって、平安時代の例でみると、切紙あるいは折紙などのいわゆるメモ・覚書を紙捻で綴じてまとめたもの、糊が離れた粘葉装本、綴じ糸が切れた綴葉装本の料紙を補修を兼ねて紙捻で括ったもの、あるいは大和綴と同じく、右端にあけた四つ穴を上二つ、下二つの二箇所を紙捻で結んだ大和綴の略装とみられるものなどさまざまな姿がみられる。鎌倉時代中期以降になって袋綴装が普及すると、この紙捻綴は漢籍、経典、和歌文学などの注釈書、あるいは論義、談義の聞書などの装幀法として広範囲に用いられた。ノートが大冊で厚い場合は、綴じ糸が紙捻ではなく、薄い和紙を細く裂いて紐状としたものもある。

このように、この紙捻綴は、学問が貴族・学問僧などの上流階層から中・下層の僧侶・庶民に普及し、仮名交じり文、片仮名文などで書かれた勉強ノート・諸講義録・さまざまな覚書の類が広範囲に成立すると、しだいに実務的装幀法として市民権を得ていった。

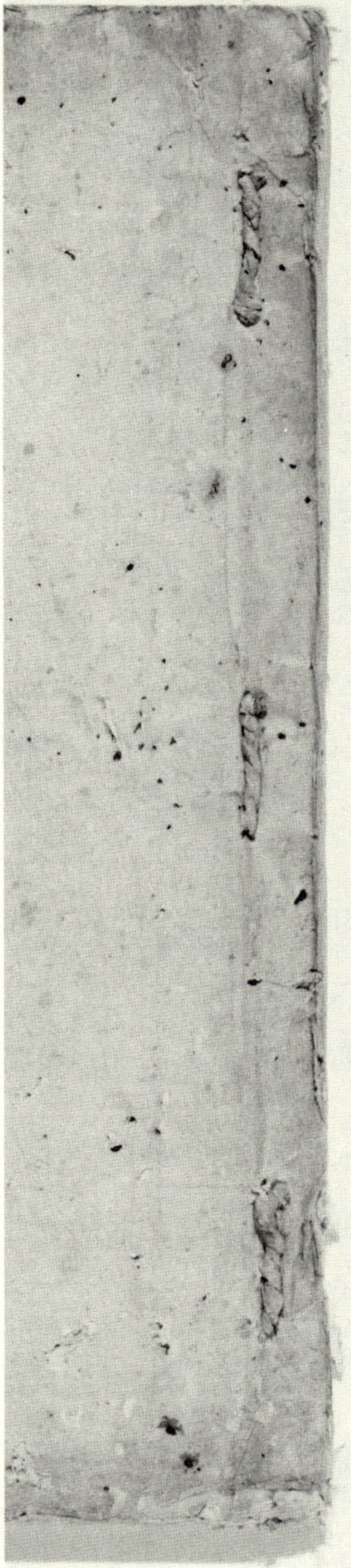

室町時代後期写本の六穴紙捻装（高野山正智院蔵）

紙捻綴が最もその存在価値を発揮したのが連歌の世界である。衆知のように連歌懐紙は折紙二紙を半折りして四葉の帖としたものであるが、その綴じ糸は紙捻である。はじめは素朴な仮綴《かりつづり》風であったものが、のちにはこの紙捻に糊をつけ、漆を塗り金銀箔をつけて装飾化もして、この連歌懐紙の紙捻綴は独自の装幀法として伝統的な格式がある地位を確立した。

この連歌の世界では、懐紙のほか、連歌の諸式・作法を記した各種の論書、あるいは先人のさまざまな発句を編述した諸句集の写本が数多く伝えられているが、その室町時代に遡る写本は紙捻綴が多い。現在各種図書館に保管されているこれら中世の写本は、そのほとんどが伝来の途中で改装されて原型を失っている場合が多く、その特徴を把握しにくいが、高野山正智院《しょうちいん》には室町時代中・後期の連歌論書が約百件あって、その装幀は室町時代の原装のままを伝えている。これらの装幀は袋綴装もしくは四半紙、六半紙本であるが、そのほとんどは紙捻綴である。しかもその紙捻綴の仕方はきわめて多様で、四穴もあれば三穴、二穴もあり、上下の隅のみを括ったもの、大和綴様のもの、あるいは一穴ごとに背に廻して綴じたもの、また紙捻を釘を打つ要領と同じにして、三穴それぞれに紙捻を通し、表裏の両端を圧しつぶして留めているものもあって変化に富んでいる。おそらく室町時代後期の連歌師などは『連歌新式』『連歌初学抄』『連歌至宝抄』などのように流布本として多くの写本が作られていたものは別として、自身の手控え、覚として書き写す写本は、料紙に薄手の楮紙（美濃紙風）を用い、紙捻綴として携帯、取り扱いに便宜のよい装幀としていたことが判明する。

9　本の数え方など

本の実態を適格に把握するためにさまざまな単位が使われている。その代表例が本の員数の表記で、巻子装本は「巻」（巻子装は軸装ともいうので、かつては軸と表記する場合もあったが、軸は掛幅装《かけふくそう》の員数単位とまぎらわしいので、最近は巻に統一している）、折本・粘葉装本・綴葉装本・紙捻綴本は「帖」、袋綴装本は「冊」と表記している。「巻」は巻物（軸装）を示し、料紙を糊で貼り合わせた本を「帖」といい、糸で綴った本を「冊」と呼ぶのは、本の形態に即した単位表記としてきわめて簡明である。ただし糸で綴った綴葉装・紙捻綴本を「帖」と呼んでいるのは、一見して原則からはずれているようであるが、これは前に述べたように平安時代以降、粘葉装本・綴葉装本を併せて「草子」と呼んでいたことによるもので、一種の約束事である。

本に関する単位の表記としては、紙数に関して丁（葉・紙）（オモテ・ウラ）、半葉などの言葉がある。粘葉装でいえば、その各料紙は半分に折って、折目の背中を貼り合わせているから、一枚の料紙は小口からみると二丁となり、洋本のページ数でいえば四ページになる。しかしページという概念がない和装本では第一ページから第四ページに当たる部分を第一丁オモテ・第一丁ウラ、第二丁オモテ・第二丁ウラと表記し、常に奇数ページとなる左ページをオモテ、偶数ページとなる右ページをウラとしている。また一丁のオモテもしくはウラのいずれかだけ（洋本でいう一ページ）をいう場合は半葉と呼んでいる。つまり洋本でいう第何ページは和装本では丁数を基準として第何（幾）丁のオモテ・ウラという呼び方になり、本文の行数が一ページ何（幾）行というのは半葉何（幾）行という表現になる。そして一帖の紙数を数えるときは丁数（葉数）を何（幾）紙と数えている。丁数とは前述のように実際の料紙一紙を折って二丁（二葉・二紙）と数えることになり一見して不正確のようであるが、これは一つの約束事として理解されている。以上は綴葉装本の場合もほぼ同じであるが、紙数に関しては括り数に注意することが求められる。

なお、紙数を数えるとき、表紙を紙数に入れるかどうするか、その考え方は整理しておく必要がある。粘葉装本と綴葉装本の表紙の基本型は、一番外側の第一紙を表紙として、必要に応じてその第一紙の上に装飾的な紙もしくは裂《きれ》表紙を貼り付けている。したがって料紙の第一紙をそのまま表紙としている場合は、本文料紙と同じ紙が表紙となっているので、その表紙を「本文料紙共紙表紙」、略して「共紙表紙」と呼んで紙数計算では本文料紙と同一に扱って紙数に入れることとしている。他方、この共紙表紙に装飾表紙を貼付している場合は本文料紙とは別扱いにして紙数計算には入れていない。

ただし、こうした「本文料紙共紙表紙」の考え方は巻子装本でも同じである。古く奈良時代では巻子装本の表紙は本文料紙と同じ紙を使うのが原則であった。現存する『天平一二年五月一日光明皇后御願一切経』などの一切経、薬師寺経として知られた『大般若経』、あるいは国分寺経といわれる『紫紙金字金光明最勝王経』などの奈良時代のいわゆる天平経の表紙は、いずれも本文料紙と同質紙で、表紙用として特別に打紙《うちがみ》を加え蛍磨して丈夫に綺麗にしている点が違うだけである（正倉院写経所関係文書にも、写経の表紙は本文料紙を半分にして使用するとの記載がある）。そう考えると「本文料紙共紙表紙」の概念は粘葉装本にはじまるものではなく、本の装幀法の基本的な考え方であったと思われる。

二　書名――題名の書き方――

典籍に書名がある場合、その書名は表紙および本文の冒頭と末尾に表記されているのが通例である。その場合、表紙にある書名を（表紙）外題《げだい》、本文の首・尾にある書名を内題《ないだい》と呼び、さらに内題を本文の冒頭にある題を首題《しゅだい》、末尾にあるのを尾題《びだい》と鄭寧に区別している。また数種の本を併せて書写していて、本文中の要処に書名がある場合は巻中内題と呼ぶ場合もある。

こうした書名は、国書の場合では少ないが、漢籍・仏典では外題と首・尾題がそれぞれ違う場合が多い。概略的にいえば、外題は略名が多く、首題は正式書名、尾題は略名で記されている場合がほとんどである。したがって典籍の目録などを作るときには正式書名は首題を尊重し、簡にして要を得ようとすれば尾題にしたがうのが原則として無難である。

ただ、典籍が大部の書物で、巻数が多く、その構成が篇・章などに分かれているときは、その首題は「大題下にあり、小題上にある」場合があるので注意が必要であろう。具体例を挙げれば、漢籍の場合、中国の本格的歴史書である『漢書』『後漢書』のような紀伝体《きでんたい》（本紀・列伝など年次記述と分野別記述とを併用して全体把握ができるようにした総合歴史書）においては、首題の標記は「高帝紀第一上、班固、漢書一」というように帝紀の章名である「高帝紀第一上」が上に書かれ、全体の書名、巻次を示す「漢書一」が下に掲げられている。

余談になるが、これに関連して憶い出すのが『日本書紀』の書名である。『日本書紀』の本来の書名が

「日本紀」か「日本書紀」かという議論は古くからあって、その議論の前提として『日本書紀』が紀伝体の書物を意味する「書」と、編年体の歴史書を示す「紀」と二重の表記を持っているのはおかしいということがいつも課題となっていた。これについて、かつて故神田喜一郎博士が意見を出されたことがある。その趣旨は、『日本書紀』の編纂にさいして、まず紀伝体の国史である「日本書」を編纂する意図があり、まず本紀として編年体の天皇本紀の編纂が行われた。したがって本来の書名は中国とは逆に「日本書、紀」とあったものが、いつしか『日本書紀』という書名になったと説明された（日本古典文学大系『日本書紀下』月報、一九六五年、岩波書店刊）。私はこの話を神田博士からしばしば伺って、漢籍の書名の在り方が日本の典籍の書名に影響を与えた例として興味深かったことを憶えている。

こうした「大題下にあり、小題上にある」という首題の標記の在り方は、漢訳経典である仏書の経典にも同様にみえる。たとえば『法花経《ほけきょう》』（巻第一）の首題に「序品第一、巻第一」、あるいは『大智度論《だいちどろん》』（巻第八四）のように首題に「摩訶般若波羅蜜《まかはんにゃはらみつ》（品）第六十九、第八十四」と掲げて、経典の品題を上に、巻次を下に記している例は数多くあり、奈良時代の写経などはあわてると経名と巻数を間違えるときもある。

ただ、こうした小から大へという中国風の大局的な考え方は、物事が上から下へ、大から小へと順序正しく運ばないと心が落ち着かない日本人にとっては、馴染みにくいものであったとみえ、中国にならった我が国唯一の紀伝体の史書である水戸光圀の『大日本史』では首題を「大日本史巻之三百九十一、表第二十三」と大題を上に、小題を下に表記している。

中国はいわば漢籍発生の地であり、印刷文化発明の国であって、典籍は時代が降るにしたがって内容は複雑になり、とくに明・清時代になると書名も精微になる。長沢規矩也《きくや》博士の口ぐせではないが書名が正確に採れれば一人前といわれたように図書館学の苦労の種となっている。

それに比べて我が国の典籍はとくに大部なものはなく、本文の構成も簡略であるから書名について判断に困ることはないと思われるが、実はそうではない。書名がない本がしばしばあって困るのである。さすがに日本人が著述した漢籍・仏典には書名のないものはほとんどないが、仮名書きの本、つまり、和歌文学、物語文学の典籍には書名のない本が多い。ときに『無名抄』『佚（逸）名抄』などと呼ばれている本がそれである。たとえば『国書総目録』をめくってみると『無名抄』『無名草子』『無名草紙』『無名家集』『無名歌合』『無名記』『無名随筆』など、本来の書名が不明、あるいはない本が数多く掲げられている。『土佐日記』『枕草子』『紫式部日記』などの書名も、著者が付けた原題ではなく、古写本が転写される歴史的伝来過程のなかで書名が付けられ、社会的地位を占めてきたのである。『かげろふ日記』のように作者の藤原道綱の母が自ら命名した例は、貴族日記でいえば筆者藤原定家が自ら命名したと考えられている『明月記』（ただし、近時は後世の呼称とする説が有力である）の場合と同じく、珍しい例というべきなのかもしれない。

もちろん、仮名文学の典籍でも『古今和歌集』『後撰和歌集』のような勅撰集、あるいは私撰集でも編者が判明している場合には書名は明確である。しかし平安時代の私家集のように成立過程はおろか、本としての作者、編者が明らかでない場合、書名がないものがほとんどであったに相違ない。とすればこれらの書名はどのようにして成立してきたのであろうか。その成立過程の次第を冷泉家に伝わったいわゆる定家本の私家集写本の書名の表記の在り方で考えてみたい。

平安時代および鎌倉時代前半期に書写された私家集には、首・尾題がある本がほとんどない。先述したように、ここで首・尾題というのは本文の冒頭あるいは末尾に記された書名のことで、通例、漢籍・仏典・国書などと分類されている典籍には、この首・尾題（書誌学ではこの首・尾題を内題と呼んでいる）があるのが原則である。

ところが、冷泉家時雨亭文庫に数多く伝わった平安時代の私家集の写本をみていくと、表紙には藤原定家筆、もしくはその筆跡を模した書名、つまり外題は墨書されているが、本文のはじめに首題を掲げているのは『貫之集』（冷泉家叢書一四巻『平安私家集一』所収）、『みちなり集』（冷泉家叢書一五巻『平安私家集二』所収）などごく限られている。まして本文の末尾に尾題がある『源重之集』（冷泉家叢書一六巻『平安私家集三』所収）などは珍しい例といえる（ただし、首題はない）。

こうした書名の在り方は、鎌倉時代中期に平安時代書写の私家集を復元的に模写した『私家集（唐紙本）』でも同様で、首・尾題があるのは『素性《そせい》』『兼輔《かねすけ》』『宗于』『遍照』『高光《たかみつ》』『小町』の六帖のうち『兼輔』『小町』の二帖のみで、『兼輔』は末尾に「兼輔中納言集」と真字で、『小町』は本文はじめに「をののこまちのしふ」と仮名で書名を掲げ、書名がわかる数少ない例の一つとなっている。

私家集に首・尾題がない場合が多いということは、同じ和歌集でも『古今和歌集』などの勅撰和歌集が必ず本文の首・尾、それも各巻の首尾にそれぞれ首・尾題を掲げて、典籍としての体裁を整えているのに比べてきわめて対比的である。それは勅撰和歌集が公の過程を通じて編纂され、書名も検討を経て決定された重みがあるのに対し、私家集は一人の歌人の和歌を作者自身あるいは後世の人が私的な個人歌集として、あるいは歌物語などとして任意に編集したもので、歌人の名前さえ判明すればよく、とくに改まった書名は必要としなかったためであろう。しかし、それにしても本文に書名がないのは本として落ち着きがなく、不安定である。個人歌集としても、漢詩集に比べればきわめて日本的な在り方といえる。ただ、『貫之集』『小町』に首題があるのは、おそらくこれらの集は私家集とはいえ著名な古典として世間に流布していくうちに、いつしか首題が掲げられるようになったのであろう。

それでは私家集の書名は、藤原定家が表紙に外題を定める前はどのように記されていたのであろうか。各写本をみていくと、粘葉装本と綴葉装本では違いがある。粘葉装本で、装飾表紙を付けている場合は、その本と同じく表紙の見返し紙に記されている場合もあるが、多くの場合は表紙の次にある扉紙のオモテ面もしくはウラ面、つまり本文書出しの面と見開きになる面に書名が仮名で記されている。ただ、こうした書名の在り方を理解するためには、粘葉装本と綴葉装本の当初の表紙の在り方と装飾表紙の付け方によって生じる外題の変化について説明をしておく必要がある。

まず、粘葉装本について述べておくと、平安時代に粘葉装本の中心を占めたのは仏典の聖教である。平安時代中・後期の聖教は京都・青蓮院の吉水蔵、あるいは高山寺などに数多く伝存しているが、その聖教の多くは粘葉装本である。粘葉装本聖教の一番素朴な姿は、本文を書写する本文料紙の第一丁と最末丁をそれぞれオモテ表紙とウラ表紙にした本文料紙共紙の表紙（略して共紙表紙という）である。この聖教の場合は、書名は共紙のオモテ表紙（通例、共紙表紙を第一丁として数える）の表面に書かれた外題（表紙の左端上に書かれる場合が多い）と第二丁オモテの本文の首行にある内（首）題と本文末尾にある内（尾）題の三箇所に記されているのが原則である。

しかし、筆者が聖教をめでたく飾るため、表紙に唐紙あるいは金銀箔散しなどの装飾紙を付けることがしばしばある。その場合の装飾表紙の付け方は、前述した共紙表紙の上に装飾表紙を貼り付け（この場合、共紙表紙のウラが装飾表紙の見返し紙となる）、本の背の部分にオモテ・ウラ表紙にかけて綾などの裂地を貼り包んで包背装《ほうはいそう》としている。この場合、書名は装飾表紙に記された表紙外題と、装飾表紙のウラに貼り合わされて外からはみえないが、原表紙ともいうべき共紙表紙の外題と、本文の首尾題と合わせて四箇所に書名があることになる。

この四箇所の書名について、その書き様をみてみると、前に述べたように仏典聖教の場合、一般的には内首題が正式書名で書かれていて、その首題の下に聖教の著者あるいは訳経者名を注記している場合が多い。これに比べて尾題は簡略な略称で表記されているのが通例である。また、装飾表紙に記されている外題は、概していえば尾題もしくはそれに準じた略称で記されている場合が多い。

これに対して原表紙ともいうべき共紙料紙に記されている外題の書名は、大別して二通りがある。一つは共紙表紙をそのまま表紙として使うことを考えている場合で、その場合は書名の書き方も丁寧で、表記も内首題もしくは内首題に準じた名称を書いている。もう一つは、共紙表紙の上に装飾表紙を付けることを前提としている場合は、外題の表記は人にみられることを考えず表紙の左端上に、やや走り書きで簡略に、いわば製本屋への覚えのための注記風に記されている場合が多い。ただし、この共紙表紙の外題は上に貼ってある装飾表紙が糊り離れなどのためにはずれてはじめてその存在がわかるもので、通常はみえないこととなっている。

以上は、仏典聖教の場合にみる例であるが、この書名の在り方は、平安時代中・後期におけるいわゆる草子本（綴葉装・粘葉装を含めて）にみる外題、内題の在り方の基本型とみることができる。

この書名の在り方を冷泉家時雨亭文庫蔵本についてみると、平安時代後期から鎌倉時代前期の写本の場合、外題は装飾表紙と扉紙《とびらし》（ただし、現在の状態が扉紙となっているという意味で扉紙と呼んでおく）のオモテ、もしくはウラに記されている場合が多い。そして装飾表紙の外題は藤原定家筆、もしくはその書に準じた筆跡で、真名（漢字）で書かれている。これに対し、扉紙の場合は、書名はオモテに書かれている場合、ウラに書かれている場合の二通りがあって、ウラに記されている例が多い。また、仮名書きと真名書きと両様である。ウラに書かれている場合は、書名と本文が見開きとなり、右に書名、左に本文の始まりがあることとなって、扉裏の書名は一見して内首題とも受け取れる位置を占めることになる。

ただし、その場合、表紙外題とこの扉の書名がともに定家筆もしくは定家様筆であるときは、扉の書名を私家集特有の内首題とみることも可能であろうが、扉の書名が表紙の外題と別筆で、しかも表記を異にしている場合は、倉卒に内首題とすることはできないであろう。

たとえば『兼輔中納言集』（冷泉家叢書第一六巻『平安私家集三』所収）は表紙の外題は定家の筆で「堤中納言集」と表記しているが、扉紙のオモテには別筆で「かねすけの中納言」とあり、また『行尊僧正集』（冷泉家叢書第一五巻『平安私家集二』所収）は、表紙外題は同じく定家筆で「行尊僧正集」とあるが、その見返し紙

（もとは綴葉装の共紙表紙のウラと思われる）に、やや略筆で「平等院大僧正集、すかふしふとん《（も）》いふへきにや」と書名が記されているのをみると、果たしてこれを外題もしくは内首題といってよいのかその成立事情を改めて考えてみたくなる。

ただ、そうしたなかで、『寂然集』（冷泉家叢書第二五巻『中世私家集一』所収）は、もと粘葉装本で、現在、装飾表紙を逸しているが、扉紙ともなっている共紙表紙はオモテの左端上に小字で「寂然集」とあり、ウラの中央にこれもやや行書体の略筆で「寂然集」と記されている。この姿は前述した仏典聖教のように共紙表紙の上に装飾表紙を付け、その場合は装飾表紙に隠れることを前提として、覚えのために表紙の左端上に書名を注記風に書いたものと思われる。

書名について少し細かい話になったが、昔から注目されていることに表紙の書名、つまり外題の位置がある。巻子装本の外題は表紙が巻かれた状態から一番目立つところである表紙の左端上に書かれている。また宋版仏典などの古体の折本装本は、いわば巻子装本を改装したもので、巻子装本と同じく表紙の左端に書かれているのが通例である（近世の折本装本は別として）。さらに漢籍などの宋版本の古態の装幀である粘葉装本、あるいは南宋版本から普及した袋綴装本は、その外題は表紙の左端にあり、原表紙がなくなって中・近世に補われた後補表紙の外題も古態を尊重して左端に記されているのが通例である。

このように表紙の外題は本の装幀の形式を問わず、漢籍・仏典ともに表紙の左端にあるのが本来の姿であったが、和歌集、物語などいわゆる仮名文字の本になるとその原則は必ずしも通用しなくなる。たとえば冷泉家に伝来した古写本をみてみると、藤原定家の筆である『古今和歌集』『後撰和歌集』の外題は表紙の左端に記されているが、『花山僧正集』『源礼部納言集』『兼澄集』『恵慶集』『発心和歌集』などはいずれも外題が表紙の中央に書かれている。つまり同じ和歌集でも勅撰集は通例の在り方にしたがって外題を表紙の左端に書いているが、私家集は中央に書かれている。これは勅撰集の奏覧本が巻子装本であったことを反映しているのであろう。

こうした外題の位置について、室町時代後期、天文元年（一五三二）に成立した古辞書の一つである『塵《じん》添壒囊鈔《てんあいのうしょう》』はその巻八に「双紙銘書様事」として、

> 双紙ノ銘ヲ中ニ書アリ、端ニ書アリ、如何、勅撰等ノ謌草子ハ皆端ニ書ク、大和物語、伊勢物語等総テ物語ト云ハ必ス中ニ書也、仍光源氏皆中ニ書也ト、（是冷泉家之記也）其外無二沙汰一歟、又於二聖教一天台宗ニ山門ハ多分中ニ書キ、寺門ハ必鰭《はた》ニ書クト云々

と述べて、勅撰集等の歌草子は左端に書き、歌物語は表紙の中央に書くもので、これは冷泉家の説であること、そのほかはとくに定めはない。仏教の聖教で、天台宗の場合、延暦寺は外題を中央に書く場合が多く、三井寺の園城寺は必ず端に書くと伝えている。

和歌文学の本の外題の書き方に冷泉家、とくに定家が影響を与えていたという話はほかにもあって、江戸時代後期の有職故実学者として著名な伊勢貞丈（号安斎）の随筆集である『安斎随筆』（『古事類苑』所収本）に外題の書き様についての問答が収められている。

それは『源氏物語』の外題は中央に書いてあるがなぜかという質問に対して、貞丈が、ある定家外題の『源氏物語』があり、その外題は表紙の左端に書かれていたが、それが薄れてみにくくなったため書き改め

ることとなった。しかし近衛信尹《のぶただ》（三藐院《さんみゃくいん》）が定家の外題の上に重ね書きをするのは恐れ多いということで、その傍、つまり中央に改めて外題を書いた。このためそれ以後『源氏物語』の外題は中央に書くようになったと答えたというのである。この話はとても事実とは思えないが、定家の外題が尊重されていた話としては興味深い。

本を書写する場合、外題の文字が特別視され、大切にされることはよく知られている。古くは奈良時代の官立写経所で経典を書写する場合、本文を書写する写経生《しゃきょうせい》、誤りを直す校生《こうせい》とともに、表紙の外題を書く「題師《だいし》」が置かれ、能筆の下級官人が充てられていた。これは短期間に大量の写経を完成させるための分業の仕組みではあったが、題生といわず題師という呼び方に外題が持つ重みが感じられる。平安時代に入ると、新しく写経し、漢籍を写すと、その外題を身分の高い、あるいは能書の誉れが高い人に依頼する風潮が高まった。三跡の一人である藤原行成の日記『権記』をみると、行成がしばしば需められて『法華経』などの外題を書いている様子が窺われる。また室町時代後期の写本にも後奈良天皇・後陽成天皇宸筆と伝える外題を付したものがしばしばある。したがって貴重本をみる場合、外題を丁寧に調べることは書誌学の基本の一つといえる。

こうした外題の持つ意味を藤原定家は熟知していたことはもちろんである。平安時代の私家集の伝存がまれで、しかも原表紙、原外題を伝えたものがほとんどない今日、平安時代の私家集の外題がどのように書かれていたのか、確認をする術がないが、前述した定家本の書名の在り方を考えてみると、平安時代の私家集には一部を除いてほとんど外題がなかったのではないか。今日ある定家本私家集の外題の大部分は定家が歌集の内容を調べ、歌人を考証して初めて付けたのではないかと思われる。表紙の中央に、しかも太字で明確に堂々と表記された定家自筆、あるいは定家様の外題をみていると、この書名は自分が初めて付けたという定家の自負がにじみ出てくるように思われる。

三　本文の書式――本作りのルール――

書名（題名）に続くのは本文である。写本、版本の本文の書き方には通例書式というものがある。その書式とは、

①本文の一行の字数が何字で書かれているか。
②本文中には注記があるか。その注記は一行書き（単行）か、二行書き（双行）か。
③巻子装本の場合は料紙の一紙中に、粘葉装本・綴葉装本の場合は半葉中に何行で書かれているか。その場合、料紙に界線が施されているか。
④その界線は墨線か金・銀線か、あるいは押界《おしかい》（「おつかい」とも読む。ヘラ押しの線で白界ともいう）か、または朱線等か。

といったことである。

こうした本文の書式をみる場合、その対象となる本が漢籍か仏典か、あるいは和書かによって区別して考えるのが通例である。漢籍の場合、『尚書』『毛詩』『論語』など儒学（明経道）に関するもの、あるいは『文《もん》選《ぜん》』『爾雅《じが》』、『史記』『漢書』『後漢書』など文学・史学（紀伝道）に関する唐時代もしくは奈良・平安・鎌倉時代の古写本をみると、とくに定まった書式はない。一行の字数はおおむね一四、五字前後が多く、比較的ゆったりした字数で書かれている。それはこれらの経史類は本文中に各種の注記が二行（双行）に記されて

いるためであるとも思われる。ただし、注記のない無注本、たとえば奈良・天理大学附属天理図書館の『文選巻第二六』あるいは上野家の『文選巻第一』でもそれぞれ一行一五、六字と一行一三字であるから、経書の類は一行一四、五字前後が原則であったとみることができる。

これに対し、仏典の場合は書式が統一的である。とくに経（釈迦の教え）、律（僧侶の守るべき戒律）、論（古代インドの仏教学者が論じた教義）、疏（経・論の古い注釈書）のうち、経は原則として一行一七字である。経典を細字で書いた細字経、たとえば『細字法花経《さいじほけきょう》』『細字金光明最勝王経《さいじこんこうみょうさいしょうおうきょう》』などは一行一七字の二倍、つまり一行三四字で書かれている。一行一七字が原則といったのは、写経のなかに書法の妙を伝えるためにことさらに大字で本文を書いた奈良時代書写の『大字賢愚経《だいじけんぐきょう》（大聖武）』『大字法花経』など一行一二字前後で書いたもの、あるいは本文中に注記が多いため本文を一行一五字前後で書いた奈良時代書写の『大般涅槃経集解《だいはつねはんぎょうしっかい》』、一行一一字前後の『註楞伽経《ちゅうりょうがきょう》』、一行一三、四字前後の『浄名経集注《じょうみょうきょうしゅうげ》』などがあるからである。また、最初の印刷本一切（大蔵）経である北宋の勅版（蜀版）一切経は一行一四字で統一されていたが、つぎの東禅寺版一切経、開元寺版一切経では一行一七字に戻っている。

このように一部の例外はあるが、仏書の経典は一行一七字が定めとなっている。こうした定めがいつごろ成立したのか明らかでないが、仏典は梵語経典を中国で漢訳したものであるから、翻訳のさいの約束事であったに相違ない。私はヨーロッパにある敦煌出土写経はごく一部しかみていないが、日本にある中国の六朝時代といわれる『十地論《じゅうちろん》』、南北朝時代の西魏大統一六年（五五〇）の奥書がある『菩薩処胎経《ぼさつしょたいぎょう》』などは一行一七字の書式となっていることから、五世紀から六世紀の時代にはその定めが普及していたことが判明する。なぜ一七字かとなるとそれはわからない。経文中には偈頌《げじゅ》（韻文の文章）があり、四言四句の一六字を一行に書いているから、本文は一字高くして一七字としたとも思われるが、五言四句の二〇字を一行に書く場合もあるから明解な答えともなりそうもない。ただ一行の字数を定めることの利点は、写経にさいして脱字・脱行の間違いが少なく、もしあっても気が付きやすいことで、きわめて合理的である。

漢籍・仏書の経典は料紙に界《かい》（罫）線を施して、そのなかに本文を書くのが原則である。界線は料紙の上下（天地）に横に引いた天地横界《てんちおうかい》と、天地横界のなかに縦に引いた縦界の二種類がある。天地横界のみという例はしばしばあるが、縦界だけということはほとんどない。ときに天界を二線引く場合があるが、その場合は天複罫、地単罫と呼んでいる。天界を二線もしくは三線等に引くのは本文に一字下げ、二字下げなどの段落があることを予測した場合で、記録もしくは箇条書きなどの本文を書くときにしばしば用いられている。なお、天地横界の場合、料紙の上端と天界、下端と地界の間隔、つまり上欄外の余白と下欄外の余白は時代によって異なりがあり、奈良・平安・鎌倉時代前期ころまでは上欄外の余白より下欄外の余白が広いのが原則であった。『延喜式』の図書寮式は写経をはじめとして典籍を書写、装幀するための紙・筆・墨の量、一日に書写する字数などの詳しい規定を掲げていて書誌学研究上に重要な史料となっているが、そのなかに料紙の天地を裁断する場合、「（前略）其装裁者、横界之外、上一寸一分、下一寸二分、惣得㆓九寸五分㆒」として、上は横界から一寸一分（約三・二センチメートル）、下は横界から一寸二分（約三・五センチメートル）の所で截り、惣じて料紙の高さを九寸五分（約二八センチメートル）にせよとしている。その上下の広さが逆転して、現在のように上欄外の余白の方が広くなるのは鎌倉時代中期ころからである。おそらく時代のバランス感覚の変化によるのであろうが、鎌倉時代中期以降になると学問が細かくなって、語句の解釈、出典などの注釈の種類・内容が増え、上欄外に注記を書き入れることが多くなったためと思われる。

界線の色は墨色が一般的であるが、ときには名古屋の七寺の『大般若経』のように朱線もある。装飾性をともなう場合は金泥（ときには金の切箔）を使った金界、あるいは銀界もあり、南北朝・室町時代には緑青界《りょくしょうかい》も使われる。粘葉装本、綴葉装本の場合は押界の場合が多い。その理由は押界だと数枚分の界が引ける、少なくともオモテ・ウラの界は一遍の作業で施すことができたためである。

粘葉装本・綴葉装本のことは前に述べたが、装幀の性格からいえば、巻子装本が古典的あるいは公式的であるのに対して、粘葉装本・綴葉装本は日常的もしくは個人的である。

巻子装本は本文を書写するにさいして料紙に墨界線を引いて体裁を整えるのが原則であった。その施し方には一応の基準があって、『延喜式』図書寮式は宮中で用いる漢籍・仏典の書写にさいし、一紙当たりの界線の行数を二七行と定めている。ただし、奈良時代に書写された写経生の書写経を実測してみると、料紙の一紙の長さは五六センチメートル前後で、界線の行数は一紙二五行から二八行前後で、ときに三〇行がある。これは写経を行った写経所もしくは写経事業の種類によって、多少の差異があったことを示している。なお、この墨界線は奈良時代から平安時代前期までは、墨色が薄い、いわゆる淡墨界《たんぼくかい》で、時代の特色をはっきり現しているのが特徴である。

これに対して粘葉装本・綴葉装本の界線は墨界線を施すことはきわめて少なく、そのほとんどが押界である。押界が施された写本をみたら、平安・鎌倉時代の写本と考えてまず間違いない。粘葉装本が最も活用されたのは仏典中のいわゆる聖教類で、経典注釈書、各種の儀軌・作法・次第などさまざまな学問・研究書の書写に用いられた。その本文の半葉ごとの行数は縦長本（おおむね縦二五センチメートル、横一五センチメートル前後）、桝型本（縦一七センチメートル、横一五センチメートル前後で、一見して正方形の桝型にみえるので枡型本といっている）など本の大きさによって差異があるが、押界は六行もしくは七行が原則である。

このように書写本はその装幀の違いによって界線の在り方、行数などに差異はあるが、漢籍・仏典など中国に源を持つ学問の写本は、いずれも本文を書写する場合、まず界線を施して書写するのが一般的な心掛けであった。

これに対して仮名書きの和書は、料紙に界線を施すことがほとんどない。ここで仮名書きの和書というのは『大鏡』『栄花物語』などの歴史物語、あるいは『大和物語』『竹取物語』『源氏物語』などの文学物語、そして『古今和歌集』などの勅撰和歌集、『貫之集』などの私家集などを指している。もちろん、例外もあって天理大学附属天理図書館所蔵で建久三年（一一九二）の書写奥書がある『大鏡（中之上）』（一巻）のように本文を墨界中に書写したものもあるが、それは珍しい例である。また『元暦校本万葉集』（二〇冊）は四周に匡廓様に墨線を引いてこれも類例が少ない本となっている。そのほか、愛知・関戸家の保安元年（一一二〇）六月の書写奥書がある『三宝絵』（一帖）は雲母刷菱花文の唐紙を料紙とした綴葉装本で、半葉七行の墨界中に書写している。この本は源為憲が撰した仮名書きの仏教説話集であるが、書写の奥書に「願以二此功徳一普及二於一切一、我等与二衆生一、皆共成仏道」と写経によく書かれる願文奥書と同じような願文があるから、筆者はこの本を仏書と同じ気持ちで書写したことがわかる。（なお、『三宝絵』は諸写本が平仮名文・漢字交り片仮名

文などと文体が一定せず、原本が仮名文か漢文か未詳であるが、おそらく漢文体であったと思われる）

仮名書きの和書でも、巻子装本は天地横罫を施して書写している場合が多い。宮内庁の『桂万葉集《かつらまんようしゅう》』（一巻）は色紙に金銀泥下絵を描いた華麗な装飾本として有名であるが、天地に淡い墨横罫がある。国有の『藍紙本万葉集《らんじぼん》』（一巻）も天地に横罫がある。さらに近衛家伝来になる『二十巻本歌合』は界線の施し方はさまざまで、京都・陽明文庫所蔵の『六条斎院歌合』（一巻）などのように天地横罫、縦界中に書写したもの、また東京・渡辺家所蔵の『内大臣家歌合』（一巻）のように天三罫・地単罫のなかに本文の段落を明確にして書写したもの、さらに愛知・穂久邇《ほくに》文庫所蔵の『源大納言家歌合』（一巻）のように天地単横罫中に書写したものなどがあって、平安時代後期、一二世紀二、三〇年代に藤原忠通の下で編纂が行われた『類聚歌合』（二〇巻本）の料紙の状態を伝えている。おそらく巻子装本の書写の場合は本文の高さを揃えるためにも、また天地余白の間隔を整えるためにも、天地横罫は必要と考えられていたのであろう。

しかし、粘葉装本・綴葉装本となると、仮名書きの本はごく一部の例外を除いて界線はない。界線がないから書写の体裁はいい加減かといえばそんなことはない。たとえば宮内庁の『粘葉本和漢朗詠集』（二帖）は半葉六行、同じく『金沢本万葉集』（二帖）は半葉七行で、まるでみえない界線中に書いたように体裁を整え、正楷、端麗に整然と書写している。これらの本のように華麗な料紙と優美な文字の筆線が互いに重なり合って作り出す美しさをみると、もしそこに墨界線が施されていた場合を想像すると、せっかくの優しい雰囲気を窮屈なものにしてしまう感じがある。

我が国独自の書物である仮名書きの和書に界線を施さなかったのは、中国から伝わった漢字の本、漢籍・仏典と区別するためにはじめからあえて避けたのか、あるいは界線中に書いてはみたものの仮名の筆線が界線に合わないと考えて、いつしか途中で止めてしまったのか、その辺りのことは考えてもあまり意味がないかもしれない。平安貴族が仮名書きの和書に懐いた考え方は『源氏物語』（「梅がえ」の巻）の「（前略）またこの紙屋の色紙の、色あひ華やかなるに、乱れたる草の歌を、筆にまかせて乱れ書きたまへる、見どころ限りなし（後略）」に代表される筆線の自在な変化の妙が大切にされていたのであろう。

冷泉家叢書の『平安私家集』に収められた諸本の本文の書き様は、前述した『源氏物語』の紫式部の言葉の一端を具体的に伝えたもので、ページをめくっていると、一行、一行の書き様に変化を与えた筆線の妙がさまざまな楽しさを感じさせてくれる。なかには『源　順集《みなもとのしたごうしゅう》』（同叢書第一六巻『平安私家集三』所収）にある「あめつちの歌」（四丁ゥ以下）（「くつかむり」「おりく」の一種で、特定の文字を和歌の各句に折り込んで詠んだもの）あるいは「双六盤歌」（一四丁ゥ以下）（数首の和歌を縦横に書いて双六盤の面を形造り、交差する文字を共通文字とする。「おりく」の一種）など有名な本文の最古本に接することができるのも興味がある。しかし『躬恒集《みつねしゅう》』（同叢書第一四巻『平安私家集一』所収）にみる、散し書きをこれでもかと駆使した本文の激しい変化をみていると、本文を正確に写し伝えるために考えられた界線のことなど「かたそばぞかし」ということになりそうである。

四　奥書《おくがき》――誰がいつ何のために書いたのか――

奥書とは文字どおりにいえば、本の奥に本文とは別に書き加えられた書き付け、文章ということであるが、書誌学上の用語としては、典籍の書写年代、筆者、書写の目的、あるいは伝来・修理などその典籍の写本・版本としての成立の事情、今日まで伝わったさまざまな歴史を明らかにしてくれる記文を総称して奥書と呼んでいる。したがって、必ずしも本の奥に記されている記文を限定していうものではなく、ときには「表紙の見返しに書写奥書がある」、あるいは「内題の下に一見奥書がある」、粘葉装本の場合には「第幾丁の貼り合わせ目に書写奥書がある」などと、奥書が書かれている場所を明らかにしてその存在を示すことが多い。ただ、のちの人が本文以外に書き加えた記文として、その本の内容・価値に言及した「識語」「跋」と呼ばれる文章があって、ときには奥書と区別しにくい場合があるが、それらの文章は文末に「識」「識語」「跋」と記していることが多いから、その場合には「某識語」または「某跋」と表現して奥書と区別している。

なお、奥書は写本だけでなく、版本にも記されていることが多い。版本の場合はその本で勉強したことを示すもの、あるいは所持者など伝来を伝えたものが多く、書写奥書がないのは当然であるが、ときには版本の欠失部分を補写したことを伝えた補写奥書がある場合があって、奥書は写本・版本に共通した用語である。

奥書はその種類が多く、内容もさまざまであるが、奥書が記された本が成立したときを基点として考える

と、

①その本が書写（印刷）される以前の歴史に関する奥書。［本《もと》奥書］。

②その本が書写（印刷）されたときに加えられた奥書。［書写奥書］［抄出奥書］［校合奥書］［願文奥書］など。

③その本が書写（印刷）されたのちに加えられた奥書。［加点奥書］［訓読奥書］［伝授奥書］［譲与奥書］［相伝（伝領）奥書］［感得奥書］［披見（一見）奥書］［寄進（奉納）奥書］［補写奥書］［修理奥書］など。

などに大別される。それぞれの奥書について簡単に説明を加えておくと次のとおりである。

1　本奥書《もとおくがき》（「ほんおくがき」ともいう）

本奥書とは通例、本を書写する場合、底本（親本・藍本ともいう）に記されていた書写奥書など各種の奥書をそのまま写本に写し加えた奥書を指している。ときには校合に用いた本の奥書を写している場合もあり、それは校合本の本奥書として底本の本奥書と区別している。これらの本奥書はその奥書の文の首に右寄せで小字で「本云《ほんにいう》」あるいは「校本云」と記してその性格を明らかにしているのが原則で、この本奥書によって底本（親本）の歴史的性格を知ることができ、写本の研究上に貴重な史料となっている。

ただし、本によって本奥書であることを明記していない場合は、本奥書と書写奥書との区別がわかりにくいときがある。ことに本奥書が一種でなく何種類もある場合は、うっかりすると最末の本奥書を写本の書写奥書と誤って判断することもある。

本奥書が一見して書写奥書のようにみえてまぎらわしい例として有名なものに、奈良・興福寺に伝わった『日本霊異記』(上巻)の奥書がある。この本は大正一一年(一九二二)九月に興福寺の東金堂の天井裏から発見されたもので、『日本霊異記』上巻の唯一の古写本として著名な本であるが(余談であるが『日本霊異記』のほかの古写本はいずれも中・下巻で、上・中・下の三巻が揃った本は発見されていない)、その巻末の本文と尾題の間に、

延喜四年五月十九日午時許写已畢、曾□□とあ□

と、延喜四年(九〇四)の書写奥書があって、その奥書の筆致が本文とまったく同じ調子で一気に書かれている。通例、書写奥書は、本文の筆者が本文を書き終えて一息ついて、やや気分を改めて書くもので、本文と書写奥書の筆致はやや異なることが多い。このため、この延喜四年の奥書は本奥書と考えられていて、興福寺本の書写年代は平安時代中期、一一世紀以降とするのが通説となっている。しかし、この本奥書によって本文に記された訓釈は延喜四年以前の姿を伝えたものであることが判明し、『日本霊異記』の訓釈研究上に貴重な資料となっている。

他方、奥書に「本云」とあって本奥書であることを明らかにしていたのにもかかわらず、後世にその「本云」の二字を擦り消して、あたかも書写奥書であるかのように細工を加えた写本もある。京都・笠置寺の『地蔵講式』(一巻)『弥勒講式』(一巻)および岡山・千手院の『四座講式』(四巻)がその例で、前者には建久七年(一一九六)二月の貞慶書写本奥書、後者には建保二・三年(一二一四・一五)の高弁(明恵上人)の草稿本奥書があるが、いずれも「本云」を擦り消して、貞慶上人・明恵上人の自筆本であるかのようにしている。

ただし、注意すれば肉眼でも擦り消しの跡に「本云」の二文字が判読できるから、悪意のある所作ではなく、高僧の遺徳をより讃えようとしたための行為と考えられる。

本奥書と書写奥書との区別は、写本を数多く取り扱うなかで、筆跡上、本文と本奥書が持つ共通性と、本文・本奥書と書写奥書が示す異質性とに注意していれば比較的簡単に判断することができる。この場合の共通性とか異質性というのはやや抽象的な表現であるが、本を書写する立場になって考えると理解しやすい。

つまり、昔の人は本奥書は本文と一体のものと考えて、気持ちのうえで本文と本奥書とを連続的に書写している。これに対し書写奥書は、一冊の本を写し終わったという安堵感あるいは緊張感から解放された意識があり、新たに書き加えるという気持ちがあったと思われる。こうした筆者の感覚の違いが、本奥書と書写奥書との間に書く位置、あるいは本文との間隔の取り方に違いを生じることになる。また筆跡においても運筆の在り方、筆線の勢いなどに自ずから差異が生じ、概していえば書写奥書の方が、本文・本奥書よりも自由で伸びやかに書かれることになる。このように書くと当たり前のことを何かもっともらしく述べているようで気が引けるが、こうした本奥書と書写奥書の区別についての判断は、所詮は奥書の部分だけにとらわれず、本文の書写の体裁・筆跡の在り方とも関連して、写本全体の姿のなかで考えるということが大切なのかもしれない。

ただ、私の経験でいえば、同じ写本といっても仏典関係では本奥書と書写奥書との区別で苦労することは少ないが、和書・漢籍、とくに鎌倉・南北朝・室町時代書写の『日本書紀』『古事記』など日本の古典に関する写本の奥書は、ときには判断に迷うことが多いように思われる。それは仏教関係の学問が談義・論義などいわば学僧グループを中心とした研究活動のなかで比較的開放的に行われていたのに対し、和書・漢籍の学問は早くから家学を形成し、世襲あるいは師弟関係という伝統的社会のなかで、ともすれば閉鎖的に行われ、写本が家学に関する証本として扱われることが多かったためであったと思われる。

私が文化財の調査に従事するようになって程なく、吉田家伝来の秘本である『日本書紀神代巻』の卜部兼方本および卜部兼夏本を取り扱うことがあったが、そのさい私の上司であった田山信郎（号方南）・近藤喜博《よしひろ》の両氏から、吉田家本の難かしさ、奥書に接するさいに必要な慎重な態度について何かと教示を受けることが多かった。

吉田家と同じく家学として学問を伝えた冷泉家の諸本は、藤原定家の学問を反映しているためか、奥書が明快で取り扱いに迷うことはほとんどない。ただ、少し苦労した思い出の一つとして『後拾遺和歌抄』（上・下一帖）がある。『後拾遺和歌抄』は白河天皇の時代に藤原通俊（一〇四七〜九九）が撰した勅撰集で、応徳三年（一〇八六）に奏覧され、寛治元年（一〇八七）に再奏された。その伝本の研究は撰進の過程によって草稿本・初奏本・再奏本の系統を前提として研究者による検討が行われているが、伝本の本奥書による系統は、「以㆓礼部（藤通俊）納言家本㆒書㆓写之㆒、件本朱雀帥伊房卿自筆也云々」の本奥書を持つ伊房筆本（通俊家本・初奏本）系統と「長承三年十一月十九日、以㆓故礼部納言之自筆本㆒書留了云々」の本奥書を持つ通俊自筆本（再奏本）系統に分かれているといわれている。

冷泉家時雨亭文庫蔵本はこの通俊自筆本系統で、冷泉家の調査によってはじめて紹介された本であるが、本文の内容は冷泉家本を忠実に臨写した江戸時代の写本である宮内庁書陵部所蔵の「為家相伝本」によって既に判明していた。私が最初にこの冷泉家本を拝見したとき、この本が「為家相伝本」の原本であることを知り、いささか緊張したことを覚えている。

この冷泉家本は現装は上下二箇所を紫糸で仮綴じしているが、もとは粘葉装本で、本文料紙は斐紙に四周押界を施して、帖末の補写二丁を除き全帖一筆書きである。一見して平安時代の写本かと思わせる良本であった。帖末には本文と同筆で、

長承三年十一月十九日、以二故礼部納言(藤通俊)自筆本一書留了、件本奥称云々、寛治元年九月十五日為レ披二露世間一、重申二下御本一校レ之、先レ是在世本相違哥三百余首、不レ可二信用一、件本其由具書二目録序一、通俊朝散大夫藤(花押)

の奥書があり、この奥書についでのちの別筆で「相伝秘本也、戸部尚書為家」と藤原為家の伝領奥書が別紙を継いだうえに記され、さらに長承三年の奥書の料紙の前葉に前記の為家伝領奥書と同筆で「出家以後、譲二与小弟(男カ)拾遺為相一了、桑門(藤為家)(花押)」と為家の譲与奥書が墨書されている。

長承三年(一一三四)の奥書の文意は、長承三年一一月一九日に故礼部納言、すなわち『後拾遺和歌抄』の撰者であった治部卿権中納言藤原通俊の自筆本によって書写したこと、その自筆本には寛治元年(一〇八七)九月一五日の通俊の奥書が記されていたとしてその奥書の文を転写している。つまり長承三年の書写奥書のなかに藤原通俊の本奥書が引用されている。そしてこの長承三年の書写奥書の記主は「朝散大夫藤原某(花押)」であるが、残念ながらこの朝散大夫すなわち従五位下藤原某についてその人は未詳である(藤原俊成〈当時顕広〉とする説もあるが筆跡も異なり、内容からも確認はできない)。

私は最初この長承三年の奥書をみたとき、一瞬書写奥書と考えた。それはこの奥書を本文と同筆と判断し、本文と奥書の筆跡を平安時代後期とみたからである。ただ、そう思いながら何か落ち着かない気持ちも持っていた。その理由は幾つかあって、一は本文・奥書ともにその書風は確かに平安時代の筆法を伝えながら、筆線の運びに弱さが感じられること。二には書写奥書としてみるとき、奥書の書き方に何か不自然さがあること。ことに「長承三年」云々にはじまる書写ならびに本奥書の部分と、その記主を示す「朝散大夫藤（花押）」の書かれた位置関係がすっきりせず、書写奥書としてみるとき、緊密な一体感がなく、わかり難かったのである。三には奥書が記された料紙がいったん綴じをはずれた形跡があり、しかもその料紙の一部を切断して別紙を部分的に継ぎ貼っていて、当初の状態を伝えていないことも気になる点であった。

結論からいえば、私はこの冷泉家本を重要文化財の指定候補とするため再三にわたって拝見するなかで、本文が鎌倉時代前期の書写であると判断し、したがってこの長承三年の書写奥書を本奥書とすることで、谷山茂、久曾神昇《きゅうそじんひたく》、川瀬一馬、竹内理三、林屋辰三郎などの諸先生の御意見を伺って、その御承認を得ることができた。ただそのさいに藤原為家の相伝・伝授奥書について検討を要するという御意見を出された方もあった。その理由は冷泉家本のなかには為家から為相への相伝をことさらに強調するために、何らかの意識を反映した奥書があるのではないかという考え方に基づいたもので、奥書というものの難しさを改めて感じさせられた憶い出がある。

2　書写奥書

書写奥書とは、写本の本文の末に、筆者がその本をいつ、どこで、何の本に依拠して、何のために、どのように書写したかという書写に関する事実を書き留めて、末に筆者の署名、年齢などを記載した奥書のことである。ときには書写し終わったときの筆者の感慨、心境、あるいは書写の努力によって得られるであろう利益、効用、功徳を求めた願文などが付記されている場合もある。つまり書写奥書とは、写本に関するさまざまな情報を簡潔・明瞭に伝えてくれる史料であって、その情報内容が詳しいほど、その写本について正確な理解を深めることができるといえる。

写本を調査する場合、まず気になるのは書写年代で、巻子装本を巻き広げながら、あるいは草子装本の料紙をめくりながら、本文の筆跡をみて、頭のなかでこれは何時代の写本かと判断していくのが第一歩であるが、巻末あるいは帖末に書写奥書があって、書写年紀が記されていると内心ほっとする。とくに時代の変わり目の写本、たとえば奈良時代末・平安時代初め、平安時代後期・鎌倉時代前期、とくに南北朝時代前後の時代は見極めが難しい。かつて美術史の世界で、平安時代と鎌倉時代の境目の時代を「藤末鎌初」と呼んで一つの時代表記としたことがあったが、それも良き時代の一つの見識だと思うことがある。時代の変わり目の筆跡はその書風が前代の影響を強く残しているか、あるいは新時代の感覚を先取りしているかで判断する場合が多く、書写奥書に記された年紀をみて当たりはずれがあってときには苦笑することがある。ただし、本文の書風が与えてくれる時代感覚が、書写奥書と思った奥書の年紀と相違する場合は、本文が伝える時代感覚を大切にして、書写奥書が実は本奥書ではないかと奥書の方を再検討する必要があることは、前項の「本奥書」の項で述べたとおりである。

書写奥書は通例本文と同一の筆跡で、そこに記された年紀は本文の書写年代を示しているのが原則である。しかし、ときにはそうでない場合がある。本文と書写奥書が別筆である場合はしばしばあって、誰か別人に依頼して本文を書写させる、つまり本文を雇筆して奥書だけ自筆で加えている例がある。こうした書写の方法は各時代に多くの人が行っていることで、別に珍しくもないが、強いていえば藤原定家の書写本にその例が多いといえよう。

定家の書写本に、定家が自筆で全文を書写した一筆書写本と、定家が本文の一部を書き、ほかは別人に書かせた合筆書写本、さらに全文を別人に写させた雇筆書写本があることは前述したが、雇筆書写本である『五代簡要』（一帖、冷泉家叢書第三七巻『五代簡要・定家歌学』所収）に記された定家筆の承元三年（一二〇九）暮春下旬奥書は「為レ備二忽妄一、馳レ筆書レ之、（後略）」と、あたかも定家自身が自ら筆を馳せて書いたかのように記している。こうした奥書は定家合筆本にもあって『散木奇歌集』（一帖、冷泉家叢書第二四巻所収）は、本文の首一丁半を定家が書写し、以下は別人が書写しているが、帖末に記された定家の安貞二年（一二二八）八月の書写奥書は、奥書だけをみれば定家が全文を書写し、一校を加えたようにみえる。ただ、公卿として公務に忠実であり、歌学者として歌人として多忙であった定家が自らのため、また人の要望に応じて少しでも多くの本を写そうと努力していた姿を想像すると、雇筆本にも校合・訂正を加えて自身の書写本と同じに考えていたのは当然であったかもしれない。

ただ、書写奥書で用心をする必要がある場合がある。それは書写奥書の内容・年紀がその本の書写年代と異なる場合がごくまれにあるということである。それはある人が著書もしくは写本をほかから要望されたときに、新しく書いた（それは自筆の場合、雇筆の場合の両方があるが）本に、以前に書いた書写奥書をそのまま書き写している場合である。それは別に他意があってのことではなく、当初の奥書を書き加えることに何らかの意味があるときに行われたと思われ、ことに自著の成立年代を示す奥書などはそのままに記される場合があったろう。前述した『五代簡要』の書写奥書などはその例であるかもしれない。

3　学術史料としての奥書

以上、奥書として本奥書・書写奥書について、その在り方の一端を述べてきたが、ここで少し筆を止めて、これらの奥書を持つ写本あるいはその親本が、平安・鎌倉時代にどのように伝えられてきたのか、仏典を例にとって考えてみたい。

仏典といえば、すぐ関連して考えられるのは経蔵のことであろう。経蔵とは、一般的にいえば寺院にある仏典、つまり「経律論疏伝記」などを収めた図書館兼収蔵庫のことで、仏殿・塔・僧房などとともに寺院の伽藍を構成する建物の一つと考えられている。しかし、その成立の事情、性格は歴史的に変遷があって必ずしも一律に考えることができないのが実情である。ただ、原則的にいえば、奈良時代の寺院では経典は法会の読経用として仏殿別に堂内に納められていて、とくに経蔵という概念はなかったと思われる。しかし、平安時代に入って、入唐学問僧が天台・真言などの新仏教を我が国に導入し、新しい宗派が形成されると、その入唐学問僧が請来した経典などを納める経蔵が設立されるようになった。たとえば延暦寺の根本経蔵、東寺（教王護国寺）の大経蔵、あるいは比叡山の前唐院、後唐院などがその代表である。

これらの経蔵は宗派・寺院によって性格を異にしているが、共通しているのは、いずれもその宗派・流派の開基・開祖の請来本を中心としていることである。延暦寺の根本経蔵は、最澄が整備した一切経律論疏《いっさいきょうりつろんそ》などと、最澄が唐から請来した唐本天台章疏などを中心とし（『山門堂舎記』ほか）、東寺の大経蔵は、空海が請来した仏舎利・相承道具（密教法具・曼荼羅等仏画・祖師画像など）・聖教（『三十帖冊子』など）を納めていた（『東宝記』）。また比叡山の前唐院は、円仁が請来した真言秘教曼荼羅・道具ならびに天台教迹戒律坐禅諸宗章疏などを収め（『叡岳要記』ほか）、後唐院は、円珍が請来した聖教・文書・諸道具を収納していた。こうした経蔵に共通する内容は、収蔵された経典・聖教・法具類が、各高僧が請来した法流の正統性を証明し、その教義の証拠として大切にされていたことである。

しかし、これらの経蔵は、平安時代中期以降しだいに衰退した。ことに平安時代後期以降に、天台・真言の両密教が諸流派に分立し、それぞれが優れた聖教を蓄積して、自身の流派の正統性を証する根本法文とし、法流の継承と聖教の伝授が一体化するようになると、経蔵の中心はしだいに諸坊・諸院に移っていった。その代表が、天台密教では青蓮院の経蔵、真言密教では醍醐寺三宝院の経蔵であった。ただ、これらの諸坊・諸院において、経蔵の内容の整備・充実を図ることはさまざまな課題が多かったと思われる。その一例を挙

げると、『醍醐寺新要録』（巻第一〇）は三宝院経蔵について、

一　経蔵一宇、奉二安置一顕密正（聖）教并代々先徳自筆書籍・本尊・秘曼荼羅・道具等、目録在レ別

としてその内容を記しているが、治承三年（一一七九）六月一〇日に、その聖教を一八部類に整理して目録を作った醍醐寺座主、権大僧都勝賢は、聖教蒐集の難しさについてつぎのように述べている。その勝賢の記文はやや文意難解であるが、その大要を記してみると、

入唐八家（最澄・空海・常暁・円行・円仁・恵運・円珍・宗叡）が請来した聖教は、それぞれの請来目録によって目録に記載した。また、請来目録にはないが、八家の請来と伝える本は、相伝の師伝、あるいは先徳の記録に基づいて目録に収め、これら請来が確かな本には目録に合点を付した。そのほか『貞元釈教録』にある密教の経典、および中国から新渡来の経典も、同じく分類して収めた。しかし、そのほかに請来不明の経典、真偽未決の聖教が数多くあるが、これも現状にしたがって目録に入れた。醍醐寺の経蔵に収める聖教は数十合あるが、その内容は重複したものが多く、また八家請来目録に所収された請来確実な本は半分にも至らない。このため目録に合点がない本は、『本書』（根拠があって確かな本）を相尋ねて書写すべきである。しかし、近ごろは諸々の経蔵も『本書』はまれで、適々出てきても実否（真偽のことか）が決し難い。写本とは最も得難いものだ。

と嘆いている。

一般に仏教経典類はその位置付けが明らかなように考えられているが、それは経典研究が進展した今日の知識で、平安時代においては偽経も含め由緒・伝来未詳のものが多く、その判別に苦労が多かったのであろ

う。そのときに判断の基礎になったのが、本奥書あるいは書写奥書であったと思われる。

青蓮院の経蔵である吉水蔵は、平安時代中・後期の書写になる谷流の密教聖教を中心としていて、現存する経蔵聖教としては最も由緒が正しいものであるが、その特徴の第一は、聖教のほとんどに本奥書・書写奥書あるいは校合・伝授奥書があって、その伝来・由緒、そして師匠から弟子への師資相承の系譜を明らかにしていることである。奥書に記された伝来・由緒には、その祖本が比叡山根本経蔵、前唐院、後唐院、円融房など由緒ある経蔵の御自筆本によったことを明らかにし、聖教伝授にさいしての師弟関係を明記している。ときには唐から我が国に請来された経由を記していて、なかにはその経典が延喜七年（九〇七）に大唐商人によって将来され、公家に進上されたことを奥書に記しているものもあって（第一八箱『仏説熾盛光経』奥書）、我が国への典籍伝来の史料として注目される。

こうした奥書の在り方は、平安時代の学僧達が聖教に接する場合、その内容とともに、その写本が持つ学術的価値について常に留意していたことを示している。

これに対し、我が国の仮名文学書、とくに和歌文学の写本はどうであったのであろうか。つぎにその問題についてふれてみたい。

我が国の仮名文学書は、漢籍・仏典に比べて本奥書・書写奥書などの奥書がある写本が少ない。ことに平安時代に遡る写本で、奥書がある本はごくまれであるといってよい。『源氏物語』などのいわゆる仮名物語は平安時代の写本が現存しないから論外として、和歌集でいえば、奥書がある写本は、元暦元年（一一八四）六月九日の右近衛権少将（花押）校合奥書がある『元暦校本万葉集』、元永三年（一一二〇）七月二四日の日付けがある『元永本古今集』、あるいは永久四年（一一一六）孟冬（一〇月）の藤原基俊の加点奥書がある『多賀《たが》切本《ぎれほん》和漢朗詠抄』、永暦元年（一一六〇）四月二日の藤原伊行書写奥書がある『葦手絵下絵《あしでえしたえ》和漢朗詠集』などその数は限られている。しかもこれら奥書がある写本も、その内容は書写あるいは校合の年月日、筆写名は記しているが、書写・校合に用いた親本についてはまったくふれていない。

唯一の例外は、伝藤原清輔筆の『清輔本古今集』（東京・前田育徳会〈尊経閣文庫〉）である。保元二年（一一五七）五月の藤原清輔の書写本奥書によれば、この本は当時和歌得業生《とくぎょうせい》であった清輔が他人の手を交えず、自ら書写・校合した写本であることを述べたうえで、この本は若狭守藤原通宗（藤原実頼の五代の孫）の自筆本を書写したこと、その通宗自筆本は通宗の外孫である僧隆縁から借用したこと、通宗自筆本は紀貫之自筆である小野皇太后（藤原教通女歓子、後冷泉天皇皇后）御本の流であること、通宗自筆本は新院（崇徳上皇）御本と校合したが、その御本は貫之の妹の自筆本を書写した本（ある説によれば御本が貫之妹の自筆本であったという）であったこと、などを述べ、併せて貫之自筆本の伝来にも言及している。また、上帖の第一丁裏には「本云」として通宗自筆本の奥書を書写している。つまり、この伝清輔自筆本は親本・校合本の性格・伝来を明らかにして、『古今集』の証本としようとした清輔の学問的態度を明確にしている。

こうした清輔の写本に対する態度は、藤原定家の学問的姿勢に通じるものがある。周知のように定家は文暦二年（一二三五）五月に蓮華王院宝蔵に伝わった紀貫之自筆の『土佐日記』をみて、その忠実な写本を書写するとともに、その書誌学的形態を書写奥書のなかに書き留めている。貫之自筆本という格別な写本に対する崇敬の念が根底にあったとはいえ、証本に対する両者の共通した在り方は注目すべきものがある。

しかし、この伝清輔自筆本は平安時代書写の仮名文学書としては例外的な存在であった。一般に、現存する平安時代写本は『桂宮本万葉集』『金沢本万葉集』あるいは『高野切本古今集』などをはじめとして、その多くが贈答本もしくは子女の手本として、筆跡の優美さ、料紙の華麗さを鑑賞する観点から書写されたものがほとんどである。歌書に奥書が少ないということは、それが平安時代の歌書の一般的傾向であったのか、あるいは今日に現存する平安時代の写本がいずれも装飾本であったため奥書が少なかったのか、その判断は倉卒に決し難い。

平安時代には『和歌躰十種』（伝壬生忠岑著）『和歌初学抄』（藤原清輔著）をはじめとする多くの歌学書が著述されて和歌の学問研究が進展していたことは周知のことであり、歌書に対する関心も高まっていたと考えるのが自然であろう。仁安元年（一一六六）には『和歌現在書目録』も編纂され、その真名序には「一切経見在書、各有二目録一、和歌通二我国詩一、何無二目録一」とあって、当時の歌人達が仏典の一切経目録の存在を意識して、歌書の目録を作ることの必要性を強調している。先にも述べたように、目録を作るということはたんに書名・員数・編著者を列記することではなく、対象となる写本の真偽・内容の良否・伝来などの検討も行うことを意味していたと思われるから、歌書の伝本研究も一応進展していたものと思われる。

しかしながら、冷泉家の秘庫の扉が開かれて数多くの平安時代の歌書が出現したなかで、証本としての奥書を持った本は、藤原通俊の本奥書がある『後拾遺和歌抄』が唯一の写本で、私家集に奥書がほとんどないということは少し意外であった。

鎌倉時代書写の歌書には、その本の性格を示す本奥書・書写奥書があるのが一般的となる。それは鎌倉時代における学問の在り方の反映であるが、同時に和歌の学問の確立に尽力し、証本の校訂に努めた藤原定家の努力によることも大きかったに相違ない。法流あるいは家学の継承と証本の伝領・書写が密接不可欠な関係にあることはしばしば指摘され、私もかつて述べたことがあるが、写本の奥書はその関係を具体的に示した根本史料であることを、改めて述べるまでもないのかもしれない。

4 奥書から学ぶこと

奥書の話が続いて恐縮であるが、ここで奥書が持つ史料性、つまり奥書の史料学、いわば〝奥書学〟について述べてみたい。書写奥書をはじめとする奥書は、基本的には文書・記録などと同じ史料価値を持っている。しかし、文書が古文書学、記録が古記録学という確固たる専門分野を確立しているのに比べて、奥書は文書・記録などに準ずる地位に置かれ、専門分野としては、書誌学の一部として扱われているにすぎない。

その理由は簡単で、まず第一に、文書・記録類はそれぞれ独立した文章・内容を持っているのに対し、奥書は基本的に、写本・版本などの典籍類に付随して記されたもので、独立性が少ない。いいかえれば、典籍類は奥書があることによってその価値を増大するが、典籍類から別離した奥書は、その存在価値を失う場合が多い。

第二に、文書・記録は各時代のさまざまな社会体制のなかで、情報伝達の手段として公式、準公式、あるいは社会的に、その形態が形造られて、形式に時代を反映した自らの秩序があり、その概念が把握されやすいのに対し、奥書はほとんどの場合個別的であり、私的であって、統一的に把握されにくい。

第三に、その情報の内容も、文書・記録が国家社会構成に関するものが多いのに対し、奥書はそのほとんどが自己完結的であって、いわば自分史の一部である場合が多い。

第四に、料紙などの材料からみた場合、文書・記録の料紙は研究の対象になっても、奥書は写本・刊本の一部を利用して書かれていて、とくに奥書用の紙があるわけではなく、もしあったとしてもそれは例外的存在である。したがって補助学的要素が入り込む余地があまりない。

このように、奥書を独立した一つの学問の対象として考えようとすると、なかなか難しい。しかし、奥書が伝えた内容には、我が国の歴史、文化を考えるときに重要な地位を占めるものが多いことも事実である。その一、二の例を考えてみると、つぎのとおりである。

我が国の典籍で、現存する最古の奥書は写経である。『金剛場陀羅《こんごうじょうだら》尼経《にきょう》』(一巻、京都・小川家所蔵)の巻末にある書写奥書で、

歳次丙戌年五月、川内国志貴評内知識、為㆓七世父母及一切衆生㆒、敬造㆓金剛場陀羅尼経一部㆒、籍㆓此善因㆒、往㆓生浄土㆒、終成㆓正覚㆒、

教化僧宝林

と記されている。その内容は、歳次丙戌の年五月に、河内国志貴評《しきのこほり》(志紀郡)内の知識、すなわち仏教信者が、七世の父母と一切衆生のため、敬って『金剛場陀羅尼経』一部を書写したこと、この書写の善因(功徳)によって浄土に往生し、ついに正覚(悟り)を得ることを願ったものである。歳次丙戌については、本文の

筆跡、および「川内国志貴評」の用字などから、天武天皇一五年（六八六）と考えられている。

この写経は、紙に書かれた文字としては、聖徳太子筆の『法華経義疏』につぐ二番目に古いものとして知られている。この書写奥書の特徴は、文章体裁が整い、文意が行き届いていることで、いつ、どこで、誰が、何のために、何を書写し、その目的（願い）は何であるかを、明確にしている。つまり、書写奥書の基本型を完備していることが注目される。

筆者の教化僧（のちの勧進僧に当たると考えられる）宝林その人については未詳であるが、その筆跡が能書であることから、大陸からの渡来系の人物と考えられている。この奥書の形式からみると、中国唐代の写経およびその奥書に通暁した人物であったに相違ない。「籍此善因」という語句は、唐の人々の慣用句であって、日本人の漢字の用法とは異なっている。この写経は、飛鳥・奈良時代の伝来は明らかでないが、平安時代後期に奈良・法隆寺で行われた一切経の勧進事業にさいし、蒐集経として一切経のうちに収められ、今日に現存するという不思議な歴史を持っている。

この写経の奥書によって、天武天皇の時代に、既に寺院以外の民間で写経事業が行われ、奈良時代に盛行するいわゆる知識経が、既に飛鳥時代から行われていたことが判明する。また当時の人々が、発願経として写経の意味を正確に理解していたことが、この奥書によって判明することも重要であろう。

つぎに二番目に古い奥書は、『浄名玄論《じょうみょうげんろん》』（八巻、京都国立博物館所蔵、神田喜一郎旧蔵）である。『維摩経』の撰述書であるこの論書は、八巻のうち五巻が藤原京時代の写経で、

巻第四に、「慶雲参年十二月五日記」

巻第六に、「慶雲三年十二月八日記」と、文武天皇時代の慶雲三年（七〇六）の奥書がある。年紀のみを記した書写奥書としては最も簡単なものであるが、この奥書は典籍の奥書に年号を用いた最古の例として知られている。周知のように、我が国の年号は大化の年号を初例として、白雉・朱鳥などの存在が知られているが、いずれも普及度は未詳である。文武天皇の大宝・慶雲以降は年号が恒用されたことが判明しているが、この『浄名玄論』の奥書は、仏教信仰の分野でも年号が広く用いられた証例ともなっている。

奈良時代になると、書写奥書の現存例は写経を中心としてその数が多くなり、その内容も多彩となっている。その理由は衆知のように、仏教が国家仏教として文化の中心となり、造寺・造仏事業が盛んに行われるとともに、写経事業も飛躍的に拡大したためである。中央では図書寮《ずしょりょう》および造東大寺司などに置かれた官立の写経所で、膨大な写経が書写された。その内容は朝廷または諸寺院の諸仏事に用いるための写経、あるいは天皇・皇后・貴族らのさまざまな祈願を反映した各種の発願経が中心であった。また地方では、豪族・中下級官人・僧侶などの仏教信者が発願した知識経も数多く書写されたことが知られている。

これら奈良時代写経については江戸時代から多くの研究者の考察があり、近年では田中塊堂氏の編になる『日本写経綜鑑』（一九五三年、三明社刊）、『日本古写経現存目録』（一九七三年、思文閣出版刊）が古写経の種類と記された奥書に関する最もまとまった研究書となっている。

これら先人の調査によれば、現存する写経所書写になる奈良時代写経は、和銅五年（七一二）一一月一五日の長屋王発願文奥書がある『大般若経』（和銅経）からはじまって、神護景雲二年（七六八）五月一三日の称徳天皇の勅願奥書がある『一切経』(神護景雲経)、および記された校生墨書によっておそらく宝亀元年(七七〇)ごろの書写と考えられる『大般若経』(薬師寺経、魚養経とも)まで、およそ二十数種の写経が判明している。これらは巻末に書写の年紀、趣旨などを記した有奥書経と無奥書経とに分かれるが、有奥書経は約一六種で、奥書の内容は、書写の目的が亡父母、先帝、先師の追善供養を願った願主の発願文がほとんどである。

これら写経所書写になる発願経の特色は、

①発願文が写経生の筆跡で(本文と同筆または別筆の場合があるが)、一巻ずつ各巻の巻末に記されていること。

②当然ながら記された年紀は願主の発願日を記していて、必ずしも書写の年紀を記していないこと。

③発願文は文章の表現・形式に精粗はあるが、その多くは学僧の手になる格調高い内容となっていること。

などであろう。これらの特色のうち、願主の発願文が書写された全経巻の巻末に記され、経巻を手にした者に発願の趣旨が明確に理解されるようになっているのは、奈良時代の発願経の特徴である。唯一の例外は、称徳天皇が亡父である先帝聖武天皇の追善のため、崩後一三年目に発願した『神護景雲経』である。この勅願経は聖語蔵に七四二巻があり、その僚巻は民間にも散在しているが、これらのうち巻末に発願文を記しているのは聖語蔵に三巻、民間所在経で五、六巻前後にすぎない。この勅願経が称徳天皇(神護景雲四年崩)の生前に完成していたとしたら、ほとんどの巻に勅願文が記されていないということはきわめて異例であって、現存する『神護景雲経』について今後の再検討が必要と思われる。

写経所で書写されたしかるべき写経は、原則として何らかの奥書が記されていたのではないかということを推測させるのは、『光明皇太后忌日御斎会一切経』と、いわゆる『善光朱印経』である。『光明皇太后忌日御斎会一切経』は天平宝字四年（七六〇）六月に崩御した光明皇太后の一周忌御斎会のために書写された一切経で、『坤宮官《こんぐうかん》一切経』ともいい、その遺巻が奈良・興福寺ほかに現存している。また『善光朱印経』は天平勝宝八歳（七五六）から天平宝字三年（七五九）にかけて書写された一切経で、奈良・薬師寺ほか約二五巻の存在が判明している。この両一切経の特徴は、いずれも巻末に書写年月日と書写・初校・再校などに従事した写経生の人名、調巻を行った装潢《そうこう》師、料紙の種類・紙数（『善光朱印経』の場合は写経にさいしテキストとなった親本の本文の正確さを検討した僧名を記している）を整然と掲げて、写経が組織的に正確に行われたことを明らかにしている。唐では仏典を漢訳する場合、訳経事業に従事した僧名を経典の巻末に記して責任を明らかにしており、その奥書を訳場列位《やくじょうれつい》と称したが、この二種の写経の奥書は、「写経列位」とも称すべきものであろう。

平安時代前期書写の漢籍ではあるが、弘仁一四年（八二三）二月に宮廷の校書殿が嵯峨天皇の後院冷然院の蔵書として書写した『文館詞林《ぶんかんしりん》』（一千巻）の巻末に、毎巻校書殿の書写である旨を奥書として記しているのは、官立の写経所が公式の書写を行った場合にはその旨を明記するということと、軌を一にしていると解することができる。

こうした有奥書経に対し、無奥書経はどのように考えるべきなのであろうか。おそらくこれらの写経は朝廷もしくは寺院の恒例の法会、たとえば最勝会、法華会、華厳会あるいは大般若経会などに読経用として常備、もしくは奉納された写経として考えることが妥当であろう。現存する『紫紙金字金光明最勝王経』(国分寺経)、『紫紙金字法華経』、『紺紙銀字華厳経』(二月堂焼経)あるいは『大般若経』(薬師寺経・魚養経)などはその類であり、『大字賢愚経』(大聖武)、『大字法華経』などはいわばその功徳を高めて法会を荘厳する写経であったと思われる。

なお、発願経は平安時代中期以降になると、発願文を各巻の巻末に記すことはみられなくなり、その発願の趣旨は供養法会にさいして読み上げられる供養願文に集約して記されることとなった。『本朝文粋』『本朝続文粋』などに収められた文章博士などの作になる各種の願文がそれであり、こうした奥書の在り方に組織的な律令制社会と個人的な貴族制社会の差異をみることができる。

他方、地方で盛行した知識経の奥書は、広義にいえば結縁経の観点に立ってみるべきもので、その奥書の在り方は平安時代に入っていっそうの発展を遂げることとなる。

5 校合《きょうごう》奥書

平安時代に入ると、奥書は多彩な展開を遂げるようになる。奈良時代には官立写経所の写経を中心に、奥書は書写奥書、あるいは発願文などの願文奥書がそのほとんどであったものが、平安時代になると、校合奥書・加点(訓読点)奥書・伝授あるいは受学奥書・伝領奥書、さらには補写奥書・修理奥書、あるいは神仏などへの奉納・寄進奥書などさまざまな奥書がみられるようになり、現在の書誌学でいう各種類の奥書が成立することとなる。

　これらの奥書は当然のことながら、平安時代以降の人々が飛鳥・奈良時代に引き続いて、大陸の新しい文化を吸収・消化するなかで、しだいに日本独自の学問・文化を確立し、その進展に尽力していた姿を反映している。したがって、これら各種の奥書が伝える内容は、それ自体が歴史の史実を記した史料であるが、同時に我が国の学問の在り方、思想の形成過程を知るうえにも貴重な史料ともなっている。

　校合（漢籍では校讎《こうしゅう》ともいう）奥書は奈良時代からある奥書であるが、それは前述したように、官立写経所の写経事業にさいして行われた組織的な校正作業を伝えたものである。『延喜式』図書寮式にも「初校」「再校」に関する規定があり、漢籍・仏典を通じて一般的に行われていたことが判明する。それに対し、平安時代以降にみられる校合奥書は、貴族・官人・学問僧などが、学問研究あるいは信仰活動の一環として、本文の正確さを求めて行ったもので、その内容は個人としての活動を反映している場合が多いのが特徴である。

　ただし、一口に校合奥書といっても、その内容は大別して二種に分けられる。一は単純な校合作業を示したもので、書写中に生じた誤字・脱字の有無を確認するため、書写作業が終わった後に再度底本とした親本（藍本）との対校を行ったことを伝えた奥書である。この校合作業は書写・加点と一連の行為として行われるから、書写奥書のなかに校合を行った旨を併せ記す場合が多い。単独に記す場合も、書写奥書の前後に、「校合了」「一校了」などと本文と同筆で簡略に記されていて、『大般若経』などの巻末にしばしばみることが多く、こうした簡略な奥書を「一校奥書」と表現して校訂奥書と区別することもある。今日でいう校正奥書である。

これに対し、親本とは別の写本によって校合を行ったことを示す奥書がある。これは比校奥書《ひこうおくがき》ともいい、今日でいう学術的な校訂作業が行われたことを示している。この奥書は多くの場合、書写奥書のつぎに記されているが、一校奥書と異なって、その記載は必ずしも書写年代と同時代ではなく、のちの世代の校合者が後筆で書いている場合が多い。ときには「校本云」として校合に用いた別本にあった奥書を忠実に書写していることがある。いわゆる「校合本本《もと》奥書」である。この本奥書は多くの場合、現在は失われた古写本の書写奥書を伝えていて、史料的に価値が高い。しかし、注意しないと、それが書かれている本の書写奥書あるいは本奥書と見誤る場合があることは前に述べたとおりである。

校合を行った年紀を記した校合奥書は、もしその本に書写奥書がない場合は、その書写年代の下限を示すこととなり、本文の書写年代を知るうえで大きな手がかりとなっている。もと有栖川宮に伝わった『万葉集』（二〇帖）は書写奥書はないが、その巻第二〇の帖末に、

元暦元年六月九日、以二或人一校合了、右近権少将（花押）

の校合奥書があって、これによってこの本は『元暦校本万葉集』と呼ばれ、平安時代書写になる「五大万葉集」の一つとなっていることは有名な話である。

なお、この校合奥書はのちに述べる加点奥書と同じく、本文と密接な関係を持っているのが特徴である。「一校」つまり校正奥書ともいうべき奥書がある場合は、本文中に誤字・脱字、ときには脱行の書き入れ注記があるのが通例である。これに対して、校訂奥書の場合は、本文中に校訂に用いた別本（校本）との校訂

結果を示す校異あるいは注記の書き入れがあって、「イ（異）本」「校本」などの記載がみられ、校訂内容を知ることができる。こうした校訂のなかで用いた校本を、「唐本」と呼んでいる場合があるが、その「唐本」とは「宋版本」を意味している。宋版本は印刷にさいして諸本との校訂作業が組織的に行われていて本文が写本に比べ正確であったため、漢籍・仏典を問わず校本として珍重されたのであろう。

　このように校合奥書とは、本文をいかに正確に写し、より正しい本文を後世に伝えるという学術・研究活動を反映したものであるが、仏典の場合、より正確な本文を求めることは同時に、釈迦の真実の教えに近づくことであるという考えから、校合の努力によって仏の功徳に預かる、つまり校合は作善《さぜん》であるという思想が平安時代に成立した。写経をすることによって書写者自身および衆生が平等利益を得るという考え方は『法花経』など経典のなかにあって、いわば仏教本来の思想であるが、校合の功徳はそれに準じたものであろう。たとえば法隆寺一切経中の大治二年（一一二七）書写になる『小品経』（巻第四）に、

　　願以㆓斯校㆒、普遍至㆓於一切㆒、我等与㆓汝等㆒、同証㆓無上果㆒、大治二年四月二十一日、僧尋海、交了、

と、法隆寺僧尋海が書いているのはその一例である。

　こうした書写・校合による修善の思想は、鎌倉時代に入ると、加点、つまり経典に訓読点を加えることにも及ぶようになった。これも法隆寺一切経の補写経とされた鎌倉時代書写の『維摩《ゆいま》詰経《きつきょう》』（巻第一）に、延応元年（一二三九）の加点奥書があって、

　　延応元年己亥六月一日、於㆓法隆寺興薗院㆒、為㆓興法利生㆒点了、年寺﨟（ママ）四十九矣、興芸大法師

と、興法利生のために加点したと記している。加点とは漢字で書かれた経典を日本語で読み、日本人として

仏の教えを正しく理解しようとして仮名もしくはヲコト点を書き加えたということであるから、この奥書はいわば経文に訓読点を加えて、経文の理解を深めることが功徳になるという日本人の思想の根元を端的に現した奥書といえよう。

6　伝来などに関する奥書

先に、本が書写（印刷）されたのちに書き加えられた奥書として、加点奥書、訓読奥書、伝授奥書、譲与奥書などがあると述べたが、これらの奥書は、いわばその本の伝来に関する奥書といえる。こうした奥書は、どんな種類があってどのように分類されるのかを考えると、なかなか難しい。その理由は、いったん成立した書写（印刷）本が、学問・研究用にどんな人によって使われ、そののちどのように扱われ、どんな経過を経て今日に伝わったかという本の歴史を、奥書に基づいて整理するのと同じことで、そう簡単ではないからである。しかし、あえてこれらの奥書を整理すると、

①書写（印刷）された本で勉強したことを示す奥書――加点（移点）奥書、受学（訓読）奥書、校合（校訂・比校）奥書など

②人から人へと伝えられた伝来を示す奥書――伝授奥書、譲与（授与・拝領）奥書、相伝（伝領）奥書、感得（取得・伝得・買得）奥書など

③しかるべき人がみて勉強したことを示す奥書――披見奥書、一見奥書など

④神・仏に奉納されたことを示す奥書――寄進（奉納・施入）奥書など
⑤修理あるいは改装が行われたことを示す奥書――修理（修補・修復）奥書、改装奥書など
⑥伝来の途中で欠失した料紙・本文などを補ったことを示した奥書――補写（補紙）奥書など

などを挙げることができる。

ただし、これらの奥書は必ずしも厳密に区分・分類されるものではなく、加点奥書が校合あるいは受学に関する内容を併せ伝えている場合など、一つの奥書が複合的内容を記していることがしばしばあることは衆知のとおりである。

また、書写、加点、受訓などそれぞれ違った奥書を併せみることによって、その本が成立した事情と当時の学問の在り方を伝えている場合もある。その一例を挙げれば、大江家本の『史記』がある。この『史記』は、平安時代の延久五年（一〇七三）に、紀伝（歴史・文学）の学生であった大江家国が書写したもので、現在『史記呂后本紀第九』（一巻）が山口・防府毛利報公会に、『史記孝文本紀第一〇』（一巻）が東北大学に、『史記孝景本紀第一一』（一巻）が東京・大東急記念文庫に伝わっている。この三巻の巻末には、大江家国の延久五年の書写・加点・受訓奥書があって、第九は正月二四日に書写し、同月二九日に加点、四月一日に受訓したことを伝え、第一〇は同年二月七日に書写、同月九日加点、四月四日受訓。第一一は同年三月一二日に書写、同日加点、同月に受訓したことをそれぞれ伝えている。これらの奥書が示していることは、家国が紀伝道の基本典籍の一つである『史記』を勉強するにさいして、まずしかるべき本を親本として史記の本文を書写し、書写後、その親本にあったヲコト点などを写し加えて受学の準備を整えたうえで、師たるべき人

からその訓読法などの学問の伝授を受けたことを伝えたもので、この『史記』は、家国が大江家の家学を学ぶさいに作成した証本であったことが判明する。なお、この三巻には、康和三年（一一〇一）正月から二月にかけて、家行（おそらく家国の子孫であろう）が秘本をもって「見合了」り、さらに「読了」（第九）、「訓了」（第一〇）、「受了」（第一一）という訓読奥書が追記され、さらに建久七年（一一九六）一二月に、時通なる人物が三巻をそれぞれ「読移了」った旨の奥書を加えているから、この本は平安・鎌倉時代において家国の子孫に伝えられ、その子孫は機会あるごとに大江家の秘説を伝えたほかの証本と見合わせて訓読あるいは注記を書き加えて、証本として内容の充実に務めていたことが判明する。なお、大江家国は、『尊卑分脈』によれば、参議左大弁文章博士として村上天皇の時代に活躍した文人（学者）公卿の朝綱の四代の孫であった。

我が国の漢籍の学問は、平安時代中期以降その多くが世襲化され、家学として大切に伝承されたことはよく知られている。儒学の明経道は中原・清原氏、紀伝道は大江・菅原・藤原（南家・式家）氏、法律の明法道は坂上・中原氏、算道は三善《みよし》・小槻《おづき》氏、医学は丹波《たんば》・和気《わけ》氏などが代表で、それぞれの家が家学の典拠となる証本を作成して子孫に伝授した。

今日、我が国に宋版本成立以前の古態の本文を伝えた平安・鎌倉時代の古写本が数多く伝来して東洋文化史上に貴重な存在となっているのは、こうした家学がもたらした功績である。一、二の例を挙げれば、中原氏の学問を伝えた証本として『尚書』（巻第六）『論語集解』、清原氏の家本として『春秋経伝集解《しゅんじゅうけいでんしっかい》』『古文尚書』『論語集解』『古文孝経』、藤原式家の本である『白氏文集』、医学を専門とした丹波氏の証本としては『医《い》心方《しんほう》』などが有名である。これらの証本に特徴的なことは、本奥書・書写奥書とともに、加点・授学・

伝授など家の証本としての由緒を伝えた奥書があることで、「読了」「訓了」「一見了」という奥書が実は深い意味を持っていたことを示している。

7　世相を伝えた奥書

典籍の奥書には、これまで述べてきた分類のほかに、自由にさまざまな内容を伝えているものがある。その一つが、典籍とは直接の関係がなく、世間の動向を伝えた奥書である。たとえば、天候の不順、災害、凶作、疫病あるいは戦乱などに関する記事である。これらの奥書は信仰と関係がある写経に多いのが特徴で、とくに地方の神社・寺院あるいは村落に伝わった『大般若経』に室町・江戸時代の筆で書かれている例をしばしば見受けることがある。

こうした奥書は書写にさいして書かれている場合もあるが、成立後、どのように利用されていたか、たとえば真読、転読が行われたことを伝えた奥書、あるいは修理奥書に関連して記されている場合が多い。すでに述べたとおり、真読とは一般に経文を全部読むことをいい、転読とは本文を省略して経名・巻数だけを読み上げる読経作法を指していて、今日でも大般若経会などでしきりに行われている。読経《どきょう》にこうした区別が出てくるのは、私の経験では鎌倉時代後期から室町時代にかけてで、経巻が巻子装から折本装に改装される時期とほぼ一致している。その理由は明らかではないが、当時、村落社会が進展するなかで、『大般若経』が村民の生活を守り、その平安を願う村落の守護経として重んじられ、折々の時期に、悪病除けなどで定期的に読経されたことと密接な関係があったのであろう。とくに真読を行うときは、何か重要な事情があったに相違ない。また一言で修理というが、ときには欠巻を補うためその経巻を捜し求めて補写を行うなどなかなかの大事業であって、おそらく経典のいっそうの御利益を願う機会に修理が行われることが多かったと思われる。世間の動向に関する奥書は、こうした庶民と写経との深い結びつきのなかから生まれてきたと考えられる。

かつての調査の記憶をたどって、二、三の具体例を挙げてみると、高知県安芸郡安田町の安田八幡神社の『大般若経』は奈良・平安・鎌倉時代の混合経で、奈良時代写経（一〇一帖）は神亀四年（七二七）書写の所伝を持つ奈良時代前期の写経である。また、奈良・平安時代の写経には、文中には白い胡粉で注記を書き入れた白書があって注目される。この経には平安・鎌倉時代の書写・校合奥書に交じって、しばしば桃山・江戸時代前期の後筆奥書があり、当時の土佐の状況を伝えている。たとえば、

天正十一暦、先年ワ大風大水イテクル、同天正十一年ワ大病ハヤリテソロ（候）ナリ、天正十一年壬正月春、

慶道（巻第三六九）

と、僧慶道が天正一〇年（一五八二）に大風・大水があり、翌一一年は流行病で苦しんだ様子を伝えている。当時は長曾我部《ちょうそかべ》元親の四国統一期で戦乱の時代でもあった。

また豊臣秀吉の根来《ねごろ》攻めの記事もある。

天正十三年三月二十一日、はしはゆう（羽柴）物（者）、きのくに（紀国）をやぶりそろ（候）、其時、国中之物（者）、四国に遁落そろ（候）

（巻第四一三）

秀吉に追われた根来寺の僧が室戸崎の最御崎《ほつみさき》寺・金剛頂寺に逃げていた様子は、両寺に伝わる写経・根来版版本などによっても知ることができる。

秀吉に降伏した土佐の農民は、小田原北条攻めに動員された。

天正ノ関白ハ天下ヲ御納ノ処、関東ノ北条終《つい》ニ不遂出頭、故ニ天正十八年三月十五日ニ彼北条居城ヲ御マキ（巻）ナサル、、其時、此国ノ者皆打立故、其後ノ祈念ニ七日籠読也、鱗昌書之（巻第五四〇）

とあって、北条攻めに出かけた兵士の無事を祈って七日間真読を行ったことを伝えている。

戦乱に関する奥書は、滋賀県高島郡朽木村の長寿寺の『大般若経』にもある。この写経は平安時代の保元元年（一一五六）から同三年にかけて、近江国伊香大社の奉納経として勧進書写されたもので、その平安時代写経である巻第四八一に明徳三年（一三九二）正月八日の後筆奥書があって、

（前略）二年末十二月卅日、京中ミタレ入テ、タイシヤウアウシウ（奥州）ヲヤ（父）子三人、一色殿ノテ（手）ニカカテウタ（討）ル

と記している。この記事はいわゆる明徳の乱に関するもので、当時の守護大名であった陸奥守山名氏清（一三四四～九一）が明徳二年一二月三〇日に赤松義則・一色詮範・斯波義重の連合軍と戦い、京都・二条大宮で子息氏義とともに敗死したことを指している。この合戦を伝えた当時の史料は数多いが、この奥書は比叡山の東麓の村民がみた当時の庶民記事として珍しい（原文は『滋賀県大般若波羅蜜多経調査報告書一』一九八九年刊に所収）。

また、土一揆に関する奥書もある。奈良・法隆寺に伝わる『成唯識論《じょうゆいしきろん》』（巻第八）は天文二一年（一五五二）

正月二一日の書写奥書があるが、その文中に書写の理由について、

享禄五年七月一七日、奈良中に土一揆が起り、院家僧坊が一時に頓滅し、これに依って聖教が悉く以って散失した。然る処、同八月の八日・九日に至って、土一揆が越智鷹取城に於いて大略打死し、或は所々に於いて召取・断頭した。神罰眼前の者歟、然る間、侍衆、国中に散在せしめ、郷内これに火を放つ、寺門、会稽之眉を開く者也、年号を天文と改む、其刻、唯識論一部を尋得る処、八之巻一巻不具の間、(後略)

と、土一揆によって寺院が焼打ちされ、聖教が散逸した。このため第八巻が失われたと述べて第八巻を書写した旨を伝えている(原文は漢文、『法隆寺の至宝　昭和資材帳』第七巻　写経・版経・板木篇、一九九三年、小学館刊所収)。奈良土一揆を寺家の側からみた史料として注目される。

8　奥書にみえる年齢意識

古典籍の書写奥書に、筆者が自分の年齢を書いていることがしばしばある。それが一般的にみられるのは、仏書、とくに僧侶が執筆書写した聖教類、つまり経典の注釈書あるいは各種法会の作法・次第などを書いた伝授書など、いわゆる勉強本の類である。私は永年にわたって奈良・京都・高野山そのほかの寺院の経蔵を調査し、数多くの経典・聖教類の奥書を調べて学んできたが、聖教類の書写奥書の大部分には、執筆した僧名の下に年齢が注記されている。記載された年齢は二種があって、一つは俗年(生年または春秋なども記して

いる）、つまり生まれてから現在までの実年齢（数え年）と、ほかの一つは臈《ろう》（臘）年（臈次《ろうじ》・夏臈《げろう》・戒臈《かいろう》などともいい、出家してからの年数をいう。厳密には夏安居《げあんご》を経た年数）で、年齢の注記は自分の署名の下に小さく割注で二行に記している。ときには俗年だけを記している場合もあるが、それは臈年を省略したとみてよいであろう。

自分が著述、あるいは書写した本に必ず年齢を書くということは何でもないようであるが、奥書に年齢を書いた僧侶の立場になってみると、日々何事か勉強をし、教理・経典研究に努めて本を著述あるいは書写するたびに、自身の年齢、あるいは出家して以後の修行年数を意識する、あるいは意識させられていたわけで、これはなかなか大変なことだと考えさせられる。ときには自身がすごしてきた事歴を振り返り、あるいはこれから迎える将来に思いを馳せることもあったかもしれない。事実、奥書のなかには単に年齢を記すだけではなく、その年齢を自分の修行、学問と結びつけて強烈に意識していた場合もある。

たとえば鎌倉時代の東大寺学僧として著名な示観房凝然《ぎょうねん》（一二四〇～一三二一）は、恩師である戒壇院円照（一二二一～七七）の伝記『東大寺円照上人行状』（三巻）を撰述したが、その自筆草稿本の下巻の巻末に撰述奥書を書いて、この行状を正安四年（一三〇二）三月六日、東大寺戒壇院で記したことを述べるとともに、自身の年齢が「春秋六十有三」であること、三八歳のときに先師円照上人と死別したこと、そののち二六年を経てこの年に至ったことを記し、「生涯不レ幾、奄化在レ近、願生二安養一、早見二先師一耳」と述懐している。凝然はそののち長寿を保ち、元亨元年（一三二一）九月、戒壇院で八二歳で入寂しているから、師円照の五七歳をはるかに上まわり、師との再会には時日を要したことになる。しかし、凝然はその長寿の間常に学問に情熱を燃やし続けた。その胸中をしばしば書写本の奥書に記し留めていて、心境を知ることができる。

たとえば晩年の維摩経研究の成果である『維摩経疏菴羅記《ゆいまきようそあんらき》』(四〇巻、法隆寺所蔵)の巻第八には、元応二年(一三二〇)四月一二日、八一歳の撰述奥書があるが、その文中に、

老眼の涙汁を拭い、中風の右手を励し、昼は日光に対して勇を起し、夜は灯燭を挑《かか》げて眼を惺《さま》し、経を勘し、論を引き、文を尋ねて釈を伺い、義を案じて理を立て、文字を立てること安し(後略)(原文は漢文)

と記して、老齢、病中の身を励まし、昼夜研鑽に努めていた様子を伝えている(なお、凝然の著述書に記された奥書は、一九七一年に新藤晋海師が編纂し、東大寺教学部が刊行した『凝然大徳事績梗概』に「奥書集」が付されていて参考になる)。

このように僧侶の場合、自身の奥書に年齢を注記するということは一般的な傾向であるが、なぜ僧侶が必ずといっていいほど年齢を注記したのかという理由は不明である。ただ、生年・臈年を併記するのが原則という点からみると、僧侶は出家後は仏に仕える修行の身であって、一日一年を無為にすごさないという自誡の意味が年齢の表記にあった、と考えるのが自然であるのかもしれない。

これに対し、公家・武家などの奥書に年齢が記されていることはあまりない。もし記されているとすると、それは何か格別な事情・心情を反映した場合に限られている。私が経験した記憶のなかで一例を挙げると、清原家の証本として著名な『論語集解《ろんごしつかい》』(一〇巻)に記された清原教隆の奥書がある。清原教隆(一一九九～一二六五)は鎌倉時代中期の明経道の儒学者で、清原仲隆の三男、本名は仲光で、三河守、直講《じきこう》、大外記《だいげき》を歴任し、文永二年(一二六五)七月、六七歳で京都で寂した。壮年時代に鎌倉幕府に仕え、北条実時を援けて

金沢文庫の創設に貢献した人物として有名である。この『論語集解』は、教隆が家学の証本として書写し、家説を書き入れたもので、原本は今日に伝わらないが、鎌倉時代の古写本が宮内庁書陵部、東洋文庫、愛知・木村家に現存している。これらの諸本に詳細に記された教隆の書写・加点・伝授に関する本奥書によれば、教隆は生涯にこの『論語集解』を書写し、伝授を受け、注記を加えること三度であったが、最初の本は猶子教有に授け、二度目の本は火災で失った。このため子孫に伝えるため、自ら書写・加点して累家の秘説を一事脱することなく書き加えて三度目の書写を行ったと説明している。

このように、この本は教隆が清原家の家学を子孫に伝えるため、苦心を重ねて作成した家の証本であったが、東洋文庫本の巻第八に記された正嘉三年（一二五九）三月一五日の教隆の本奥書によれば、

この書は先年一部一〇巻を自から書し、自から点し畢ったところである。しかして、この巻（第八巻）は或る人のために借り失われた。よって又重ねて六旬余りの老眼を凌ぎ、自から書し、自から補欠し畢んぬ。是れ、道の宿執に耽けるのみ（原文は漢文）

と記して、人に貸して失った巻第八を六〇過ぎの老齢の身で補った労苦を述べ、これも学問をする者の宿命だと嘆じている。教隆はこのとき六一歳であった。

このように公家など俗人の場合は、僧侶と違って学問の伝授、家学の継承を意識する場合に、自身の年齢を奥書に書く傾向がある。ときには若年で学問伝授を受けたときに年齢を記す例もあるが、そのほとんどは老齢の場合である。

このように私自身の記憶を整理してくると、鮮明に思い出されるのは藤原俊成・定家・為家の自筆写本に

記された奥書である。改めて述べるまでもないが、冷泉家に伝わった藤原俊成自筆選述本である『古来風躰抄』（初撰本、冷泉家叢書第一巻所収）の下帖の末には、俊成の自筆選述奥書があって、

生年已八十四にてかきつけ侍ることゝも、いかはかりひが事おほく侍らんと申かきりなくハ、（後略）

と記して、この本が建久八年（一一九七）、俊成八四歳のときに選述したことを明らかにしている。

また定家もその晩年の書写本には、しばしば年齢を記している。たとえば『古今集』（嘉禄本、冷泉家叢書第二巻所収）の書写奥書には、

嘉禄二年四月九日、戸部尚書（花押）、于㆑時頽齢六十五、寧堪㆓右筆㆒哉

と記し、『後撰集』（天福本）には、

天福二年三月庚子、重以㆓家本㆒終㆓書功㆒、于㆑時頽齢七十三、眼昏《くらく》手疼《うずく》、寧成㆑字哉、桑門明静、同十四日令㆑読㆓合之㆒、書㆓入落字等㆒訖、

と、この本が天福二年（一二三四）、七三歳の筆であることを伝え、さらに『拾遺集』（天福本、安藤積産合資会社所蔵）の帖末には、

天福元年仲冬中旬、以㆓七旬有余之盲目㆒、重以㆓愚本㆒書㆑之、八ケ日終㆑功、翌日令㆓読合㆒訖、（後略）

と、天福元年、七〇有余、すなわち七二歳の筆であることを明らかにしている。

また、為家もしばしばその奥書に年齢を注記している。たとえば前述した定家筆の勅撰三代集の定家奥書の箇所に、為家がそれぞれほぼ同文で、

此本、付㆓属大夫為相㆒、頽齢六十八、桑門融覚（花押）

と、為家六八歳の文永二年（一二六五）のときに子息為相に伝授した旨の奥書を加えていることはよく知られている。

そのほか、『和歌初学抄』の帖末に、

弘長二年六月、求出更校合、年来証本被㆓借失㆒了、仍以㆓或本㆒所㆓書写㆒也、六旬余比丘融覚（花押）

と、弘長二年（一二六二）六月に「六旬余」すなわち六五歳で書写・校合したことを伝えている。このほか、為家は『大和物語』（酒井家所蔵）に、

弘長元年十二月比、以㆓家本㆒書㆓写之㆒、同二年校㆓合之㆒、六十五老比丘融覚、

と記して、この本を弘長元年に書写し、翌二年六五歳のときに校合した旨を明らかにしている。こののち為家はさらに書写・校合活動を行っている。さきに冷泉家叢書第二巻に影印本として紹介された覚尊法眼書写の『古今集』貞応二年本は、帖末に定家の貞応二年七月二二日書写本奥書および覚尊書写奥書があるが、為家はその後に自筆の校合奥書を追記して、

文永四年七月廿二日、丁未、以㆓同本㆒校合了、七十桑門融覚（花押）

と、文永四年（一二六七）、為家七〇歳のときに、覚尊が定家自筆本によって書写した『古今集』を、為家が同じ定家自筆本をもって校合した旨を伝えている。法眼覚尊は、冷泉家叢書影印本を解題された片桐洋一氏によれば、為家の息子と推定されるから、広義に考えれば家の証本の充実に老齢の身を顧みず努めていた為家の姿をみることができる。奥書の日付けを父定家の書写本奥書の日付け「七月廿二日」と同じにしているのは必ずしも偶然ではなく、晩年まで家学の興隆に努めていた父に対する思い出を重ね合わせていたとも考

えられる。

このように俊成・定家・為家の自筆本には、自らの年齢を記した奥書が多いのが特徴であるが、はじめ私は、これらの奥書の年齢記載はこの三人がいずれも長寿を保ち（俊成九一歳、定家八〇歳、為家七八歳）、最晩年まで気力充実して活躍していたことを示す自然の表記と考えていた。しかし、前述したとおり、諸本に記されたさまざまな人の奥書に留意してみると、年齢を記すということは、ことに俗人の場合には、何らかの特別の意志が働いているとみてよいであろう。

そう考えて改めて定家の自筆書写本の奥書をみてみると、定家は必ずしも老齢のときの書にすべて年齢を書いているのではないことに気が付いた。たとえば『源氏物語奥入』（東京・前田育徳会所蔵）はその自筆奥書をみると、明らかに定家七〇歳以降の筆跡であるが年齢の記載はない。また『古今集』（安藤積産合資会社所蔵）は、帖末に嘉禄本に近似した内容の定家自筆奥書があって、その筆跡はこれまた七〇歳以後の老筆であるが、年齢は記されていない。こうした例は定家自筆書写の私家集の場合も同じで、たとえば『相模集』（浅野家旧蔵）は、

家本、承久三年失之、以㆓大宮三位本㆒令㆓書留㆒、嘉禄三年五月三十日、

と記して、定家六六歳の筆であることを明らかにしているが、とくに年齢の記載はない。

また『古今集』についてみても、定家がたびたびその書写を行っていたことは有名で、片桐洋一氏は定家が書写した『古今集』について、冷泉家叢書第二巻『古今和歌集（嘉禄二年本）・古今和歌集（貞応二年本）』の解題のなかで、現存諸本および『明月記』の記事などを博捜・精査されて、その奥書を紹介され、読者に

裨益されている。それらの奥書によると、定家がその書写本に年齢を記しているのは、前記「嘉禄二年本」と「貞応二年本」のほかには、梅沢家旧蔵本の嘉禎三年（一二三七）一〇月二八日書写本だけである。この本は奥書（翻刻は片桐氏解題による）によれば、

> （前略）国母仙院少将殿、依レ奉レ感二此道堪能一、盲目之後、更染筆、終二此書功一、所二奉覧一也、嘉禎三年十月廿八日、丙午、午時、桑門明静頽齢七十六、以レ人令二読合一、書二入老耄落字一訖、

とあって、この本が格別なものであったことを伝えている。

このように考えてくると、俊成・定家・為家は、家の証本として重要と考える写本に自らの年齢を書いているといえよう。それが明らかな意識を持って行われたのか否かを証するには用例が少なくて明確にし難いが、何らかの意識の反映とみることはできるのであって、改めて冷泉家伝来本が持つ重みを感じている。

9　偽の奥書

本の奥書、とくに書写の年代・筆者を明らかにする書写奥書には、ごくまれではあるが、偽の奥書がある。偽といえばすぐ思い浮べるのは偽文書、あるいは名家筆跡の偽物のことで、本の奥書に偽物があるというとなぜと思う人が多いかもしれない。

ただし、一言で偽物といっても、その性格・内容はさまざまで、必ずしも一様でなく、偽物という言葉の概念も一定しているとはいえないのが特徴である。

文書についていえば、偽物は大別して三種類に分けられる。

①は鎌倉・南北朝時代などの中世の時代に、当時の人々を騙す目的で作られた謀略的な偽文書で、「此頃、都ニハヤル物、夜討・強盗・謀綸旨《にせ》」（『建武年間記』二条河原落書）の謀綸旨などがこれに当たる。ただし、これは偽文書といっても、歴史の側面の事実を伝えた史料として貴重なもので、学術的価値がある。

②は主として中・近世に自分の家柄・権利・信仰などさまざまな主張を裏付けるために偽作した文書で、たとえば山や海での採取・通行権などを守るために作られた後南朝の王子の令旨、あるいは合戦における軍忠状などがこれに相当する。

③は歴史上有名な人物の名を利用して古筆としての価値を高め、人を騙して金銭上の利益を得ようとしたもので、たとえば忠臣蔵の大石内蔵助の手紙などがある。まったくの作物《つくりもの》で偽物の代表である。ただし、ときには本物の中世文書を改作して著名人の文書に仕立てたものもあって、可惜《あたら》、独自の価値ある文書を駄目にしている場合もある。

これに対し、名家筆跡の偽物は茶懸《が》けなど古筆鑑賞の風潮が普及するにしたがって、これまた金銭上の利益の目的のために作られたものがほとんどである。島根の松江は松平治郷（不昧公）の影響もあってお茶の盛んな地であるが、藤原定家筆と伝える懸軸が元高等学校の校長先生の納戸に十何幅もあって、その数の多さにびっくりしたことがある。これはいわばその家の格式を示すための結果であろう。ただ、この名家筆跡の類の場合注意を要するのは、もとは善意の写しであったものが、あたかも本物として扱われている場合があることで、その文書自体は学術的価値があるときもあって、簡単に偽物とはいえない場合もある。たとえば江戸時代に寺院などで権勢がある人から開山などの高僧の書を求められ、やむをえず原本を渡して寺に忠実な写しを作って残した場合がある。禅宗寺院にままみられる例で、本山にあるからといって必ずしも真筆とは限らない。ついでにいえば、他所から関係ある寺院に寄進され、そのまま寺の什宝となった墨跡はそのほとんどが偽物で、真筆があることの方が珍しい。

余談になるが、「棺割《かんわり》の墨跡」として有名な禅僧の遺偈《ゆいげ》を江戸時代に手に入れた大阪の豪商が、原本を大切にするために普段懸け用の忠実な写しを作った例がある。しかし、子孫の代に至ってその家は、その写しに原本の立派な表具を着せ、原本の箱に入れて手放した。この墨跡の写しは巷間を転々とする間に、現在、国宝となっている原本が写しとなり、原本の衣裳をつけた写しが本物とささやかれるようになった。幸いにその偽物を瞥見する機会があり、需めようとした人にその噂を訂正し、ことなきを得たことがある。

こうした文書、名家筆跡などに比べ、典籍としての偽書・偽選（つまり後世の人があたかも古代・中世の著述書であるかのように著述・編纂した典籍類）は別として、写本・刊本の偽物はあまり聞いたことがない。ただ、本文はしかるべき時代の写本であるが、その奥書に手を加え、あるいは作り物の奥書を付け加えて、特定の時代・特定の人物の写本に仕立てようとした事例は枚挙にいとまがない。本奥書に手を加えて、かつて存在した著名人の自筆原本であるかのようにみせかけた例があることは、既に「本奥書」の項で述べた。

これに対し、本来は奥書がない写本に、後世の人が書写奥書を付け加えた例は意外に多い。とくに奈良・平安時代の古写経にその例をみる場合がしばしばある。奈良時代の写本にこうした作為が行われた一因には、江戸時代後期から明治時代前期にかけて、急速に発展した古代の事物への関心の高まりがあった。江戸時代後期以降に正倉院文書、あるいは奈良諸寺院の調査が始まるようになると、それらの模写・模造がしきりに行われ、ついにはその偽造まで出現するようになった。江戸時代の技術がきわめて精巧なものであって、文字だけではなく、料紙・印章の模作まで及んでいたことは、かつて諸先輩から承ったことがあり、私もその判断に悩まされたことがある。なかには国の重要文化財として指定されているものもあることは、その技術の優秀さを裏付けているといってよいであろう。

こうした江戸時代末から明治時代前期にかけて偽書の特徴は現代の私どもがその常識でそこまで偽物を書くわけがないと考える範囲を越えて行われていることで、長い一巻の写経を全部書き上げるということは当時の偽作者にとってはあまり苦にならなかったらしい。

その例は、その事柄の性質から固有名詞を挙げて事例を示すことができないが、天平年間書写になるいわゆる知識経の書写奥書にもその例をみることができる。知識経とは一言でいえば、奈良時代に地方の仏教信者が経典の功徳を願って書写した写経のことで、奥書中に自らを知識と呼んでいるのでその呼び名がある。この知識経の書写奥書は字体が小さく、筆線も細いのが特徴で、天平時代の筆跡模写に対する好学心を刺激しやすかったのであろう。その筆跡の真偽については、一巻ずつ個別に慎重に検討する必要がある。

[補記] なお、明治時代初期に奈良時代の文書の偽文書が作られた具体例について「東大寺奴婢帳の擬古文書」(『正倉院文書研究』第七号、二〇〇一年一一月一日)と題して紹介したことがある。

また、皆川完一氏は平安時代前期の写経にも偽経があることについて「古写経奥書の怪」(『日本歴史』六三二号、二〇〇一年一月、吉川弘文館刊)として注意されている。

五　伝領記《でんりようき》――本の伝来――

1　本に書かれた筆者・所有者の名前

伝領記とは、写本あるいは版本が成立してから、現在まで誰がその本を所有していたか、つまり誰が伝え、所有していたかという伝来の歴史を示した記載のことである。したがってその記載は必ずしも筆で書かれる必要はなく、たとえば正倉院宝物の光明皇后筆『杜家立成雑書要略《とかりつせいざつしようりやく》』に捺された「積善藤家《せきぜんとうけ》」の朱方印は、この『杜家立成』が藤原氏出身の光明皇后の所持本であったことを示したもので、広義には伝領記の一種である。しかし、通例こうした印は「伝領印」あるいは「所蔵印」（蔵書印）として、筆で書いた「伝領記」と区別している。

「伝領記」は、いわばその本の今日までの歴史を伝えたものであるから、その内容は多岐にわたっていて、その形態もさまざまであるが、大別するとつぎの二通りに分かれる。

①所有者を記す場合　写本の筆者あるいは所有者が自分の所持本であることを示すために自分もしくは自分が所属する寺院の名前を書く場合で、記された場所は帖末の余白、あるいは扉紙の場合もあるが、表紙の左下、もしくは右下に書くことが多い。

②いつ、どこで誰から取得（ときには買得）したかの事情を書いている場合　通常、巻末もしくは帖末の

余白に書いている。

①の表紙に人名を書く場合は仏典が多く、漢籍・国書の類にはまれである。また仏典でも、その大部分はいわゆる聖教類で、粘葉装もしくは綴葉装本の表紙に記されている。これらの表紙は左上に本文と同筆で本の書名、すなわち外題が標記され、右上にはのちの筆でもと入っていた本箱の名称、数字などその本の整理状態を示す記載がある場合が多い。したがって伝領者を示す人名は表紙の下半分に記されているが、その記し方は、表紙の左下、つまり表紙の外題の下に表記する場合と表紙の右下に記す場合の二通りの記し方がある。この記し方の差異は、結論から先にいえば、左下（外題下）はその本の執筆者が自らの名を記し、右下はその本を所持した伝領者が自分の本であることを示すために名前を注記するのが通例であった。その証拠に、左下の人名は本文の筆跡・外題の筆跡と同一であるのに対し、右下の人名は本文より後の時代の筆跡であって、しかも伝領者が変わるにつれてつぎの所持者の名を書き加え、ときには前の人名を墨消していることもある。

こうした表紙に記された伝領記、つまり人名の在り方は、平安・鎌倉時代の数多くの聖教類を調査しているうちに、自ずから会得することで、何も改めて述べることではないかもしれない。ただ、こういうことは、質の高い聖教を集中的に調査するなかで、客観的な事実として理解されることである。

私が粘葉装本の聖教の場合に表紙の左下、つまり外題下に記された人名は、その本の著者を示すことが多いと明確に理解するようになったのは、京都・青蓮院門跡の経蔵である吉水蔵《きっすいぞう》を調査したときである。この吉水蔵は以前にも述べたとおり、平安・鎌倉時代の聖教を納めていて、現存する経蔵のなかでは質量ともに最高の経蔵である。その歴史は天台密教が伝教大師最澄、慈覚大師円仁からはじまり、谷阿闍梨《たにのあじゃり》皇慶《こうけい》の時代を経て、青蓮院門跡初代の天台座主行玄《ぎょうげん》の時にその法流が確立したことを証するもので、慈鎮和尚慈円、青蓮院尊円親王など、天台座主歴代相承の秘庫として今日に伝わっている。

その大部分を占める粘葉装本をみていくと、一部に例外はあるが、書写奥書を書いた人が表紙の左下にその名を自署している。たとえばこの吉水蔵には天台密教の高僧である三昧阿《さんまいあ》闍梨良祐《じゃりりょうゆう》の書写本と認められる本が約一九件あるが、そのうち良祐の書写奥書があるのは一一件で、いずれも表紙左下に「良祐」と名を記している。このことは、良祐の書写奥書はないが表紙左下に「良祐」の名がある本八件も、おそらく良祐書写本である可能性が高いということになる。もちろん良祐書写本であることを判定するためには、いろいろな判断が必要であることはいうまでもないが、有力な判断材料の一つとなることは確かである。

しかし、こうした表紙に記された伝領記の在り方は仏教宗派によって差異があるようで、たとえば真言宗寺院の密教聖教は天台密教聖教ほど明確ではない。表紙に伝領記を書くのは同じでも、右下に筆者名・伝領者名を区別せずに書く場合が多い。その理由は必ずしも明らかでないが、おそらく法流の継承と聖教書写との関係についての意識に差異があったのかもしれない。

本の冒頭の表紙に伝領記を書くことは仏典聖教に顕著にみられる傾向で、漢籍・国書にはきわめてまれであると書いたが、冷泉家時雨亭文庫に伝わる歌書の類にも、表紙に伝領記を書いている例は少なくない。そのなかで注目されるのはいわゆる承空本の私家集（冷泉家叢書の第五〜七期に上中下の三分冊として収録）である。

この私家集は鎌倉時代の永仁二年（一二九四）から嘉元元年（一三〇三）ごろにかけて、浄土宗西山派の僧承空が自ら書写し、あるいは助筆を得て書写して所持した私家集のまとまった写本で、現存するのは四一種、四三冊（『貫之集』は上中下の三冊がある）で、内容は私家集三八種、私撰集一種、歌合二種である。この承空本の特徴は本文が片仮名書きであることで、その体裁は一部に升型の粘葉装本・綴葉装本を含んでいるが、その大部分は文書の紙背を料紙とした袋綴じの横長本で、表紙はすべて本文料紙と共紙の原表紙を存している。

この承空本のうち『言葉和歌集』（下）は冷泉家叢書第七巻『平安中世私撰集』に収録され、赤瀬信吾・岩坪健両氏の解題が付せられて承空本の内容を明らかにしているが、この承空本は原表紙の中央に外題を書し、表紙の左下に筆者もしくは所持者としての伝領記として「承空」またはその花押を記している。承空（玄観房）は宇都宮泰綱の子、頼綱（実信房蓮生）の孫で、浄土宗西山派第五世長老となり、西山往生院を中心に活躍し、元亨三年（一三二三、一説に元応元年〈一三一九〉）に入寂したと伝えている。この承空本にみる表紙の伝領記は、天台系の聖教書写の影響が歌書に及んだ例であったと思われる。

2　室町時代の古本屋

伝領記のなかで、その本をいつ、どこで、誰から取得したか、あるいは誰に伝授したか、という所有もしくは伝授に関する奥書は数多く知られている。とくに平安時代後期から鎌倉時代にかけて、仏教ではさまざまな法流意識が高まりをみせ、儒学・史学・文学など学問の世界ではいわゆる家学意識が成立して、その思想・学問を象徴する証本が重視されるようになると、その証本の伝来の歴史を示した伝領・伝授奥書がしだいに重んじられるようになった。たとえば吉田家伝来の『日本書紀神代巻』、清原家伝来の『古文孝経』などはその一例で、歌学でいえば藤原定家筆の古今・後撰・拾遺の三代勅撰集に記された藤原為家の伝授奥書はその代表例である。

これに対し、典籍を買得した話となるとその事実を伝えた奥書はきわめて少ない。その理由の一つには典籍を金銭などで売買するということは、とかく学問を大切に思い、典籍を尊重し、ときには神聖視する我が国にあっては、あまり公然と明らかにすべき事柄・話題ではないという気遣いがあったと思われる。このため時折、奥書に「不慮感得」と書いてあると、さてはお金で買ったのかなと推測したくなる場合があり、「不慮」の言葉の使い方に日本人らしい表現を感じることがある。

しかし、現実には古くから貴重な典籍ほど売買の対象となることが多かったと思われ、ときには高いお金を払って写させて貰うこともしばしばあったろう。ただ、その事実を伝えた史料が少ないため、明らかにされないだけのことと思われる。

ただし、社会・家の在り方、学問の勉強の仕方が急速に変化する室町時代になると、本などの売買に関する史料が散見するようになる。有名な例を挙げると、典籍では梅沢本『栄花物語』（一七冊）の場合がある。もとは三条西家に伝来したこの本は『栄花物語』の現存最古写本として知られている。形状から大小に区別される二種類の写本の取り合わせ本で、大形本は鎌倉時代中期、小形本は平安時代後期もしくは鎌倉時代前期の写本として国宝に指定された善本である。この本が三条西家に伝来した経緯は三条西実隆の日記『実隆《さねたか》公記《こうき》』に記載があって、室町時代後期の文亀三年（一五〇三）九月五日条に、東山殿伝来本として『栄花物語』『続世継《ぞくよつぎ》』の沽却《こきやく》本があったこと、同記永正六年（一五〇九）一一月四日条に実隆が『栄花物語』一七冊を礼物二百疋で入手した旨を書いている（日本古典文学大系『花栄物語』一九六四年、岩波書店刊、松村博司・山中裕氏解説参照）。

こうした例は典籍だけではなく文書・古記録にもあって、『尊卑分脈《そんぴぶんみやく》』巻第三（藤氏一・北家第二）の「公季公孫系図」（『新訂増補国史大系』第一冊所収）の三条流の系図のなかに、右大臣三条公敦の文明一一年（一四七九）仲呂（四月）下旬の識語がある。それによればこの系図は洞院家《とういんけ》累代の本であるが、当主の権大納言洞院公数が放埒《ほうらつ》の人物で、家の記録・抄物などを悉く沽却して家を断絶させてしまった。その沽却のなかにこの系図があったので、自分（公敦）が感得（買い入れ）したと記している。室町時代は動乱の時代であって、ことに公家社会の変動が激しく、このため由緒ある典籍・文書・記録などの散逸が著しかったことはよく知られているが、これらの史料はその在り方の一端を具体的に明らかにしたものとして注目されている。しかしながら、ときには数奇な運命をたどったと思われる典籍などの歴史を伝領奥書から知ろうとすると、その事実を教えてくれる例はあまり多くない。

ところが、最近ある寺院の経蔵に伝わった聖教のなかから、買得を告げる伝領奥書を偶目する機会があった。それは高野山正智院《しょうちいん》に伝わった『大楽金剛経愚見抄《だいらくこんごうきょうぐけんしょう》（理趣経愚見《りしゅきょうぐけん》）』（二帖）にある奥書である。この本は室町時代の明応九年（一五〇〇）仲秋（八月）一二日の本奥書によれば、真言学問僧頼暁《らいぎょう》という人が多年にわたり真言密教の根本経典である『理趣経《りしゅきょう》』について論議などを通じて勉強してきたが、その内容をまとめることがなかった。そこで盟友・諸僧と相談してこの経の訓読・解釈をまとめた、いわば研究ノートであったと伝えている。

書写奥書によれば、その本を永正三年（一五〇六）一一月に教導という僧がみて根来寺《ねごろじ》で書写したのが正智院本であることが判明する。その書写奥書の末に天文一四年（一五四五）八月の根来寺僧の鏡可房《きょうかぼう》の伝領奥書があって、この写本を「堺之町上人助店」にて買い求めたことを伝え、さらに表紙の右上に「鏡可買之」と墨書している。この買得を示す伝領奥書で注目されるのは、買い求めた店が今日でいう古本屋、それも仏書専門の本屋らしいということである。室町時代後期には京都版・南都版・高野版など寺院が刊行する版本を取り扱う新刊本屋があったと思われることはいろいろな史料から推測することができる。この堺の「上人助店」が写本を扱う古本屋だとすると、その存在をめぐってさまざまな本と人の姿、たとえば秘庫から出て世の光を浴びた貴重本、あるいは地方から都会に出てきた若い学僧が、本来ならば高僧の下に弟子入りをして苦しい修業を経たのちに書写が許されるはずの仏法の秘説を不慮入手することができた喜びの姿などが想像される。

3　名筆切断の歴史

伝領記《でんりょうき》のなかには、伝来の途中で名筆を鑑賞する目的で、本文の一部が何者かによって切り取られたことを伝えた記事がある。こうした記事はある本の伝来に関する奥書であって、厳密な意味からいうと伝領記の範囲を超える性格であるかもしれない。しかし伝領記を広義に解釈して、ある本が書かれてから今日までどのように伝わったかという歴史を示す奥書の一つとして考えれば、本の一部の切り取り、割裂に関する奥書も伝領奥書のうちとみて差し支えないであろう。

名筆の一部を切り取る要因、その理由の多くは名筆鑑賞のためであって、その歴史はいわゆる古筆鑑賞の歴史と不可分の関係にある。したがって関係する奥書あるいは関係史料が、古筆鑑賞の気運が急速に高まりをみせた室町時代後期から桃山時代に集中していることについては、これまで多くの識者が述べられている。なかでも室町時代後期の文化人として有名な内大臣三条西実隆（一四五五〜一五三七）の日記『実隆公記』は実隆の学識を反映して古筆に関する記事が多いことで知られている。とくに延徳二年（一四九〇）八月一六日条、同年閏八月一五日条は当時、竹園すなわち伏見宮家に伝わっていた古筆古写経目録あるいは弘法大師空海・小野道風・藤原行成らの名筆を納めた古筆櫃一合の所収古筆目録を掲げていて、宮廷社会における古筆伝来の状況を伝えた有名な記事となっている。

古筆に対するこうした公家社会の動向は、寺院が所有する名筆古写経の在り方にも影響を与え、その一部が古筆鑑賞の対象となって、その割裂、寺外流出を招いた。その代表例が、聖武天皇筆と伝え、天平写経中の名品として珍重された『賢愚《けんぐ》経《きょう》』（大聖武）である。この『賢愚経』の断簡は、古筆では「大和《やまと》切《ぎれ》」とも呼ばれ、「手鑑や聖武天皇あけの春」と川柳にも詠われたように、古筆手鑑の冒頭を飾る名品として尊重された（私が一九六〇年に文化財保護委員会美術工芸課に入り、当時の書跡主査・田山信郎〈号方南〉氏に手鑑の取り扱いの指導を受けたとき、同氏から「大聖武」の由来を教示され、「山本君、これは一行十万円じゃ」といわれて、私の給料の一〇倍だと思ったことを憶えている）。この『賢愚経』の原状を伝えた巻子本は、奈良・東大寺に一巻、東京・前田育徳会（尊経閣文庫）に三巻、兵庫・白鶴美術館に二巻、東京国立博物館に一巻があって、いずれも国宝になっている。このうち東京・前田育徳会（尊経閣文庫）三巻のうちの第三巻は「無悩指鬘品」の一紙一八行の断簡で、その末に永正九年（一五一二）六月の大法師賢仲の伝領修理記一紙（四行）があって、

此賢愚経一紙十八行者、従㆓東大寺戒壇院㆒相㆓伝之㆒、御震（ママ）筆之証、誠分明者也、迄㆑及㆓七百八十余年㆒、不㆑朽㆓筆跡㆒、見聞之条、尤可㆓敬信㆒者也、

永正九壬申年六月七日修復了、大法師賢仲（花押）

と、この『賢愚経』がもとは東大寺戒壇院に伝わったことを記している。春名好重氏の『古筆大辞典』（一九七九年、淡交社刊）の「大聖武」項には『実隆公記』永正六年（一五〇九）六月二六日条に、僧英海が「聖武天皇宸翰三行賢愚経文云々、」を後柏原天皇に献上した記事があることが指摘されているから、おそらくこの『賢愚経』は永正年間には東大寺から流出していたと思われる。

古筆鑑賞にともなって多くの名筆が切断・分割されたことは、有名な例を挙げれば京都・東寺の「弘法大師空海自筆書状（風信帖）」、京都・醍醐寺の空海筆「狸毛筆奉献状《りもうひつほうけんじょう》」（実は平安時代後期の写）、同寺理源大師聖宝の「自筆制戒文」などの例があり、それぞれに記された伝領奥書によって、これらの分轄が豊臣秀次、石田三成など時の権勢者によって行われたことが判明している。

私はかつてこうした名筆の切断がいつごろから行われるようになったのかに関心を抱いたことがあり、鎌

倉時代に既にこうした風習があったことを確認したことがある。

その事実を教えてくれたのは、滋賀・竹生島の宝厳寺（本坊は対岸のびわ町大字早崎にある）の『空海請来目録』（一巻）である。この目録は京都・東寺所蔵の伝教大師筆『空海請来目録』（一巻）につぐ古写本で、古くより空海自筆本として著名であった。実検の結果は原本に忠実な平安時代中期の写本であったが、私の注目を引いたのは、この目録の二箇所に本文を切り取った跡があったことである。第一箇所は一〇行分、第二箇所は三行分で、いずれも鎌倉時代の筆で補紙・補写があり、その補写紙の裏に切り取りの事情を伝えた奥書があって、鎌倉時代嘉禎四年（暦仁元年・一二三八）に、一〇行を鎌倉将軍藤原頼経、三行を主計頭中原師貞に進呈した旨を伝えている。その内容についてはかつて『古文書研究』第四号（一九七〇年、吉川弘文館刊）に「名筆の切断」と題して紹介をしたことがある。この奥書は鎌倉幕府の要人が名筆の収集に関心が深かったことを示した具体的事例として注目される（ただし小論では名筆の切断の理由には、古筆鑑賞という観点だけではなく、高僧筆跡の場合には護符として、あるいは病気平癒・悪霊駆除のための薬として切断された例もあることを併せて記しておいた）。

名筆蒐集の影響は冷泉家にも及んだ。平安時代の書写本である『花山僧正集』（冷泉家叢書第一四巻『平安私家集一』所収）がその一例で、帖末二丁が宇喜多秀家の所望によって割裂された。このため切り取られた二丁を補紙・補写したことが帖末に記された文禄三年（一五九四）七月八日の冷泉家第九代為満の奥書によって判明する（同書片桐洋一氏解題参照）。江戸時代、安政五年（一八五八）に刊行された『新撰古筆名葉集』には俊成・定家・為家・為相ら歴代の古筆切名称が掲げられていて、なかでも「（公卿）補任切」「明月記切」が有名である。

近代に入っても、明治維新の動乱期に時の権力者が冷泉家の秘本に名筆鑑賞の欲望を持った可能性がなかったとはいい切れない。『私家集（唐草装飾本）』（六帖）のうち、『小町』『素性』は添付された奉書紙の墨書によれば、田中光顕《みつあき》（一八四三〜一九三九）が明治三七年（一九〇四）にこの二帖を借り出して石版として公刊したことを伝えている。光顕は土佐の出身、明治政府の元勲の一人として著名な人物で、歴史にも関心が深く、晩年には古筆の蒐集にも努めていたことが、彼の文庫である高知・佐川町の青山文庫の所蔵品によって判明する。しかし、彼が冷泉家の秘本に接した前後の事情は明らかでないが、その価値を評価し、複製の製作に努めたことはその功績の一つと評価できるのかもしれない。

4　人にみせなかった貴重書

かつて私は日本の文化財、ことに典籍・文書のように紙に書かれた破れやすい・焼えやすい・壊れやすいものが数多く今日まで残ったのは、それらが倉・長持・桐箱に納められて、人から人へと手渡しで伝えられたからであるとしばしば話をし、あるいは文章に書いたことがある（「はじめに」参照）。その姿を端的に証明しているのが正倉院宝物であることはいうまでもない。しかし、大切なものが今日に残るためにはそれだけでなく、大事に伝えようとする人の心があったためであるということを文化財調査で各地を訪れて多くの所有者にお会いするなかで教わった。一言でいえば大切なものはできるだけ人にみせないという努力である。

人にみせるということは大切なものを倉から出し、箱から取り出していろいろな人が触ることを意味するが、同時に空気にあて、光にあて、湿気もしくは乾燥させることであり、ときには遠くに運び移動させることを意味していて、大切に保存する立場からいえば決して好ましいことではない。正倉院宝物の展覧会がなかなか東京で行われないのはそのためである。しかし、昔の人が人にみせることを避けたのはみせると人に取られることを要心したためでもあった。

みせたがために権力を背景に御殿様に召し上げられた話、あるいは大金を目の前に積まれてつい大金持ちに渡してしまったという話はしばしばあって、そのために苦労をした所蔵者は意外に多い。そのため人にみせないように努力した一、二の例を挙げると、福島県須賀川の相楽《さがら》家に伝わった「白河結城家《しらかわゆうきけ》文書（三〇通）」三巻の話がある。この文書は南朝関係文書として著名なもので、南北朝時代の延元三年（暦応元年・一三三八）から興国四年（康永二年・一三四三）まで常陸国小田・関の両城で南朝のために奮戦をした北畠親房の自筆書状を中心としている。その自筆書状の内容は北朝足利方の軍勢に取り囲まれるなかで、白河の結城親朝に宛ててその応援を求めたもので、なかでも興国四年七月三日の自筆書状は親房の南朝に対する思いと最後の覚悟を伝えた「獲麟書《かくりんのしょ》」として有名である（ただし、親房はそののち吉野に帰り、正平九年〈文和三年・一三五四〉に六五歳で薨じている）。文書中には足利尊氏の自筆書状もあって、当時の結城氏の複雑な立場を伝えていて注目される。また隠して持ち運ぶため小型の文書が多いことも南朝文書の特徴を示している。

この文書は江戸時代に水戸光圀の『大日本史』編纂のさいにその史料として調査の対象となり、スケさんとして有名な佐々宗淳が採訪のため相楽家を訪ねている。相楽家のいい伝えでは、うっかりみせると水戸藩に召し上げられることを恐れて、いったんは焼失したとして断わったが、再三の懇望にやむをえず閲覧させたといわれる。この白河結城文書は「結城古文書写」「証古文書」「結城古文書纂」にその本文が採録され、関東の南朝に関する根本文書として有名になったが、相楽家では閲覧希望者があるごとに原本は焼失して現在ある文書は忠実な写であると説明して召し上げられることを防いだと伝えている。そのため、学界でもその真偽をめぐって意見が別れていたが、私は一九七七年に当時文化財専門調査会委員であった村田正志博士と同行してこの文書を拝見して、親房の自筆原本であることを確認して国の重要文化財に指定した。そのさいに御当主の相楽定邦氏が御先祖の御苦労話を真剣に話されていた姿を懐かしく憶い出している。

なお、この文書と一緒に伝わった佐々宗淳書状は、この文書を披見し、その写しを取ることを許された謝礼として水戸光圀が羽織一領を贈ったことを伝えたもので、文化財指定にさいしてこの書状を附《つけたり》指定して保存を計ることとした。

ただし、この白河結城文書の例はまだ穏やかな話であるが、なかには徳川幕府から処罰されてもみせなかった例がある。それは半井家《なからいけ》が伝えた『医心方《いしんほう》』の閲覧をめぐっての騒動である。『医心方』は平安時代中期の医学者丹波康頼《たんばのやすより》が著作した医学全書で、日本人が編纂した最初の医書として知られている。半井家はその丹波康頼の子孫で、代々典薬頭《てんやくのとう》として朝廷に仕えた家柄であって、その半井家に伝わった『医心方』は室町時代に正親町《おおぎまち》天皇から時の当主半井光成が賜わった平安時代の由緒ある古写本であった。

この古写本は当時は丹波康頼が著作した原本と考えられていて、半井家相伝の秘籍であった。この本の評判を聞いた徳川幕府は寛政二年（一七九〇）将軍徳川家斉のときにその閲覧を希望したが、時の当主半井成美は偽って、その秘籍は一昨年の天明八年（一七八八）に京都の邸で焼失したと申し立てて幕府の要望を拒絶した。このため貴重書を焼失した怠慢の罪で百日間の出仕を停められたことが『続徳川実紀』文恭院殿《ぶんきょういんでん》（家斉）御実紀の寛政二年三月二七日条にみえている。しかし、半井家文書によれば、幕府は焼失のことが嘘であることを知っていて、嘉永五年（一八五二）再度半井家に閲覧を申し入れた。ただし、正式に申し込んでも半井家の拒絶の意志が堅いことを考慮した幕府は、老中阿部伊勢守正弘が半井家の親族に斡旋の労を依頼して、嘉永七年（安政元年・一八五四）一〇月、ようやく『医心方』三一巻を借り出した。当時、医学書の調査・研究に熱心だった江戸の医学館は早速にこの『医心方』の忠実な影写本を作り（現在、宮内庁書陵部保管）、さらに木版印刷本の出版にとりかかっている。その事業のことは『大日本史料』第一編之二一、永観二年（九八四）一一月二八日条の丹波康頼の伝に詳しい。このため、借用期間は当初五、六ヶ月の予定であったが、半井家に返却されたのは約六年後の万延元年（一八六〇）四月のことであった（『医心方』附属半井家文書）。近代に入ってもこの半井家本についての閲覧希望はしばしば行われたが、その都度半井家では、残念ながら焼失したと返答するのが家訓であったと、当主の半井布文氏は語られていた。

私がこの『医心方』を拝見したのは一九八〇年のことで、井上書店の井上周一郎氏の紹介で半井布文氏にお会いしたのが最初であった。大阪・堺の本宅を取り壊すことになり、そのためこの半井家本『医心方』の処分を考えたいということで、その相談を受けた井上氏が、私的に扱うものではないと判断されて私に紹介されたのである。幸いに半井家の理解を得て早速に拝見したが、この半井家本『医心方』は平安時代の写本二七巻、鎌倉時代一巻、江戸時代写本二巻一冊の併せて三〇巻一冊であった。江戸時代の写本は巻第二二・

婦人部、巻第二五・小児部末、巻第二八・房内部で、その古写本はいつか誰かに貸出して戻らなかったためである。この『医心方』は一九八二年三月に国（文化庁）に移り、翌一九八三年六月に国の重要文化財、ついで一九八四年六月に国宝に指定された。その忠実な影印本は一九九一年一月、オリエント出版社から全巻が出版され、研究者の利用が可能となった。

5　家を再興した文書

かつて文化財保護委員会事務局に就職したときに、当時の先輩から歴史的に由緒がある家が時代の転換期に遭遇して、経済的に困窮し心ならずも家の資産を売却するさいに、真先に売るのはいわゆる書画・骨董の類で、家の歴史を伝えた文書は最後まで手放さないと聞かされた。書画・骨董はいわば天下の廻り物で、金を儲けたらまた買えばいいが、家の文書はいったん手放すとその家は滅びて取り返しがつかないというのがその理由である。

この話は現在日本の国に数多くの文書が伝わっていること、しかもそれらの文書が神社・寺院のみならず、個人の家に大切に保存されている理由を端的に説明していてわかりやすい。こうした家の歴史、あるいは神社の由緒、寺院の法流の正しさを具体的に伝えた文書は時代の流れのなかで華やかな光を浴びたわけではないが、こうした文書の存在は、その内容、価値を知る家・神社・寺院のそれぞれの継承者にとってかけがえのない宝物として大きな役割を果たしてきたといえる。

しかし、これらの文書はときには時代の変わり目にあたり、新しい施政者が歴史を振り返るなかで、大きな存在価値を発揮する場合があった。その一例が福岡県八女《やめ》郡の五條家文書である。この五條家文書は、その内容が一九八〇年八月に、もと東京大学史料編纂所員の村田正志博士の努力によって『史料纂集』古文書編のうちとして続群書類従完成会から刊行された。同書の村田博士の解題によれば、この「五條家文書」は南北朝時代の文書で、五條家の先祖は平安・鎌倉時代に清原氏として代々明経道《みょうぎょうどう》（儒学）の学問で朝廷に仕えた由緒ある貴族であった。南北朝時代になって後醍醐天皇は鎌倉幕府を倒し、のちに足利尊氏と対立すると、皇子懐良《かねなが》親王を征西将軍に任じて九州に派遣された。そのさい補佐としてしたがったのが五條頼元であった。それ以降五條氏は懐良親王、ついで後征西将軍宮良成親王を守護し、室町幕府成立以後は土豪として菊池氏、さらに大友氏に属し、江戸時代は柳河藩立花氏に仕えて明治時代を迎えている。五條家文書はこうした五條家の歴史を伝えた文書で、中心を占める南北朝時代の文書は前・後二代の征西将軍宮を補佐して活躍した五條家の苦難の歴史を伝えている。なかには後醍醐天皇御遺勅綸旨《りんじ》、後村上天皇自筆御書状、征西将軍宮自筆御書状など南朝の貴重な文書がまとまっている。

この文書の存在によって、五條家は明治三〇年（一八九七）七月に南朝の忠臣の子孫として華族に列せられて男爵を授けられた。文書は明治時代に巻子装に仕立てられて、一七巻三六五通が一九二八年七月に国宝（現在の重要文化財）に指定されている。

私が五條家文書の指定文化財台帳作成のため、八女市出身の当時東京大学史料編纂所員であった黒川高明氏の案内を受けたのは一九七五年夏のことである。五條家を訪れたとき御当主五條元輔氏は銀行の八女支店長で、お目にかかって五條家の歴史について何かとお話を伺った。感銘が深かったのは後鎮西将軍宮良成親王の御墓守のことで、五條家の当主は先祖代々、明治以降は祖父頼定氏以来、宮内省諸陵寮（現、宮内庁書陵部）の守部として良成親王の御墓を守ってこられた。毎日曜日に御墓の掃除をされるのが恒例で、そのため八女市以外に転勤ができないと笑っておられたことが印象的であった。文書に併せて後鎮西将軍宮時代の軍旗の一つと伝える絹地の「八幡大菩薩旗」を拝見し、翌年春、五條家文書の附指定として重要文化財とすることができた。

こうしためでたい文書に対して悲運の歴史を伝えた文書もある。越前島津家文書がその一つである。越前島津家は薩摩島津家の一門で、のちに重富《しげとみ》島津家と称された。その祖先は鎌倉時代に遡り、島津家の始祖島津忠久が承久三年（一二二一）に越前守護に補任されたときに、守護代として越前に赴任した次子忠綱を祖としている。この島津家は二代忠行のときに播磨国下揖保庄《しもいぼのしょう》の地頭職を得て播磨国に移った。しかし、天文三年（一五三四）、一五代忠長のときに赤松氏と戦って滅亡した。

家とともにその家の文書も消滅したと考えるのが自然であるが、この越前島津家の文書は戦いをのがれ、どのようにしてか本家である薩摩島津家に保存されていた。そして江戸時代の元文二年（一七三七）に至って本家島津継豊《つぐとよ》の弟壮之助（のち忠紀《ただのり》）を立てて越前島津家を再興して、この文書（六〇通）を与えている。『寛政重修諸家系図纂』巻第一〇八、島津項は、この忠紀について「左近将監忠長播磨国朝日山にをいて戦死し、家たゆるにより、忠紀其家名を相続し、家臣となる」と簡単に述べているが、その再興のときの次第はこの文書の附属とされた重富島津家文書・記録（六巻三一冊）に詳しい。

同様の例は小早川家文書の場合でもみることができる。安芸国小早川家は鎌倉時代に相模国早河庄内の土《と》肥《ひ》郷に住した土肥実平《とひさねひら》の子遠平を始祖としている。その子孫は鎌倉時代から室町時代にかけて安芸国沼田庄および都宇・竹原両庄の地頭職を伝領し、沼田・竹原の両小早川家として繁栄したが、天文年間毛利元就の三男隆景が竹原小早川家に入り、ついで沼田小早川家を併せて統一し、兄吉川元春とともに毛利元就・同輝元をたすけて毛利の両川と称された。隆景ののちは豊臣秀吉の夫人木下家の甥秀秋が養嗣子となり、関ケ原の役では徳川方に組したことで名高い。秀秋は岡山にて慶長七年（一六〇二）に二一歳で没し、嗣子がなく、家は断絶した。

しかし、その家の文書は、いつか毛利家の倉に大切に保管されていた。明治一二年（一八七九）になって、桃山時代に先祖小早川隆景が禁裡造営に果たした功績が顕賞され、同年、本家毛利元徳の三男三郎に小早川家を再興することが認められた。その折に家の証拠として渡されたのがこの小早川家文書であった。この小早川家文書は東京大学史料編纂所によって『大日本古文書』家わけ一一に「小早川家文書」五五二通、「小早川家証文」五九二通、「小早川御什書写」九通、「小早川家系図」三通が収められた。しかし、この文書は第二次大戦後、人の目にふれることはなかった。

私は一九七三年に従前の国指定文化財の指定種別であった書跡部門から古文書部門を独立させて、学術上価値が高い古文書の指定を促進することとし、戦国大名の文書の調査を進め、同年に毛利家文書、翌一九七四年に吉川家文書を国重要文化財に指定した。しかし、いわゆる毛利元就の〝三本の矢〟の残る一つである小早川家文書の存在についてはなかなか確認ができなかった。このため、防府毛利報公会の臼杵華臣《うすきはなおみ》氏ら毛利家関係の方々の配慮を煩わしてようやく当主小早川元治氏にお目にかかれたのは一九八五年夏のことであった。文書についてお話を伺うと、一九四五年の大空襲の折に御蔵に焼夷弾の直撃を受け、火傷を負いながら焔のなかから文書を取り出したが、その一部を焼失したとのことであった。拝見すると文書の巻子装の一部に焼損の跡があり、当時の空襲のすさまじさを伝えていた。現存する文書は三一巻、三〇六通で、御当主の了承を得て一九八六年に国の重要文化財に指定することができた。

この越前島津家、小早川家文書はいったん滅びた家が文書が残っていたことによって再興するという数奇な運命をたどった数少ない文書といえる。

文書を継承することがその家の正統な後継者であることを示す、あるいはその正統性を証拠立てるという考え方は中世にはしばしばみえている。たとえば越後の上杉家の文書がその一例である。上杉家文書の冒頭は関東管領であった山内上杉家の鎌倉時代の文書からはじまっている。これによれば上杉家の出身が丹波の上杉の地であることを示しているが、これは永禄四年（一五六一）に山内憲政がその家督を長尾景虎（上杉謙信）に譲ったさいにその証拠として山内上杉家の文書を譲与したためである。

このように文書の相伝が、家督の継承を示すことは由緒ある家にとって通例の在り方であったと思われるが、越前島津家あるいは小早川家の例は、たとえ家はいったん滅びても、文書を大切に保存しておけば、いつか再興できるという考え方が中世にあったことを示しているのであろう。

六　本文の料紙——本の姿と紙の変化——

二〇〇二年の三月に朝日新聞社から『冷泉家の秘籍』（図版・解説二分冊）が刊行された。財団法人冷泉家時雨亭文庫が編集したもので、冷泉家の秘庫に伝来した和歌集などの典籍、藤原定家・同為家ゆかりの記録・文書などの名品一八九件を全部カラー図版で紹介している。各図版は色彩鮮明で、写真の大きさはほぼ原寸に近く、藤原俊成・同定家・同為家ら冷泉家歴代の人々の筆跡を具体的に鑑賞することができる。別冊には「冷泉家の歴史」（山本信吉）、「俊成・定家の私家集書写」（片桐洋一氏）と図版の解説・釈文が収められていて、図版と釈文を比較すると平安・鎌倉時代の仮名・文書の読み方も知ることができるように配慮されている。

この図録の特徴の一つは、冷泉家に伝わったさまざまな和歌集の貴重書を本の姿として鑑賞できるよう編集していることで、対象となった貴重書の体裁・装幀・表紙・本文の料紙などの状態ができるだけわかりやすく理解できるようになっている。したがって読者はこの図版によって、平安・鎌倉時代の人々が創造した仮名文字の本を美しく、めでたく、大切に飾ろうとした、その心と工夫の跡を具体的に知ることができる。

冷泉家の秘庫の扉が開いてまず驚いたのは仮名の本の美しさであった。冷泉家の秘籍が持つ本の姿の美しさをどのように一般の人々に伝えるかということは、これら貴重本の調査がはじまってからの課題であったが、この図録の出版によってその願いの大半が達せられたといっても過言ではないと思われる。

冷泉家の秘籍が持つ文学上・書誌学上あるいは美術上の価値については改めて述べる必要はないが、これらの秘籍が持つ独自の価値として料紙の貴重性がある。冷泉家の典籍のほとんどが本の体裁として粘葉装と綴葉装（列葉装ともいう）であることは既に述べたが（第一章参照）、これらの本は紙についていえば表紙と本文料紙から構成されている。そして表紙と本文料紙とは同一紙であるのが原則である（その場合、本文料紙と同一の表紙を本文料紙共紙表紙、略して共紙表紙ということも既に述べておいた）。そして本を美しく飾るため装飾紙を表紙とするときはその共紙表紙に貼り合わせて製本した。

一般の場合、この当初の装飾表紙は永年にわたって伝来する間に破損して失われ、江戸時代前後に後補表紙に取り替えられている。しかし、冷泉家の本はそのほとんどが当初のままの表紙を伝えている。平安・鎌倉時代の人々が、自分が一生懸命写した本にどのような装飾紙を表紙としてつけて大切にしていたかを知ることができるのはごくまれなことで、当時の人々の美意識を知るうえでも貴重なことである。このため今回の図録は、これら秘籍の表紙をすべて図版として掲げている。

これをみた人は、まず表紙の料紙の種類が多彩であることに驚かされるに相違ない。その装飾料紙の種類は一部の本文料紙共紙の表紙は別として、各種の色紙《いろがみ》、金銀泥下絵金銀切箔散し、唐紙《からかみ》、雲母刷《きらずり》紙、葦手絵《あしでえ》紙、墨流《すみなが》し紙、打曇《うちぐもり》紙、飛雲《とびくも》紙、丁子《ちょうじ》散香色紙、刷毛目《はけめ》刷染《すりぞめ》紙、白描絵下絵《はくびょうえしたえ》紙などがある。また唐紙といってもその模様は変化に富んでいて、菱形つなぎ文、花菱つなぎ文、丸花蔓草文、梅花枝散し文、水辺柳家屋蠟牋《ろうせん》模様などがある。しかもこれら唐紙の使い方は、同じ模様を縦横に替えて使い、あるいは同一模様を裏返して表・裏二様に用いるなどして変化の妙を楽しんでいるのも心にくい。

従前、仮名文学の写本に華麗な唐紙など装飾紙を用いることは、かつて江戸時代に巷間に流出し、各処に伝えられていたいくつかの冷泉家旧蔵本によって理解はしていたが、これだけ多彩な料紙の姿をまとまって鑑賞できるのは、本を大切に保存した冷泉家歴代の御苦労の余慶に預かったおかげといえる。

これらの唐紙の多くは中国宋から我が国に輸入された、いわゆる船載紙であったに相違ない。ことに蠟箋唐紙などは明らかに中国の紙である。また、胡粉、雲母を用い文様を型で刷り出した唐紙も中国紙であると思われるが、なかには型模様が少し崩れたもの、あるいは模様が和様化したものがあり、それらは我が国で作られていた可能性が高い。

色紙・唐紙などの装飾紙を本の表紙あるいは本文の料紙に用いることは唐代に遡り、我が国にも漢籍・仏典の写本として伝来していたことは現存する各種の遺品によって判明している（たとえば東京国立博物館所有『群書治要（色紙）』）。

平安時代中期以降、仮名が発達するにともなって、仮名の美と料紙の妙の対比を考え、本のめでたさが大切にされた様子は『源氏物語』（「梅枝」の巻）などに詳しく描かれていることは衆知のとおりで、既に述べたように『和漢朗詠集』あるいは『古今和歌集』など、子女のための贈答用の手本の料紙として盛んに用いられた。しかし、冷泉家本はこうした唐紙が俊成・定家・為家ら平安・鎌倉時代の歌人の手元にまとまって保持され、必要に応じて大切な写本の装飾紙として日常的に使用されていたことを明らかにし、今後の装飾紙研究の資料としても貴重であることを示している。また、用いられた装飾紙が同一である本は、相互の書写関係を知る手がかりとなることはいうまでもない。

冷泉家の秘籍が持つ紙の資料としての重要性は本文の料紙についてもいうことができる。日本の紙、とくに中世の和紙のことについては、私は目下、特種製紙株式会社の研究者である宍倉《ししくら》佐敏氏らと共同して調査研究中であるので、詳しくはその報告書（『中世和紙の研究』）に譲ることとして、ここでは宍倉氏と検討している概要の要点の一部を述べておくこととする。

和紙に関しては日本の先達の人々は古い時代から関心が深く、既に江戸時代に和紙の実態について各種の資料集が作られていたことは衆知のとおりである。現代においてもたとえば『正倉院の紙』（一九七〇年、朝日新聞社刊）をはじめとして寿岳文章氏の『日本の紙』（一九六七年、吉川弘文館刊）、近年では高橋正隆氏の『和紙の研究』（一九九五年、近代文芸社刊）などの優れた研究書があり、そのほかに古文書研究の立場から奉書紙について上島有氏の見解がある。このように和紙に関する関心は近年しだいに高まりをみせているが、その成果となるとなかなか進展していない。それは和紙、ことに中世和紙についての調査がほとんどないためであろう。

一口に日本の紙といっても、その歴史は大別して古代紙、中世和紙、近世和紙の三つの段階に区別される。古代紙とは飛鳥・奈良時代に中国大陸から導入された中国の唐代技術で製作された紙で、日本では律令国家時代に全国にその製作技術が統一的に普及され、麻紙を中心とする官庁用紙が作られた。いわば和紙成立以前の古代紙である。この紙は巻子装本の料紙としての利用を目的にして製作された。したがって紙としての特徴は、巻物用の料紙として丈夫で、大形の厚手紙として作られた。筆写紙としては専ら片面書写用で、整った大型の文字が端正に書きやすいように表面には打ち紙、研磨などのさまざまな加工が加えられた。

しかし、平安時代中期になって、巻子装本とは別に粘葉装・綴葉装などのいわゆる草子本が発達すると、当時の人々は草子本に適した料紙を求めた。それは紙の表・裏の両面に文字が書けること、厚紙・薄紙の変化があり、漢字・仮名の書写にも適した柔軟さがあること、繊維の素材は手に入りやすい楮紙《こうぞし》を中心として斐紙が併用された。これがいわゆる中世の和紙のはじまりで、その代表が筆写にも、書状あるいは印刷にも使える厚紙の杉原紙《すぎはらし》・檀紙《まゆみし》であったと思われる。

そして室町時代以降、学問・文化が庶民化し、袋綴と呼ばれる宋・明版印刷本に準じた比較的簡易な装幀法が普及すると、のちに美濃紙の名で人々に親しまれた、薄くて、軽くて、丈夫で携帯に便利な強靱な薄紙が近世和紙の中心を占めた。したがって同じ和紙といっても中世和紙と近世和紙とではその質感に大きな違いがあるが、その差異は本における中世の草子本と近世の袋綴本との利用感覚の違いと同じなのであろう。紙の漉《す》き法でいえば、古代紙の溜《た》め漉き法が、しだいに流《なが》し漉き法を取り入れていく過程のなかで、両面書写あるいは印刷に適した「半流し漉き」と呼ばれる技法を工夫して、日本独自の和紙を製作しはじめていく。そして近世に至って流し漉き法を定着させるという製紙技術の変化の歴史をたどっていたのであろう。こうした本の形態と紙の関係は文書・手紙と紙との関係でも同じである。

日本の国は古代から近世に至る紙の遺品が典籍・文書・諸記録などの料紙として数多く現存し、他方で文献史料も比較的多く残っていないながら、中世和紙の実態が必ずしも明らかにならないのは、数多く現存する和紙の実物資料とさまざまな文献史料との交流研究が充分でないためでもあるが、平安・鎌倉時代の中世の日本人が日本文化を形成するなかで、本をどのように利用し活用していたか、そして本の姿の変化に応じてそれぞれの本に適した和紙をどのように作り、工夫していたか、その実態を理解しようとする努力が充分でないことが大きな原因であると思われる。

七　本を書写する作法

古写本の調査をしていていつも思うことであるが、むかしの人は本を綺麗に、正確に、速く写していることに感心をする。とくに丁数が多い厚い本、あるいは一部でも巻数が多く冊数が多い本を手にすると、調査をするだけでも手間がかかるのに、これを書写した人は大変だったろうなと、その努力に敬意を払わされることが多い。本の末に記された書写奥書に時折にみる代表的な表現として、「何年何月何日、灯芯を截り老眼を拭って書写の功を終える、某、年七十歳」といういい方があることはよく知られているが、風にゆれる薄暗い灯火の下で、眼鏡もない鎌倉時代の老人が倦むこともなく素早く筆を走らせている姿を想像すると、「書写の功」という耳慣れた言葉がしだいに重みを持ってくるように思われる。

本を写すといっても、それが他人の眼にふれる清書本か、自分用の手控え本かによって本文の姿に自ずから差異があるのは当然である。また対象となる本が漢籍・仏典、あるいは仮名文の物語・和歌・連歌などによって書写の姿勢に違いがあることも多い。同じ仏典といっても信仰に基づく写経と、学問伝授を主とした聖教類を写すのでは、写す意識に差異があったに相違ない。

信仰に基づく写経については書写にさいしてさまざまな用意・作法があった。その具体的内容を伝えて有名なのが、平安時代後期から鎌倉時代前期にかけて仏師として活躍した運慶の願経である。寿永二年（一一八三）五月に運慶が発願書写したこの『法花経』八巻（ただし、現在は第一巻を欠き、七巻が現存している）は、各巻に書写奥書が記されているが、とくに第八巻の奥書はその書写の作法・次第を詳細に記している。それによれば、運慶はまず霊水で漉いた写経の料紙を用意し、二人の書き手に二部の『法花経』を書写させた。墨の水は叡山横河・園城寺・清水寺の三箇所の霊水を用い、本文は毎日書く経文の行数を計り、一行書くごとに三度礼拝を行った。また経巻の軸木は焼上した東大寺大仏殿の柱の霊木を使用している。そして写経が行われる間、結縁した人々が礼拝五万返、念仏十万返、法花経宝号十万返を唱えたという厳格な作法であった。運慶が多くの人々に支えられた浄土念仏信仰は、造仏活動においても同様であったことは、彼の作になる仏像の胎内納入品によっても知ることができる。

運慶願経にみる丁重な写経作法は、平安時代後期に高まりをみせる作善《さぜん》の一つの表れであるが、同じ時代に盛行する頓写経《とんしゃきょう》も作善の一つであった。頓写経とは写経を常人が及ばない異常な努力によって速く書写することである。たとえば何人かの志を同じくする者が結縁合力して、『法花経開結《かいけち》』一〇巻、『大般若経』六百巻、あるいは『一切経』五千余巻を時刻を定めて一日で書写する「一日頓写法花経」「一日頓写大般若経」「一日頓写一切経」などは、末法の世に苦吟する人々に来世への希望を抱かせるものであった。

平安時代後期の貴族の一人、中御門右大臣藤原宗忠（一〇六二～一一四一）はその日記『中右記《ちゅうゆうき》』の嘉保三年（永長元年・一〇九六）三月一八日条に、「今日、京の身分の上下の人一万人が一日の中に一切経を書写した。これはある勧進聖《かんじんひじり》（慈応上人）の僧が人々に勧めたもので、人々は各自の家で書写した写経を聖人の許に送って供養をした。大善根《だいぜんこん》の話であるので日記に書き留めておく」と述べている。また、鎌倉幕府の記録である『吾妻鏡』文応元年（一二六〇）一一月二七日条には、執権北条政村が娘の邪気を払うため一日頓写経を行って供養したところ回復したと伝えているから、人力を尽くした写経には霊威があると考えられていたのであろう。

独力で『大般若経』『一切経』など大部の経典を書写した人々も、常人にはなかなかできない「一筆経《いっぴつぎょう》」つまり数多くの写経を一人の力で書写する筆者としてその功を讃えられた。平安時代後期の名筆である藤原定信は一人で一切経を書写した速写の名人として有名であり、福岡・宗像神社の社僧色定《しきじょう》法師が写した『一切経』は「色定法師一筆一切経」として、四三四二巻が福岡市の大聖寺《だいしょうじ》に現存して重要文化財になっている。

このように頓写の功徳が人々に重視され、一般的に流行するようになると、頓写の対象として最も身近であった『法花経』の場合は、一定の分担書写方式が考えられるようになった。鎌倉時代に成立した有職故実に関する事典である『二中歴《にちゅうれき》』に記された「一日書写法華経分配」という項目がそれである。

その内容は『法花経』八巻に開《かい》経である『無量義経《むりょうぎきょう》』、結《けつ》経である『観普賢経《かんふげんきょう》』各一巻の併せて一〇巻を対象とし、各巻を三区分して、三〇区分を書き手三〇人で分担書写するという分業方式を定めている。分担の仕方は各巻の枚数を「五・七・七」「六・八・九」「六・七・七」「四・七・七」「五・七・八」「四・六・六」の六通りに分けている。料紙一枚の行数は二七行、一行は一七字詰だから、四枚分担は一八三六字、五枚分担は二二九五字、最大の九枚分担は四一三一字となる（ただし、経文の偈《げ》は一行一六字だから、偈の行数が多いと字数は少し減少する）。

この『二中歴』の記事には写経の始まりと終わりの時刻が書いていないから各々の制限時間は未詳である

が、本文書写後に成巻の作業があったことを考慮すれば、書写は午前中の仕事であったに相違ない。これらの書き手はいずれも職業的写経者であったから、頓写といってもそれほどの負担ではなかったと思われる。『中右記』寛治八年（嘉保元年・一〇九四）三月一九日条によれば、この日に女院郁芳門院《ゆうほうもんいん》媞子《ていし》内親王は『大般若経』の一日頓写を計画されたが、このときは鶏鳴から書きはじめ、未時（午後一時から三時）までに一巻ないし二、三巻の書写を終了したというから、これは頓写の功を競ったのであろう。

静岡・芝川町の本門寺に伝わる『紺紙金字法花経』（開結共一〇巻）は保安二年（一一二一）七月に父藤原師《もろ》季《すえ》の供養のために書写したものであるが、奥書によると第一巻を子覚成《かくじょう》が午刻（午前一一時から午後一時の間）に、第二巻から第八巻の七巻を孫公珍《こうちん》が酉刻（午後五時から七時）までに、結経を孫師綱《もろつな》が同じく酉刻までにそれぞれ書写したと伝えている。おそらく一日頓写で朝から一気に書き上げたのであろう。筆が乾いてねばりやすい金泥書きでは苦労が大きかったと思われる。

藤原定家も『法花経』の一筆書写を行っている。定家は天福元年（一二三三）一〇月一一日、七二歳で剃髪して出家した。そして同月一九日から『法花経』の書写をはじめている。

これより先、藤原定家は寛喜三年（一二三一）に七〇歳を迎えた。その日記『明月記』寛喜三年正月一日条に「今年すでに七旬に満つ、はからずも寿老す」と七〇歳になったことを簡潔に書いている。鎌倉時代に古稀を迎えるということはなかなか大変なことで、しかも定家はこの年は正二位前参議として現役の公卿であった。このことは定家の密かな自慢であったらしく、七〇歳の元旦を迎える前日の寛喜二年一二月三〇日

の大晦日の日記に、

人生七十は稀なり、先祖に於いて多く六十を過ぎ給わず、先考（父親・俊成）は独り九旬（九十歳）を余り給うといえども、遁世（出家）の後也、白髪を戴いて此の齢に及ぶの人は、氏公卿之中、始祖以来四十六人なり、尤も稀というべし。

と、父親の俊成は九〇歳を越えて長生きをしたが、それは出家をしたのちのことである。白髪つまり俗人のままで七〇歳になったのは、自分の先祖でも始祖以来四六人にすぎないと述べて、平安時代初期の延暦一五年（七九六）に七〇歳で薨じた右大臣藤原継縄《つぐただ》から、建仁元年（一二〇一）八月に出家した前権中納言基家まで、七〇歳以上長生きをした四六人の官職・氏名・没年を書き出している。歌人でありながら考証学者としても優れた定家の面目を伝えた記事として注目されている。この記事に続いて定家は「況や亦百年以来唯十人」と述べて、自分が七〇歳現役の一一人目になることを望んでいたことを書いているが、その真意は、ただ長生きをするのではなく、官職に恵まれなかった身として、より高い身分になることを願っていたらしい。

寛喜三年三月一一日条の『明月記』は、定家が歩んだ七〇歳の生涯について懐旧の思いを、

治承三年三月十一日、始通二青雲之籍一、遠歩二朧月之前一、于時十八、寛喜三年三月十一日、猶戴二頭上之雪一、僅望二路間之月一、于時七十、

と述べている。その大意は、治承三年（一一七九）、初めて宮中に昇殿して将来に淡い夢を懐いたのが一八歳のときのこと、五二年後の寛喜三年の同日に、髪は白くなったが公卿としての昇進にいまだ一縷の望みを期待している、といった意味であろう。

ただし、定家は人生の目的については確たる意志を保っていたが、一方で年齢相応の悲哀を感じることも多かったらしく、『明月記』寛喜三年記には、随所にさまざまな感慨を記している。たとえば三月一七日条には「七旬の白髪を悲しみ、八重の紅桜に対す」と若さが持つ艶やかさを羨んだかと思うと、七月九日条には「予、頽齢已に七十の非人、纔かに独り残る。往年の内外の子孫、恩を知るの心なしと雖も、数十人世にあり」と、忘恩の徒の多いことに何ごとかの怨念を述べている。また、日頃行っている物語などの書写作業に老いを感じることもしばしばあったらしく、八月一八日条には『大和物語』の書写を終えて校正をしたさいに、「（自分は）平生書くところの物に、落字がないことをもって悪筆の一得としていたが、耄老のためか数行を書き落とした。落字を書き入れるのは恥曝《はじさら》しなことだ」と、年を感じて落ち込んだ様子を伝えている。

定家は翌貞永元年正月、七一歳で待望の権中納言に昇任すると、同年一二月に権中納言を辞退し、ついで翌天福元年一〇月一一日に出家して法名を明静と号した。そして一〇月一九日から『法花経』（八巻）とその開経である『無量義経』（一巻）、結経である『観普賢経』（一巻）と併せて『法花経』（開結共一〇巻）の書写をはじめている。当初は『法花《ほっけ》一品経《いっぽんぎょう》』書写の例に準じて、『法花経』の二八品を一日ずつ、開結併せて三〇日間で書写しようとしたと思われる。しかし、定家は、出家したのちの生活は俗事を憚ると称しながらあまり変わらず、雑事に追われ来客に対応して、書写のことは予定どおり進行しなかったらしい。その進行状況は『明月記』に記されているが、「日短筆遅」「手遅日短」「剃頭之間、弥不㆑及㆓枚数㆒品経㆒」「依㆑客不㆑書、剃頭」と遅引の様子を伝えている（なお、定家は出家後四日に一度の割合で剃頭している）。しかし、『法花経』（開結二経共）の書写は一一月八日に終了した。一九日間で一〇巻を書写したことになる。定家は、「朝陽快晴、写経、申始許、奉レ書二終勧発品一、老後盲目遂二此願一、心中聊感悦」と、その悦びを『明月記』に記している。ついで同月一二日に、浄土教経典である『無量寿経《むりょうじゅきょう》』（二巻）、『阿弥陀経《あみだきょう》』四八願を写し、一七日に『観無量寿経』（二巻）を書写した。同日条に、「朝陽晴、奉レ書二終観無量寿経一、申時、老後願已遂、尤欣悦」と重ねて悦びを簡潔に述べている。

さらに、同月一八日に『般若心経《はんにゃしんぎょう》』『転女成仏経《てんにょじょうぶつきょう》』『阿弥陀経』を書写し、二〇日条に「新写経十四巻、令レ調レ巻」と装幀を加えたことがみえるから、この日で一連の書写作業が終了したことが判明する。この新写経供養のことは『明月記』に記事がないが、あるいは定家自身の逆修《げきしゅ》に用いられたのであろうか。

寛喜三年に七〇歳を現職の公卿として迎え、ついで権中納言に栄達した定家にとって、出家後の願いは何であったのだろうか。『明月記』にはこの写経に願文あるいは奥書があった様子はないが、老後の生きざまについて心中期するものがあったのであろう。定家はこの写経後さらに長寿を保ち、仁治二年（一二四一）八月二〇日に八〇歳で入寂したことは周知のとおりである。

第三章　調査が教える仏典の話

一　経蔵調査のことども

近年は文化財の調査が盛んである。新聞の第一面を飾るのは考古学に関する発見話が多いので、文化財調査といえば発掘調査と思われがちだが、ここで述べるのは御蔵《おくら》（文庫蔵）の調査のことである。御蔵といっても神社・寺院あるいは皇室・宮家・公卿・武家、さらには商家・庄屋など、いわゆる歴史的由緒がある家には御蔵があるのが通例であった。蔵の内容は、その所有者の歴史を反映してさまざまであることはいうまでもない。朱印船貿易で名高い大阪・住吉家の蔵の重宝は、豊臣秀吉・徳川家康から与えられた海外貿易の朱印状と羊皮紙に画かれた航海図であり、代々の当主が使った金を計る分銅秤であった。

一言で御蔵といっても一つに限らないのが普通で、大別すると前蔵《まえぐら》と奥蔵《おくぐら》の二種がある。前蔵は日常的に使う物を入れる道具蔵で、奥蔵は由緒ある典籍・文書・絵画・工芸品などを納めた宝蔵もしくは文庫蔵である。ときにはこの宝蔵・文庫蔵には名前が付けられていて、たとえば奈良・東大寺の経蔵聖語蔵《しょうごぞう》、京都・青《しょう》蓮院《れんいん》の吉水蔵《きっすいぞう》、妙法院の龍華蔵《りゅうげぞう》などが有名である。

文化財調査の対象となるのは主としてこの奥蔵である。この奥蔵は案外に小さい。とても数多くの宝物が入っていたと思えない場合が多い。校倉造《あぜくらづく》りに代表される古代の高床造りの蔵は別として、現存する宝蔵・文庫蔵のほとんどは近世に建てられた白壁の土倉造りで、内部は必ず二層となっている。また上等の蔵は雨漏りを防ぐため屋根は木造瓦葺きの置き屋根である（現代の鉄筋のビルが雨漏りをしたら始末が悪いことはよく知られているが、昔の日本人はこのことをよく知っていた）。また同じ蔵でも一階と二階では湿気・温度など保存環境に大差があって、大切なものは必ず二階に納めている。門跡寺院などでは江戸時代の寺務日記などは本箱に入れて一階の、しかも壁ぎわに置いている場合が多いが、いざそれらの日記を取り出して調査しようとすると、永年の湿気のため料紙が貼り付いて、それに虫の糞が糊となり、まな板のように固くなって開くのに大変苦労をすることがある。

大切なものを二階に置く場合、その置き方に二通りあって、経典・写本・版本などの典籍、文書、記録類は俗に経箱・聖教箱・文書箱などと呼ばれる、一人で持てる大きさの被《かぶ》せ蓋の長方形の木箱に入れて棚に並べている。一方、床には唐櫃《からひつ》と呼ばれる大型の箱がある。この唐櫃は非常の場合には担ぎ棒を通して二人で担いで持ち出せるようになっているのが通例である。そのなかには書画などの掛軸、とくに大切な巻物、冊子本あるいは陶磁器・漆器などの工芸品が納められていて、これらはさらに内箱・外箱の二重の桐箱に入れられている場合が多い。つまり、大切なもの、とくに紙とか絹とか漆とかで壊れやすい、燃えやすい貴重品は、蔵・唐櫃・桐箱と二重・三重の入れ物に納められて今日に伝わったので、日本の文化は一面でいえば蔵が伝えた文化、箱が守った文化といってもよいであろう。

ただし、日本文化を継承・発展させた昔の日本人は、決して蔵を安全な場所とは考えていなかった。災害・戦争のときには、大切なものは蔵から持ち出して安全な場所に避難することが必要だと理解していた。そのために蔵のなかに納める箱は、一人または二人で運び出せる大きさを大切にした。そのため箱のなかには、できるだけつめて納めるよう工夫した。

調査にさいして注意を要するのは鍵が付いた箱で、この箱から不注意に物を取り出して調査後に箱に納めようとすると、はみ出して元どおりに入らない場合がしばしばあった。私が経験した一、二の例を挙げると、米沢・上杉家の上杉家文書箱、京都・青蓮院吉水蔵聖教のなかの秘箱「二九一《にくいち》箱」、京都・曼殊院の古今伝授秘密箱などがある。取り出す前に入っている状態を確認して、元の姿のとおりに戻さないと納まらないのである。いずれも非常の場合にすぐ持ち出せるよう、できるだけ箱の大きさを小さくしようとした苦心の結果でもあるが、同時に不慣れな者が勝手に出し入れすることを防ぐ目的もあったかもしれない。

滋賀・園城寺の智証大師円珍関係典籍・文書も今でこそそれぞれ巻子装などに仕立てられ、しかるべき桐箱に入れて唐櫃に納められているが、もとは一人が担げる背負いの厨子に入っていた。園城寺と延暦寺の、いわゆる寺門と山門の争いは有名で、園城寺はしばしば焼き打ちされた。多勢に無勢の園城寺は、いざとなると円珍関係典籍・文書の厨子を背負って、命がけで避難したのであろう。そのときにはほかの財物は犠牲にされたものと思われ、園城寺は大寺でありながら一般の聖教・文書はほとんど残っていない。

大切に伝えられた典籍・文書類は時代の折々に整理し、保存が図られた。平安時代に行われた文書の整理・修理としては東大寺の東南院文書が有名で、このときには詳細な目録も作られた。典籍でいえば京都・青蓮院の吉水蔵聖教は現存する最古・最高の密教聖教で、平安時代中期に天台密教の中祖谷阿闍梨《たにのあじゃり》皇慶《こうけい》の時代に成立し、青蓮院初代門跡行玄僧正のときにほぼ現在の姿を整えた。鎌倉時代初期には慈鎮和尚慈円、同後期から南北朝にかけて尊円親王の手によって整理され、室町時代の中ごろには勅封とされた由緒ある聖教である。しかし、この吉水蔵には古い目録がない。たびたびの整理にさいして何かの目録が作られないということは、今日のわれわれの常識からみて考え難いことである。秘密箱である「二九一箱」（二かける九、たすことの一で第一九番目の箱という隠し呼び名）の古目録は聖教の内として現存しているから、かつては吉水蔵全体の目録もあって、別置しているうちに忘失したのかもしれない。しかし、古い由緒ある宝蔵・文庫蔵の古目録というのは、他処でもほとんどみたことがない。京都・高山寺の方便智院経蔵の聖教目録の存在は珍しい例である。目録を作って人にみせるということは宝蔵の内容を人に教えることであるから、その取り扱いは慎重であったのであろう。したがって、目録がない蔵では宝庫・文庫蔵を調査する場合、まず目録作りからはじめなければならないことになる。

その目録の作り方は庫内の箱の状況によって大別二通りに分けられる。それは目録の内容の配列のことで、箱の順序にしたがって作るか、新しく目録を作るかという選択である。それは対象となる写本・版本類がどのように整理されているかという現状にともなう判断で、通例は現状の箱別に調査を行い、目録を作るのが原則である。

我が国は周知のように宝庫・文庫と呼ばれる庫が多く現存しているが、これらが今日に伝わったのは一言でいえば、それを伝えた人々が伝来途中のしかるべき時期に整理・点検し、その価値を改めて認識して修理など保存の処置を図ってきたからである。

ただし、こうした整理・保存の歴史はまとまった記録として伝えられていることは意外に少ない。そうした伝来の歴史を具体的に教えてくれるのは写本などの奥に記された奥書による場合がほとんどである。

その代表例が京都・東寺（教王護国寺）の観智院《かんちいん》金剛蔵聖教である。この聖教のことはかつて私が文化庁在職中に担当者として調査を実施したもので、その内容は当時の調査目録を要約した『東寺観智院金剛蔵聖教の概要』（一九八六年、京都府教育委員会刊）に詳しい。この金剛蔵は鎌倉時代後期から南北朝時代にかけて東寺の三宝と呼ばれた頼宝、観智院初代の杲宝《ごうほう》（一三〇六〜六二）、同二代の賢宝（一三三三〜九八）の三人、とくに杲宝・賢宝が中心となって書写・収集した聖教で、奈良から南北朝時代にかけての写本・版本類約一万二千件余が三五八箱に納められて現存している。これらの聖教が今日までどのような歴史をたどってきたのか、その経過は前記概要報告書に丁寧に述べられているが、金剛蔵聖教が今日の姿に整えられたのは江戸時代の観智院第一二代杲快《ごうかい》、第一三代賢賀《けんが》のときであった。ことに賢賀僧正（一六八四〜一七六九）はこの聖教で真言密教の学問・修法を勉強するとともに、聖教全体を整理・分類して経箱に納め、傷んでいる写本などの修理を行った。さらに諸寺の経蔵を訪ね重要な写本をみると書写して金剛蔵に納入して内容の充実を図るよう努力している。その状況は賢賀が各帖に書き加えた修理奥書あるいは書写奥書によって明らかにされている。

こうした近世における聖教の整理・修理の事業はほかの寺院においても同じで、京都の寺院でみれば桃山時代では醍醐寺の義演准后《ぎえんじゅごう》、江戸時代では高山寺の慧友《えゆう》上人、そのほか滋賀・石山寺の尊賢僧正、あるいは高野山正智院の道猷《どうゆう》僧正なども法流の学問を継承しつつ聖教の保存に尽力した人々であった。

このように先人の努力の跡が大切に残されている宝庫・文庫の調査はその成果を受け継いで、箱順にしたがって進めればよいので、仕事としての労苦は別として手順は迷いがなく進めることができる。

ところが、なかにはこうした先人が行った整理の跡が乱されている場合がある。その原因はいろいろとあるが、多くの場合、明治・大正・昭和の時代にしかるべき研究者によって恣意的な調査が行われ、部分的に新しい整理を加え、ときには一部の写本を取り出して別箱に納めてしまう場合もある。

そうした新しい手を加えた人には別段の悪意はなく、本の価値を知らない所有者（住職など）に、これは重要な本だからわかりやすいように別の箱に入れて「貴重箱」を作っておきますよという親切心から行われる場合が多いと思われる。しかしそうしたことが二度・三度と行われると結果として、江戸時代に行われた整理を大幅に崩すことになる。またときには「貴重箱」を別置したためにそのなかからさまざまな理由によって庫外に貴重本が流出・売却される原因となることもある。

こうした庫の場合は調査の進め方、目録の採り方の判断に迷うことが多い。箱順に行うと箱の内容が乱れているため目録としての配列の体裁が整わず、やむなく現状のままで全体の調査を終了して、調書のうえで分類・整理して、しかるべき目録を作ることになるが、実はこれが作業としてはきわめて難しい。その配列には必ず異論が出るからである。しかも、その配列を現在の図書館分類法で行うと、その文庫の歴史的構成、ひいては中世・近世の学問の在り方、体系を壊してしまうことになりかねない。そのうえ、のちに調査する人のために新しい目録にしたがって箱のなかの写本類を再整理するというやっかいな作業が必要になる。

このような例はごくまれではあるが、かつて安易な調査を行った研究者の心ない仕業に思わぬ苦労をさせられることが時々ある。宝庫・文庫の調査を行う場合は、その歴史的性格、由緒をよく見きわめることは大事なことだと考えさせられる。

こうした経蔵調査にともなう思い出話を書きはじめると際限のないことになるが、その調査の歴史は近代に入ってからも意外に長い歴史を持っている。大正時代では高楠順次郎氏を中心とする『大正新脩大蔵経』編纂にともなう調査、黒板勝美氏の東京帝国大学国史研究室あるいは史料編纂所が行った各地の寺院調査などがあり、戦後では文部省国宝調査室（のちの文化財保護委員会・文化庁文化財保護部）の田山信郎（号方南）氏を中心とする文化財指定のための調査、京都府教育委員会の赤松俊秀氏（のちに京都大学教授）が行った文化財保存のための調査などはその代表である。これら先人がさまざまな苦労のなかで行った調査を通じて経蔵・文庫の内容が改めて世の中に紹介されたことの意義はきわめて大きいものがあると近時感じることが多い。

こうした寺院の経蔵がたどった歴史は、公家の文庫の歴史に共通することが多いように思われる。冷泉家時雨亭文庫の貴重な典籍が今日に伝わったのは、中世の時代もさることながら、近世・近代における歴代の御当主が果たされた保存のご苦労が大きかったと思われる。今後その歴史が明らかにされることも大切なことと考えている。

二　東寺宋版一切経の調査

京都・教王護国寺（以下、東寺と称する）所蔵の宋版一切経および宋版大般若経の調査が行われたのは一九五九年一一月および一九六〇年一一月で、文化財保護委員会事務局美術工芸課書跡係の調査として行われた。調査団は書跡係の主査であった田山信郎（号方南）氏を長として、近藤喜博《よしひろ》・財津永次および嘱託の是沢恭三の諸氏、さらに調査協力者として東大寺の堀池春峰《しゅんぽう》・新藤晋海《しんかい》の両師、奈良国立文化財研究所（現、奈良文化財研究所）の田中稔《みのる》氏がいた。私は一九六〇年三月に文化財保護委員会事務局美術工芸課に採用になって、この調査の後半から参加した。時の東寺長者は木村澄覚僧正で、担当の三浦俊良師の御世話になった。

この宋版一切経は南北朝時代に東寺観智院《かんちいん》初代の杲宝《ごうほう》が東寺の歴史を編纂した寺誌『東宝記《とうぼうき》』によれば、鎌倉時代の行遍《ぎょうへん》僧正（一一八一～一二六四）の時代に後白河天皇の皇女宣陽門院覲子《せんようもんいんきんし》内親王が東寺に寄進されたと伝えている。東寺の西院《さいいん》の北方、鐘楼の西方にある白壁の土蔵の一切経蔵に経箱に入れてぎっしりと納められていて、調査は当時北大門の北西の地にあった旧宝菩提院《ほうぼだいいん》の庫裡《くり》に運び出して行われた。

経箱は「天地」「玄黄」に始まる千字文《せんじもん》順に土蔵に納められていた。各経箱は千字文二字分を納めた大型箱で、高さ二三・六センチメートル、蓋の表面は縦三二・五センチメートル、横二六・七センチメートルの面取溜塗《めんどりためぬり》、被《かぶ》せ蓋造りで、側面に千字文の函号《かんごう》二字が刻されていた。各経箱の底裏には寄進者の墨書があって、桃山時代の慶長一六年（一六一一）五月一日から同一七年一〇月にわたって寄進されたことが判明する。

宋版一切経（開元寺版）（京都・東寺所蔵）

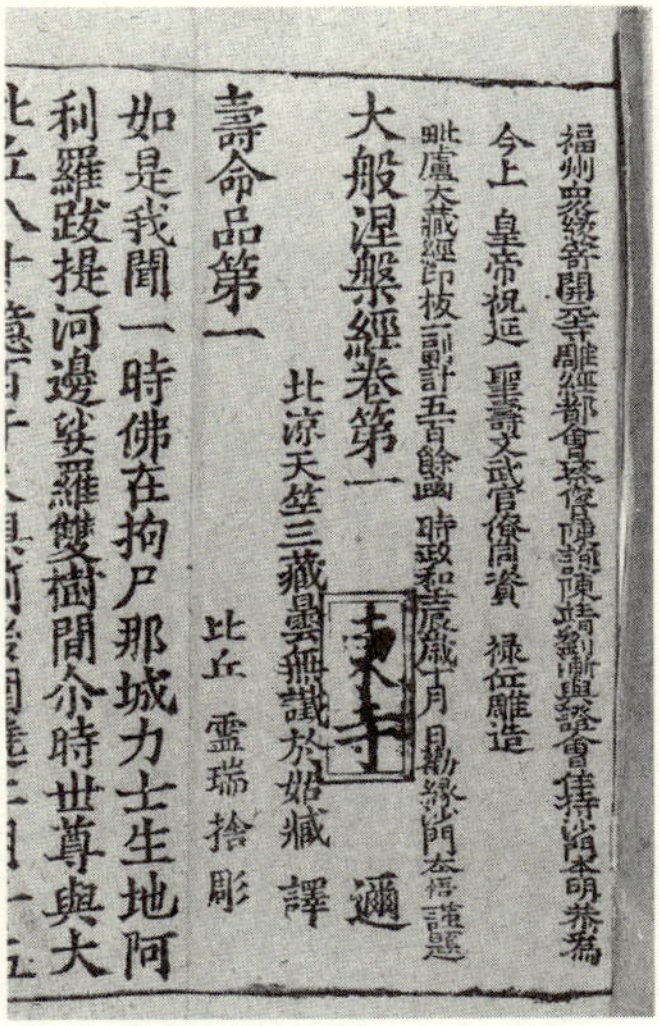

題記（『大般涅槃経』巻第一帖首）

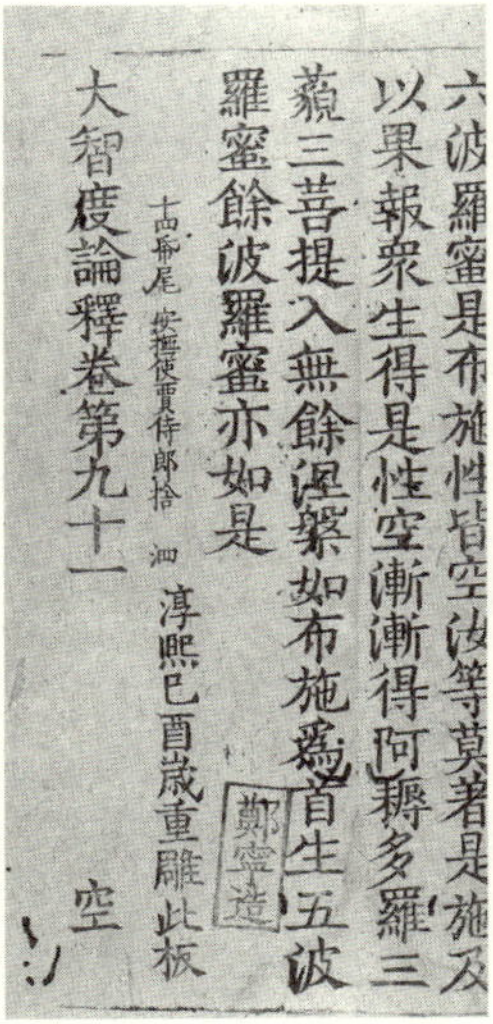

重雕刊記（『大智度論』巻第九一帖末）

宋版一切経（開元寺版）　**日本僧捨銭刊記**（京都・東寺所蔵）

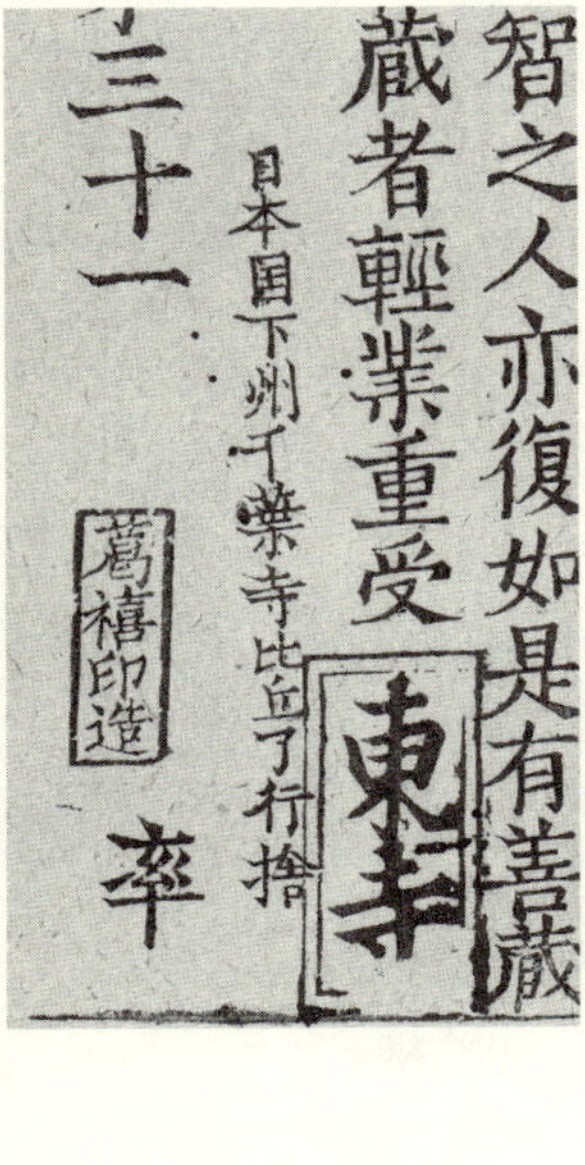

下総・千葉寺僧了行刊記（『大般涅槃経』巻第三一）

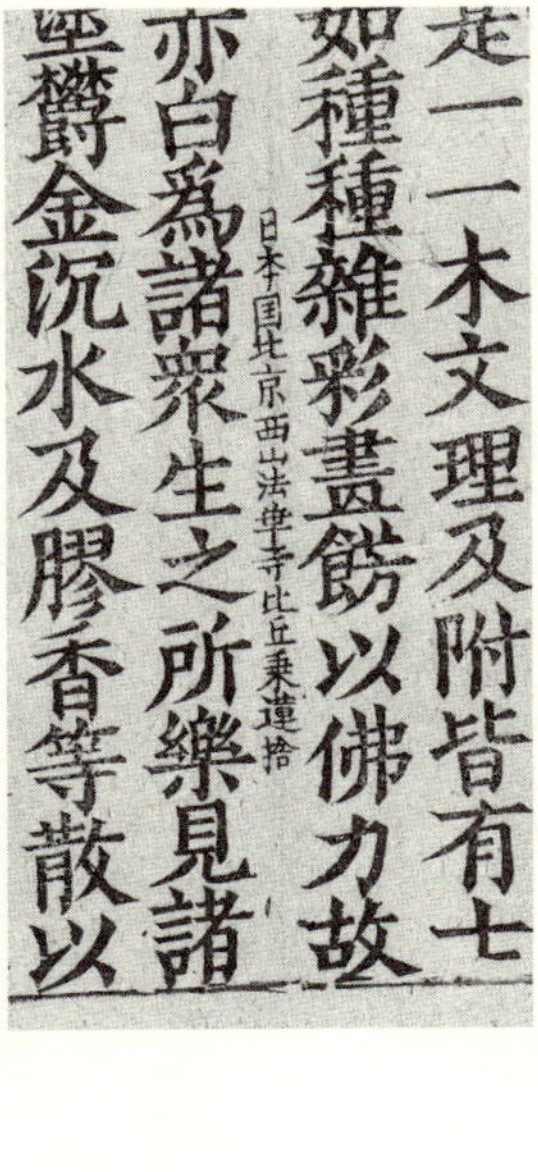

京都・法華寺僧乗蓮刊記（『大般涅槃経』巻第一）

寄進者は徳川家康・豊臣秀頼・細川忠興・板倉勝重をはじめとして僧俗貴賤八〇名前後の人々が結縁して新造したもので、家康・秀頼らの墨書はつぎのように記されている。

〔洪荒箱〕東寺一切経箱二百五十合之内、御施主、源朝臣家康将軍、慶長十七年壬子季七月　日

〔関餘箱〕寄進、東寺一切経箱二百五十合之内、御施主、豊朝臣《（臣字はない）》秀頼卿　慶長十七壬子季九月　日

〔致雨箱〕東寺一切経箱二百五十合之内、御施主、豊朝《（ママ）》臣秀頼卿御母堂也、慶長十七壬子年七月　日

〔崑崗箱〕奉寄進、東寺一切経箱弐百五十合之内、為二羽柴越中守《（細川忠興）》二世安楽一也、慶長十六辛亥年五月朔日

などである。ただし、第一箱「天地」には「御二為金輪聖王、天長地久一」とし、第二箱「玄黄」には「為二奉豊国大明神法楽一也」と記し、第三箱「宇宙」に「御施主源朝臣家康将軍」と銘して、後水尾天皇・豊国大明神（秀吉）・徳川家康の順に記しているが、そのほかは寄進に結縁した東寺ゆかりの僧俗の名を墨書している。

　これら経箱の寄進の実態については不詳であるが、おそらく東寺のしかるべき学僧の勧縁活動によるものと思われ、寄進者中にみえる観智院亮盛《りょうせい》・宝厳院空盛・妙観院弘盛らが中心であったと思われる。

　経箱に納められた宋版本は、折本装で、寸法は縦二八・三センチメートル、横一一・二センチメートルである。各帖ともに紺地の厚紙の帙表紙《ちつひょうし》を付けて、金字で経の外題《げだい》および千字文の函号を記している。帙表紙の左側には巻子本の表紙と同じように竹の八双《はっそう》を付けて絹平織柳条《きぬひらおりりゅうじょう》（縞模様）の紐を貼り付けている。各帖ともに保存がよく、製作当時の原装を伝えているのが貴重であった。経巻を包んだ外帙《がいちつ》は後補の渋引帙《しぶびき》で、一帙当たり約一一帖前後でまとめていて、一箱に二帙を納めているから、一箱はほぼ二二、三帖前後であっ

た。

調査は宝菩提院の庫裡の板間に経机を置いて行われた。千字文順に調査員一人に経箱一合が宛てがわれ、調書を取り終われば順次、つぎの箱に移っていった。調書はごく薄手の和紙の罫紙（文化財保護委員会の名入りタイプ用紙）三枚を重ね、間に紺色のカーボン用紙二枚を挿入して、骨筆《こつぴつ》で記入した。今ならば調書を一枚書いてコピー機で複写をすれば簡単であるが、そうしたオフィス機器がない当時としては、調書を役所用・寺用・予備と三部作るためには三枚複写が必要で、このためカーボン用紙と骨筆と下敷が調査の必需品であった。一口に三枚複写というが、これがなかなか難しい。力を入れて書くと薄い罫紙がすぐ破れ、手抜きして早く書くと圧力不足で三枚目に文字が写らない。文字を間違えると筆の字と同じで消しゴムで訂正するわけにいかず、馴れないとなかなかに気を使う作業であった。

調書の記載事項は、経箱函号の千字文を書き、各帖は一帖ごとに経名、巻次、宋版の種別、巻首に掲げた開版題記、帖中に記された「捨銭《しやせん》・施《せ》財刊記《ざいかんき》」（板木雕造の費用の寄進記）、「再雕《さいちよう》・重刻刊記」、料紙各紙に刻記された板木に文字を彫った「刻工名《こくこうめい》」（経典の板木を彫った彫工が自分の仕事である証拠として板木の余白に自分の名を彫込んでいる。おそらく賃金請求の証拠ともなったのであろう）、帖末に刻記された印刷・製本者である「印造者」印記、各帖の料紙の紙背に捺された所有寺院名などの各種の朱印記、そして各帖の破損状態、帙紐の有無、そのほかの留意事項、そして最後に箱別の所収帖数を記入した。調書の記載内容は各箱によって調書取りの面倒さに当たりはずれがある。帖首に記された開版刊記（題記《だいき》ともいう）はその経巻が最初に版行された歴史を伝えたもので、宋版研究の基礎史料であるが、三行あるいは五行の同じような文章が各帖にあると、最初の題記は丁寧に書いても、同文の場合は省略して題記の年月日、題記の僧名だけを書くようになる。

各料紙に記された刻工名は注意して記載するようにいわれた。それはこれらの刻工が、宋版漢籍に刻された刻工名と同一名の場合があり、これら刻工の同一性は当時の出版者が漢籍・仏典に共通した仕事をしていた証拠となると考えられていて、漢籍の書誌学の大家であった長沢規矩也《きくや》博士から大事に記録するよう注文が付けられていたためである。したがってできるだけ詳しく書き留めたが、この刻工名は彫った人にすればできるだけ人目につかない所、たとえば板木の余白で、紙の糊継目の部分に隠れるように彫る場合があるので、ときには内緒で紙継目を少し剝がして調べることもあり、手間のかかる作業であった。それでも馴れてくると一日に五箱前後、帖数にして百帖前後を調べることができた。

楽しかったのは各帖の本文料紙の行間に細字で記された宋代の人々の一切経に対する捨銭・施財刊記と、行間または帖末に刻記された版経の再雕・再刊・重雕刊記などの史料採りで、面倒ではあるが勧進活動の在り方、あるいは何郎・何娘という家族構成など、宋代の社会・信仰・風習にふれている感じがして新鮮であった。これらの刊記について少し例を挙げて具体的に述べてみると次のとおりである。

東寺の宋版一切経は後述するように北宋開版・南宋時代再版の東禅寺版と開元寺版の混合蔵である。このうち、東禅寺版は福州閩《びん》県易俗里の白馬山東禅等覚院で開版・刊行した一切経である。各帖の巻首に記された開版の事情を記した題記によれば、この一切経は北宋の元豊三年（一〇八〇）から元祐（一〇八六〜九四）・紹聖（一〇九四〜九八）・元符（一〇九八〜一一〇一）・建中靖国（一一〇一）の各年を経て、崇寧二年（一一〇三）に至る二四年をかけて約五百函が完成した。

東寺の宋版一切経の冒頭にある『大般若経』巻第一（東禅寺版）の巻首に掲げられた崇寧二年（一一〇三）一一月二二日の勅牒によれば、この東禅寺版一切経は東禅院の勧請僧慧栄・沖真・智華・智賢・普明らの努力によって、大衆の助縁を得て一切経の版木を雕造し、蔵院一所を建立して崇寧二年冬に完成したこと。ついで奏議郎尚書礼部員外郎であった陳暘の奏請に基づいてときの徽宗皇帝から「崇寧万寿大蔵」の勅諡号《ちょくしごう》を賜わったことを述べている。東禅寺の僧が民衆の勧進を得て行った民間出版事業が皇帝の公認を得たことになる。

このときの勧進の状況を伝えた刊記はおよそ二通りあって、たとえば千字文日字函に納める『大般若経』巻第八七の帖末にある、

　等覚禅院住持伝法慧空大師沖真恭為㆓四恩三有㆒、捨銭開㆓蔵経日字函㆒

という開版捨銭刊記のように簡略なもの、あるいは千字文「裳」字函に納める『得無垢女経《とくむくにょきょう》』の帖首にある

　福州東禅等覚院住持伝法慧空大師沖真等謹募㆓衆縁㆒、恭為㆓今上皇帝、太皇太后、皇太后、皇太妃㆒、祝㆓延聖寿㆒、国泰民安、開㆓鏤大蔵経印板一副㆒、総計五百函各十巻、元豊八年乙丑歳五月日謹題

と元豊八年（一〇八五）五月の慧空大師沖真勧進記のように皇帝公認の題記として体裁を整えたものなど幾つかのタイプの違いはあるが、初期の勧進が東禅寺住持僧の統率の下、千字文の経箱単位で組織的に行われていた様子を示している。なお、帖末には、開版にさいして経文の本文を厳密に校訂して正確を期したことを示す詳対経沙門、東禅寺住持、請主参知政事元絳、證会当院霊応侯王などの出版関係者の名前を並べた刊行列位がしばしば刻記されている。

これに対し、東寺の一切経が南宋時代の再刊本であることを示す重刊・再雕刊記は東禅寺版各経の随所にあって、その内容はきわめて多彩である。その再版・再印を示す刊記の年代はおおむね南宋の淳熙一六年（一一八九）前後から紹定六年（一二三三）に至る間（日本の鎌倉時代前期）のもので、その代表例を挙げると

「淳熙己亥(六)、閩県倪嗣保安彫捨」「比丘法悟開板」（第一七箱「雲騰」字函所収『大般若経』巻第三三四）

「淳熙己酉(十六)歳、重雕二此板一」（第一〇九箱「空谷」字函所収『大智度論』第九一）

「慶元丙辰(二)、伝栄」（第二〇九箱「背邙」字函所収『舎利弗阿毗曇論』第一七）

「紹定癸巳(六)八月重刊」（第二二〇箱「是競」字函所収『廣百論釈論』第一〇）

「東禅経司癸巳(六)七月重刊」（同前函『廣百論釈論』第四）

などが再版・再印年紀を示している刊記の代表例である。

こうした板木の再雕などは、北宋時代の最初の板木が印刷を重ねるにしたがって朽損し、そのため南宋の淳熙年間にその整備が行われたためである。改板費用の寄進者は、東禅寺周辺の人々の名が多いが、その範囲は地域の官人・僧侶・富豪・農民など多岐に及んでいる。官人では「安撫使賈侍郎《あんぶしかじろう》」「広東運使《かんとんうんし》正曾《せいそ》噩《がく》」の名が最も多く、なかには「国学生陳良騊」（『大般若経』巻第四一）と国学生の名がみえている。僧侶の寄進も多く、東禅寺をはじめとして「広州仁王寺比丘有珍」「広州覚苑寺比丘恵成」「泉州資福院尼宗智」「汀州開元寺比丘道雲」など各地の寺院の僧尼が結縁している。寄進の対象も最初の開板当時は一箱単位であったのに対し、再雕に対する寄進は板木一片（一枚）から七片など比較的規模は小さい。北宋の当初の開板規模に比べて個人的で、破損した板木一枚を単位として寄進が行われている。結縁の趣旨も先師・父母・夫妻・

子女など縁者の追善供養が中心であった。

釈迦の教えを彫り付けた経典印刷用の板木は、たとえば韓国の慶尚北道の伽耶《かや》山海印寺《さんかいいんじ》に納めた高麗版一切経の板木が信仰対象となっているように仏像と同じく本尊として尊重された。こうした板木信仰の姿が宋代に遡ることはこれら施財刊記にも窺われ、これらの刊記は宋代の仏教信仰の在り方を知るうえにも貴重な史料となっている。

混合された開元寺版は五五六帖で、宋版一切経の約一割を占めている。この開元寺版も東禅寺版と同じく、北宋時代開版で南宋時代の再印本である。最初の開版を示す刊記は北宋時代後期の政和二年（一一一二）から重和元年（一一一八）・靖康元年（一一二六）に至り、ついで南宋時代初期の建炎元年（一一二七）から紹興一八年（一一四八）にかけて刊行されたことを示す開元寺住持勧縁沙門の歴代の題記がある。

そしてこの『大般若経』が南宋時代中期の再版本であることを示す捨銭・施財刊記は嘉定一二年（一二一九）から紹定年間（一二二八〜三四）・嘉熙年間（一二三七〜四一）を経て、最下限は巻第五六六の帖中折目にある「淳祐癸卯[三]、局司重刊」の重刊刊記に至っている。したがってこの開元寺版『大般若経』が淳祐三年（一二四三）、すなわち我が国の鎌倉時代の寛元元年以降に印刷されたことを明らかにしている。すなわち前述した東禅寺版の再印期間（一一八九〜一二三三）とほぼ同時代の印刷本であった。

両版本の混合の在り方は、東禅寺版を主体としてその不足の分を開元寺版で補う姿となっている。たとえば『大宝積経《だいほうじゃくきょう》』（一二〇巻）のように巻数が多い経典の全部が開元寺版で揃っている場合は比較的少なく、『大般若経』（六〇〇巻）は二百番台では第一七五帖の一帖のみ、六百番台では第五〇一から五〇五の五帖、五五一から五六〇の一〇帖、五六一から五六七の七帖、五七一から五七八の八帖、五八一から六〇〇に至る二〇帖と東禅寺版の欠巻を断続的に補っていて、『摩《ま》訶《か》般若経《はんにゃきょう》』（三〇巻）では第一五の一帖のみを開元寺版で補っている。なかには一巻の東禅寺版の経典の一部を開元寺版で補っている場合がある。その具体例は「設席」字函に納める『歴代三宝紀』第一〇で、この『歴代三宝紀』（全一五巻）は一四帖が東禅寺版であるが、この第一〇は料紙全一五紙のうち帖首の二紙が開元寺版で、その第一紙に紹興戊辰（一八）閏八月の開元禅寺住持慧通大師了一の題記がある。そして第三紙以降は東禅寺版を継いでいる。開元寺版の第一・二紙の紙背には「東禅大蔵」の朱印が捺されている。つまり東禅寺版の欠失二紙分を開元寺版の板木で補ってその印刷を東禅寺が行っているわけで、このことは両版の構成・内容が経典の箱順から各帖の丁数まで同一で、東禅寺の蔵経司が東禅寺版・開元寺版の板木を一体として管理していた可能性を示している。

なお、一切経中、東禅寺版にはその紙背に「東禅大蔵」（朱方印、縦・横六・五センチメートル）の点検印、開元寺版には同じく紙背に「開元経司」（朱方印、縦三センチメートル、横二・八センチメートル）の点検印があり、東禅寺版への開元寺版の補入が中国で行われたことを示している。なお、帖の首尾・紙背には「東寺」の複廓長方の黒印（縦五センチメートル、横二・三センチメートル）がある。

そしてこの宋版一切経が再版されたことを示す最下限の年代が淳祐三年（一二四三）であることは、この宋版一切経がおそらく建長年間（一二四九〜五五）には我が国に将来されていた可能性を示している。東寺への寄進者である宣陽門院覲子内親王の生年は一一八一〜一二五二年であるからその生存中に中国からこの一切経を将来・施入することは充分可能であって、『東宝記』の記事に誤りはない。

なお、開元寺版の捨銭刊記中に当時入宋中であった日本僧の刊記があり、宮内庁所蔵の宋版一切経中に付刻されている慶政上人《けいせいしょうにん》の捨銭刊記とともに当時の日宋交流の貴重な史料となっていることは別稿で報告したとおりである（後掲「宋版一切経にみえる日本僧の刊記」）。

また、ここで東禅寺版一切経のなかで写刻本として有名な蘇東坡《そとうば》の『楞伽経《りょうがきょう》』（四巻）について簡単にふれておきたい。この『楞伽経』は一切経中の一四七箱「身」字函（東寺の宋版一切経は七四箱「身髪」函）に納められていて、北宋の名筆として名高い蘇軾《そしょく》（東坡）が書写した『楞伽経』を一行一三字の大字で忠実に模刻したいわゆる「写刻本《しゃこくぼん》」である。蘇東坡がこの経を書写した由来は巻第四の帖末に刻記された元豊八年（一〇八五）九月九日の蘇東坡跋およびそれに続いて刻記された元祐三年（一〇八八）二月の東禅寺住持沖真の刊行記に明らかで、それによれば達磨大師が授けたこの『楞伽経』の功徳を尊んだ蘇東坡が金山長老仏印大師了元の依頼を受けて書写し、了元はそれを銭塘《せんとう》の善工に命じて板に刻し、金山の常住とした。そののちその写刻本が福州に流布したので、沖真らが東禅寺版の一切経のなかに納めて板行したことを述べている。

東寺の宋版一切経に納めた『楞伽経』はほかの一切経と同じく南宋中期の再版本であるが、帖中の捨銭刊記に「鄭俊薦考妣、捨彫換経板壱拾片」の記、および「安撫使賈侍郎捨」などの記がみえている。このうち安撫使賈侍郎の名は東禅寺版の捨銭刊記にしばしばみえる人名で、淳熙一六年（一一八九）など淳熙年間の重版記とともに刻記されているから、おそらくその頃の人と思われる。本文が筆写体で書かれた写刻本は東禅寺版中に散見するので、蘇東坡に必ずしも限るわけではないが、その存在は我が国の春日版・高野版にも影響を与えたものとして注目される。

宋版大般若経について

宋版一切経の調査を終えた私達は引き続いて宋版大般若経の調査に取りかかった。この宋版大般若経は宋版一切経と同じ経蔵に納められていて、宋版一切経の調査が予定より早く終わったので、ついでに調査をしてしまおうということで始められた。

この宋版大般若経は一切経と同じく面取溜塗りの被せ蓋の経箱に二〇帖ずつ納められていたが、その箱の大きさは一切経の経箱より一廻り小さく、その底に

御寄進、九条前関白殿、大般若経箱三十合之内、元和三丁巳九月吉日

と、江戸時代初めの元和三年（一六一七）九月に前関白九条忠栄が寄進したことを記している。各箱は一切経と同じく千字文の記号があり、一箱に二字分、経巻二〇巻を納めていて、千字文は「天地」から「李柰」に至っている。

経巻は一切経と同じく折本装で、各帖は厚手の濃紺色の帙表紙を付していて、本文は一行一七字、一紙（板木一枚）三〇行、半折六行に装幀されている。一〇帖ごとに一帖の釈音を添えていることも一切経と同じである。

版の種類は北宋から南宋にかけて開版された開元寺版で、一部に東禅寺版（巻第五五一から第五六〇、巻第五八一から第六〇〇の併せて二〇帖および各釈音）と日本の南北朝時代の補写経（巻第四七一、第五七八の二帖）を含んでいる。なお、欠帖は巻第三一から第四〇の一〇帖と巻第三九〇の一帖および釈音七帖であった。

開元寺版の刊記は各帖の首にあって、この大般若経が福州開元禅寺で住持伝法賜紫沙門本明のときに大蔵経（一切経）五百函の内として刊行されたこと、刊行の年紀は北宋末の政和年間で、政和壬辰二年（一一一二）、政和乙未（五年）、政和丙申（六年）、政和丁酉（七年）に勧縁沙門本悟・同行崇・同円律の勧進によって開版されたことをそれぞれの題記として明らかにしている。この題記は後述する醍醐寺所蔵の宋版一切経中にある開元寺版大般若経の題記と同一で、この大般若経がもとは開元寺版一切経の一部として開版されたことを示している。ただし、この開元寺版が印刷された時代は印刷された文字の磨損状態および料紙からみて明らかに南宋時代中期の再印本と認められた。本文中の行間、板木の版心の個所には傷んだ板木を新調したことを示す捨銭刊記があって、たとえば巻第二六一の帖末には福州閩県高蓋北郷加崇里の人が慈母関氏六娘のために開元禅寺に銭参拾貫文を寄進して大蔵経成字函の板木壱函を雕造し、併せて先考（亡父）三十三郎の追善を願った捨銭刊記があり、巻第五八八の帖末には寧徳県布泉院住持であった賜紫沙門円剰が紫羅袈裟一条を寄捨してこの巻第五八八を開板するために結縁したことを伝えた結縁刊記、さらには巻第五九二・第五九五の帖末にはそれぞれ女性の施財刊記などがあった。しかし、その再版の年紀を明らかにする刊記はなく、前述した一切経のように印刷年代を明らかにすることはできなかった。

しかし、東寺宋版一切経内の開元寺版大般若経巻第五六六の料紙折目にある「淳祐癸卯、局司重刊」[三]という南宋淳祐三年（一二四三）に開元経局が再版したことを示す刊記がこの大般若経にないことは、この大般若経が淳祐三年以前に印刷・刊行されていたことを示すものと思われる（なお、巻第五六四の帖首にある日本国比丘浄刹の捨銭刊記もない）。

なお、各帖の料紙の紙背には「開元経所」「分寧兜率大蔵」の朱方印がある。

大般若経中にある東禅寺版は、帖首に東禅寺版であることを示す題記はないが、巻第五五二・第五五四・第五五五などの帖末に勧首住持伝法慧空大師沖真らの刊行勘経記があって、東禅寺版であることを明らかにしている。この東禅寺版にも再版の時期を示す刊記はない。しかし、その料紙、本文の状況は、これまた前の宋版一切経中の東禅寺版大般若経と一致しているから、南宋のほぼ同時期の印刷本と認められる。

ただし、この宋版大般若経が当初宋版一切経の内の一部として印刷されたのか、あるいは一切経の板木のなかから大般若経だけを抜き出して単独の大般若経として印刷したのかについては不明である。また日本への渡来の時期についても、南北朝時代の補写経があるということは鎌倉時代の輸入であったことを推察させるが、具体的には不明で、直接東寺に施入されたのか、あるいは他処にあったものが転入したのかも明らかでない。

この大般若経の調査は一一月二五日から二七日の三日間で終了したが、短期間で終えたのは各帖中に一切経のように各種の刊記がほとんどなかったためである。その点調査は楽であったが、宋版東禅寺版、開元寺版が持つ多様性を教えてくれた大般若経であった。

こうして東寺の宋版一切経および宋版大般若経の調査は無事終了し、重要文化財に指定された。現在の東寺の宝物館はいわばこの大部な宋版本の指定によって大規模収蔵庫として建設することができたといえる。

この調査はきわめて寒い時期に行われた。お寺は春秋の気候がよいときは行事が多くて忙しいから、文化財調査は夏の暑いときか冬の寒いときに行うものだ、というのが田山さんの口癖であったが、一一月末の京都は結構寒かった。私ども若い者は東寺北大門の北、宝菩提院の東向い（現在の宝菩提院の一隅）にあった大師講の詰め所に宿泊した。この建物は土間を中心に奥に八帖くらいの畳の部屋があり、夜はそこに泊まった。隙間風が吹き抜ける古い建物で、当時はいまだ石油ストーブもなく、財津永次氏と二人で火鉢を抱えて震えていたことを憶えている（堀池・新藤・田中の各氏は奈良から通っていた）。

この調査には書跡・絵画の文化財修理を担当していた宇佐美・藤岡の両修理所の若手技術者が手伝いとして参加した。いずれこの宋版一切経が国指定文化財になれば当然修理事業が行われ、修理所の装潢師が仕事をする。そのときにこの宋版一切経が東寺のどこにどのような状態であったか調査の手伝いを通して知っておけば役立つというのが田山主査の考えであった。新参者であった私はこれらの若手技術者から表具修理のことについて何かと勉強をしたことを覚えている。

三　宋版一切経にみえる日本僧の刊記

我が国には中国宋代に開版された宋版一切経が比較的多く伝存していて、これらは仏教経典の良好なテキストとして尊重され、また東洋印刷文化史上の貴重な遺品としても注目されている。今日でいう学術上重要な文化財としての認識がつとに明治時代に遡るものであったことは、たとえば東京・増上寺にある宋・元・高麗版の各一切経が古社寺保存法制定後まもない一八九九年（明治三二）八月に当時の国宝に指定されていることによっても証される。しかし本格的な学術調査が行われるようになったのは小野玄妙博士が活躍された大正・昭和の時代に入ってからで、戦後の調査の概要については、かつて古辞書叢刊月報「消息」第四号（一九七七年、古辞書叢刊刊行会編）に田山方南氏がその憶い出を書かれている。

私も一九六〇年に文化財保護委員会美術工芸課書跡調査係の一員に加えられて、当時調査主任であった田山氏からこの宋版一切経の調査の在り方を懇切に教えられた。爾後、田山氏の主催されたたびたびの一切経調査の随員に加えられ、処々の宋版を拝見しているうちに、専門家ではないが、一通りの知識が得られるようになった。調書の取り方といっても格別難しいことがあるわけではなく、その版が宋版のなかのどの種類に属するか、つまり北宋勅版（蜀版ともいい、我が国では二帖しか発見されていない）、福州東禅等覚院版（東禅寺版ともいう）、福州開元寺版、湖州思渓版《こしゅうしけいばん》、磧砂延聖院版《せきしゃえんせいいんばん》のいずれかであることが判明すれば原則として版式が決定するから、あとは各帖別に刊記、刻工名、あるいは印刷・製本者を示す印造印（ときには紙背に「東禅大蔵」「開元経司」などの朱印もある)、そのほか伝領記《でんりょうき》などを記録するのが主な仕事となる。もっとも一口に刊記《かんき》といっても開版の趣旨を伝えた題記、再刊を示す重(再)刊記、版下の筆者名を記した版下筆者記、開版あるいは再版事業に結縁して板木の雕造費用を寄進した旨を伝える施財(捨銭)刊記などがあるが、これらのうち最も興味深いのは施財刊記である。

この施財刊記は東禅寺版、開元寺版の重刊本、あるいは磧砂版の一部に多くみられるが、各帖の首尾、あるいは本文行間、ことに折目に当たる部分にやや細字で付刻されているのが通例で、その内容は願文が多い。これは東禅寺版などの再刊事業が勧進によって行われたためで、願主としてみえる人々は開版事業の行われた地域周辺の中・下級官人、富豪、僧尼、庶人などさまざまな階層を示し、寄進の内容も経典一種をそろえて開版する人、一帖分の人、板木一枚のみの人などがあり、寄捨の財物も銭が一般的ではあるが、ときには米を寄進している人もある。

その一、二の例を京都の東寺(教王護国寺)所蔵になる宋版一切経(東禅寺版五五〇六帖、開元寺版五五六帖の混合蔵で、一部に春日版と補写本を交える)のなかから拾ってみると、その施財の願趣は自身もしくは親族に関するものが多いのが[六]特徴である。たとえば、

淳熙己亥孫璟為室陳氏七娘捨銭雕此板　(『大般若経』巻第二七八)

淳熙己亥鄭仲明為考十四郎捨彫此板　(同巻第五四六)

広州住林真為亡室黎氏二十二娘生界捨　(同巻第四九九)

などはそれぞれ願主の亡父、亡妻の冥福、追善を祈って板木雕造の寄進を行ったもので、このほか「為自身

意外に多く、
保安、願延福寿」「為自身并家眷」のように自身および一家の平安を願ったものが多い。また女性の願主が

興化軍女湯舎陳卅六娘為亡夫開此板　（同巻第四四〇）

のように未亡人のもの、

沙県蔣六五娘同媳婦李小一娘捨祈保平安　（『瑜伽師地論』巻第四二）

と姑と嫁が合力して寄進したものもある。

このように捨銭刊記の願趣は亡者追善、現世安穏にほぼ大別されるなかで、ただ一つ破格な願文がある。それは男子誕生を願った捨銭刊記で、

承直郎周千秋同室葉氏百七娘祈求男嗣捨

とみえている。家の後嗣たる男子の誕生を願うのはいつの世にも絶えることはないが、その希望を板木にまで刻んで祈るというのはほかに類例がない。それも一つの経ではなく、『大宝積経』巻第一三、一八、八六ほか、および『華厳経』（八〇巻華厳）巻第三六、四三ほかと何枚かの板木に記しているのはその願望の強さを現わしている。宋版一切経が一時に何部ぐらい印刷されたのか確かめようもないが、大宝積経、華厳経はともに利用度の高い経典であるから、この刊記はいわば男子誕生祈願を天下に公表したようなものである。

このほか東寺の宋版一切経の施財刊記には弥陀会結縁に関するもの、度牒銭、看経銭の在り方など浄土信仰、寺院経済に関するものが多いが、とくに注目されるのは日本僧の施財刊記があることである。この刊記は大般若経、大宝積経、大般涅槃経の三経にあって、いずれも開元寺版である。記事は大別して四種類あり、

①日本国比丘浄刹捨　（『大般若経』巻第五六四）
②日本国北京西山法華寺比丘政元捨　（『大宝積経』巻第四五、五〇）
③日本国北京西山法華寺比丘乗蓮捨　（『大般涅槃経』巻第一、九）
④日本国下州千葉寺比丘了行　（『大般涅槃経』巻第八、三一、三二、三三、三五、三七）

で、京都西山の法華寺僧政元《せいげん》、乗蓮《じょうれん》と下総の千葉寺僧了行《りょうこう》、および住寺未詳の僧浄刹《じょうさつ》の四名に関するものである。いずれも施財の年紀を明らかにしないが、この東寺の宋版一切経は東禅寺版、開元寺版ともに重刊本で、再刊の年代を示す重刊記は嘉熙年間（一二三七～四一）の年紀が最末で、南宋時代後期の印刷本と考えられている（なお、東禅・開元寺両版の混合は既に中国で行われたものであろう）。また日本僧の刊記のある版経についてみても、『大般若経』は題記は北宋政和年間（一一一一～一一八）を中心としているが、巻第五六六に「淳祐癸卯局司重刊」(二)の重刊記があるから、一二四三年、鎌倉時代寛元元年ごろの再版本と認められる。『大宝積経』も題記は政和年間であるが、これまた巻第四四に「嘉熙己亥」(三)の施財刊記があり、この経の板木が一二三九年（延応元年）ごろの重雕になることを伝えている。したがって、前記日本僧の刊記は一二四〇年前後のときに刻記されたものと思われ、鎌倉時代の中ごろに入宋した留学僧が、開元寺版板木の再雕事業に結縁したことを物語っている。

宋版一切経のなかに日本僧の施財刊記のある例としては、これまで宮内庁書陵部所蔵の東禅寺版（もと京都西山法華寺にあり、のち男山の石清水八幡宮の蔵経となった）があり、経中に鎌倉時代の浄土僧として名高い松尾の慶政上人《けいせいしょうにん》の刊記があって有名である。これは上人が建保年間（一二一三～一二一九）に入宋し、この一切経を求得するにさいして不足の板木を雕造させたときの施財刊記と考えられている（『図書寮典籍解題（漢籍編）』一九六〇年三月、宮内庁書陵部刊）。この東寺蔵宋版一切経にみえる日本僧については、その人を明らかにできないが、当時洛西の法華寺から何人かの僧が慶政上人と前後して入宋したのであろう。また東国下総の千葉寺の僧もこれらの人々と志を同じくして中国に渡り、求法の旅を重ねるとともに、宋版一切経を日本に将来するためにも努力したと思われる。

なお、千葉寺は千葉郡千葉郷にあった寺院で、行基開基と伝えられるが、『千葉市史』原始古代中世編（一九七四年刊）によれば、出土遺物によって奈良時代末ないし平安時代初頭の創立と考えられており、中世における在り方は史料の不足もあって未詳らしい。ただ同市史はこの千葉寺の称を伝える確実な史料は元徳三年（一三三一）仲秋二三日の年紀のある「金剛山東禅寺鐘銘並序」の文中の記事が最古であるとしているが、とすればこの開元寺一切経中にみえる千葉寺の名称が目下のところ最も遡った史料となるかもしれない。

四　醍醐寺宋版一切経の調査

前項に述べた東寺の宋版一切経と宋版大般若経の調査が終わったのち、田山方南主査は引き続いて醍醐寺の宋版一切経の調査を計画された。醍醐寺では田山主査の恩師黒板勝美博士が大正年間から経蔵調査を実施されていて、田山主査も東京帝国大学在学中にその調査に参加しており、戦前の国宝調査室時代から文化財の指定調査を通じて関係の深い寺院であった。また当時の醍醐寺座主で三宝院門跡であった岡田戒玉師が田山主査と黒板博士時代からの知り合いであったことも縁を深めていたと思われる。

調査は一九六二年正月末から一週間、翌六三年八月二〇日から一週間の合わせて二回、醍醐寺の三宝院に泊まり込んで行われた。調査員は東寺の調査と同じく田山主査の下、是沢恭三・近藤喜博・財津永次の各氏と山本で、東大寺の堀池春峰・新藤晋海の両師、奈良国立文化財研究所の田中稔氏が恒例のメンバーとして加わり、計八人であった。

調査場所は三宝院の黒書院の大広間で行われた。冷暖房の施設はもちろんなく、冬は広間の中央に置かれた大火鉢の炭火と、掛けられた鉄瓶の湯気が唯一の暖房で、さすがの田山主査も調書の余白に寒気の厳しさを嘆いていた。私も骨筆を持つ指先が冷たくて、筆記に苦労をした。しかし、夏は広間を風が吹き抜けて涼しかった。

宋版一切経は三宝院から少し離れた宝物殿の庫にあって、三宝院まで運ぶのはなかなかの大仕事であった。

当時の醍醐寺は人数も少なく、宝物掛りであった斎藤明道師が、三宝院で修行中の若い僧を駆使して運ばせていた。三宝院の廊下に運び込まれた経箱はいずれも永年の埃が積もっていて、その掃除も大変であったが、明道師は自らも雑巾《ぞうきん》で拭き、修行僧にも手伝わせて、順次調査員の所に配給した。一箱の調査が終わってほっとしていると、明道師がすかさず机の脇に経箱を置いた。その気合いに押されて、調査員も経箱の調査の数を競い、広間の長押《なげし》に調査進行表を張り出して済ませた経箱の数を報告するようになった。ノルマではないが平均して一人一日一〇箱前後を調査した。醍醐寺の一切経は東寺と違い、千字文一字一函で、原則一一帖（経典一〇帖、釈音一帖）が入っているから、経典数にして一人が一日に百帖前後を調査したことになり、実質二週間で調査を完了した。

醍醐寺の宋版一切経のことは、桃山時代の三宝院門跡義演准后《ぎえんじゅごう》が慶長・元和年間に編纂した醍醐寺の寺誌『醍醐寺新要録《しんようろく》』に記載がある。その巻第五の「上諸院部」に収める「経蔵篇」の記事がそれで、同篇の「新経蔵段」項は「春(俊)乗房聖人施入事」に「座主次第云」として、

建久六年十一月七日、春(俊)乗房聖人被レ施二入唐本一切経於当寺一

と、この宋版一切経が建久六年（一一九五）一一月に俊乗房重源《しゅんじょうぼうちょうげん》が寄進したものであることを記している（『醍醐寺座主次第』第二三代実継の項にも同様の記事がある）。俊乗房重源はいうまでもなく東大寺大仏の再建に尽力した大勧進重源上人のことである。この重源寄進の一切経のことは鎌倉時代に有名なことであったと思われ、寄進から二四年後の建保六年（一二一八）三月に高倉天皇の妃で後鳥羽天皇の母后であった七条院藤原殖子《しょくし》はこの唐本《とうほん》一切経蔵を御祈願所とした。そのことを定めた建保六年三月七条院庁の庁宣は、この宋版

一切経について、

（前略）爰造東大寺上人大和尚重源、聊依㆓宿願㆒、従㆓大唐㆒、凌㆓蒼海万里之波浪㆒、渡㆓七千余軸之経論㆒、即建久之比、於㆓清滝社㆒、以㆓専寺座主㆒為㆓唱導㆒、啒㆓百口碩徳㆒、挙㆓題名㆒、兼卜㆓当山之勝地㆒、起㆓立一宇之経蔵㆒、併彼経論悉以安置、（後略）

と述べて、この宋版一切経は重源上人が唐から万里の波浪を凌いで我が国に将来したこと、建久のころに醍醐寺の鎮守神である清滝社《きよたきしゃ》で座主の主導の下に百口の僧をもって供養の法会を挙行したこと、醍醐寺境内の勝地を卜定《ぼくてい》して経蔵を建立し、宋版一切経を収納したことを伝えている。七条女院はこうしてこの経蔵を御祈願所として、毎年一切経会を行うことを定めているが、これは釈迦の教えを網羅した宋版一切経を仏と同じに尊んで、霊験・功徳がある信仰対象としたことを示している。

重源上人が醍醐寺に宋版一切経を寄進し、経蔵を建立したことは、重源自身も誇りとすることであったらしい。自らの生涯の事業を記した『南無阿弥陀仏作善集《なむあみだぶつさぜんしゅう》』にも「上醍醐経蔵一宇、奉納唐本一切経一部」としてその事跡を記載している。したがってこの宋版一切経と重源上人との関係は歴史上の事実であるが、そのことを証する直接史料がこの宋版一切経のなかに残されているか、全体調査を通じて確認をしてみたいという考えも田山主査にはあったと思われる（ただし、重源上人が建立した経蔵は惜しいことに一九三九年八月二九日に山火事のため、山上事務所・客殿・清滝社・本殿・准殿堂らとともに焼失した）。

調査の結果判明した醍醐寺の宋版一切経の概要はつぎのとおりであった。経巻を納めた経箱は赤漆塗印籠《あかうるしぬりいんろう》蓋造《ぶたづく》りで、宋代製作の当初の経箱と認められた。箱の蓋はその表面が四方隅黒漆面取りで、法量は縦三四・

六センチメートル、横は一七・二センチメートル、経箱の高さは二〇・八センチメートルで、番号は一箱が千字文一字、原則として経巻一〇帖と釈音一帖を納めている。

経巻は東寺の宋版一切経と同じく各巻折本装《おりほんそう》で、紺地帙表紙《ちつひょうし》（一部に薄茶地表紙を交えている）、表紙の右肩に金字で経巻名を外題《げだい》している。折本の法量は縦二九・六センチメートル、横一一・七センチメートルである。本文料紙は厚手黄染《きぞめ》の竹紙で、各一紙の縦は二九・八センチメートル、横は六七・三センチメートル、天地に横罫が高さ二五・〇センチメートルに施されている。一帖の紙数は経典によって異なるが、平均一二ないし一五紙であった。印刷された本文は一紙三〇行、一行一七字で、半折六行に折られている。本文の刻字の書体は東禅寺版が顔真卿《がんしんけい》風の肉太の書風、開元寺版が欧陽詢《おうようじゅん》様の筆線が鋭い剛直な書体を示している。

全体の総数は経箱六〇六合（ただし、千字文の函号は第五八〇函、「虢」字函までで、第五八一函以降は雑箱何番となっていて、千字文函から食み出したはぐれ経および破損経を納めている）、経巻は一函一帖の釈音《しゃくおん》を含めて六〇九六帖で、構成は『大般若経』（六〇函、六五五帖）は開元寺版、ほかの一切経は東禅寺版であった。我が国に伝来した宋版一切経の多くは東禅寺版と開元寺版の混合蔵であって、そのほとんどは両版が不規則に混在しているのに対し、この醍醐寺本は『大般若経』とそのほか一切経と整然と区別しているのが特徴である。

この両版のうち、まず開元寺版である『大般若経』についてみると、開版の年代を示す巻首の題記は、北宋の政和二年（一一一二）、同五年（一一一五）、同六年、同七年、重和元年（一一一八）の六ヶ年間である。この年記を東寺の宋版一切経中にある開元寺版大般若経（以下、東寺一切経本という）および独行の開元寺版大般若経（以下、東寺独行本という）の題記と比較するとそれぞれ一致して版は同一であることが確認される。ただし、この三種の大般若経の帖中に刻記された捨銭・再版刊記を検討するとそれぞれに多くの相違がある。その最も大きな違いは東寺宋版一切経本の巻第五六六の帖中の料紙の版心《はんしん》にある「淳祐癸卯（三）、局司重刊」の再版刊記が醍醐寺本と東寺独行本にないことであった。このことは醍醐寺本が東寺一切経本より古く、南宋淳祐三年（一二四三）以前の印行であることを示している。つぎに醍醐寺本と東寺独行本を比校すると、それぞれの料紙に刻された刻工名は、たとえば巻第二は王立刀、第三は葉栄、第四は賜刀、第五は亨とあって、巻第六〇〇までほぼ一致し、両本の板木の多くが同一の刻工によって彫られた同一の板木であったことを示している。

　しかし、この両本を各帖にある捨銭刊記で比べてみるとこれはまったく異なっていた。すなわち、東寺独行本は巻第五五四の帖末版心に、

「張卅六娘、張廿五娘、周王娘、陳六娘」云々

の捨銭刊記があり、巻第五九二の帖末に、

「林卅一娘、陳養□（欠）廿九娘、盧廿一娘、鄭十娘」云々

の捨銭刊記、巻第五九五の帖末に、

「周二十九娘、夏応李四十六娘、李四十九娘」

の捨銭刊記がそれぞれあるが、醍醐寺本にこの捨銭刊記はない。

　逆に醍醐寺本の巻第一および巻第九の料紙の行間に刻記された、

「連江県信女上官四十五娘式符願心」

の捨銭刊記が東寺独行本にはない。また醍醐寺本は全帖にわたって帖末に「陳全造」「劉徳造」など印刷・製本を行った印造印《いんぞういん》が捺されているが、東寺独行本にはこの印造印がないなどの相違がある（なお、東寺一切経本には「陳忠印造」「桑福造」などの印造印があるが醍醐寺本とは別印である）。

これらの相違は、醍醐寺本と東寺独行本は南宋の淳祐三年（一二四二）以前に開元寺版の同一の板木で印刷されているが、部分的に補刻・補充された板木は別で、印刷の時代には差異があったことを示している。ただし、醍醐寺本の印刷年代および我が国への将来年代を明らかにする手がかりは見い出せなかった。

他方、『大般若経』以外の一切経を構成する東禅寺版は、当初の刊行を示す題記の年代は北宋の元豊二年（一〇七九）からはじまって、元祐（一〇八六～九三）・紹聖（一〇九四～九七）・元符（一〇九八～一一〇〇）・建中靖国（一一〇一）・崇寧（一一〇二～〇六）・大観（一一〇七～一〇）・政和（一一一一～一七）、および南宋の建炎（一一二七～三〇）・紹興（一一三一～六二）の各年代におよび、最下限は第五七〇「楚」字函にある『楞厳経義《りょうごんきょうぎ》海《かい》』巻第二九の乾道九年（一一七三）三月の幹縁比丘《かんえんびく》咸輝《かんき》の題記であった。この『楞厳経義海』（三〇巻・南宋咸輝編）はその巻第一帖首にある乾道八年一一月咸輝題記によれば、この経典が東禅寺蔵一切経に編入されたのは乾道八年（一一七二）で、編者咸輝が自ら費用を勧進して東禅寺印経蔵院に施入したことを伝えている。通例、東禅寺版の出版事業の下限は『中観釈論《ちゅうかんしゃくろん》』など宋朝新訳経典二八函の刊行が行われた政和二年（一一一二）をその完成時期としているが（『大蔵経』成立と変遷』一九六四年・大蔵会編）、実際はそれ以後も刊行事業を続けていたことがわかり、この醍醐寺の東禅寺一切経は東禅寺版の出版活動を直接伝えた基本史料といえる。

この東禅寺版一切経は、全蔵完成後、南宋の紹興二八年（一一五八）に板木全体の修理を行った。そのことは『増壱阿含経《ぞういつあごんきょう》』巻第三一（「如」字函）（紹聖二年七月題記）の巻末に刻された紹興二八年五月の勧縁住持《かんえんじゅうじ》慧明《えみょう》の題記に、

福州東禅寺大蔵経板、年代寖遠、字画漫滅、不レ堪二印造一、特施二俸資一、命レ工損者重修、朽者新刻、円満一蔵、計五百六十余函、庶伝二永久一

と、完成した大蔵経（一切経）の板木が年代を経て、文字の字画が磨損して印刷に堪えられないので、雕工に命じて損傷している板木は修理し、朽損した板木は新しく雕造させたと述べていることで明らかである（ただし、この題記は東寺一切経にはない）。

しかし、そののちも東禅寺経局は必要に応じて傷んだ板木の一枚あるいは数枚を寄進を仰いで修理・新調していた。そのことは各帖の料紙の版心に記された捨銭・施財刊記によって判明する。醍醐寺本にみえる刊記のなかから数例を示すと、

『大智度論』巻第九一（「空」字函）「淳熙己（一六）酉歳重雕二此板一」
『新譯（八〇巻）華厳経』巻第三一（「愛」字函）「淳熙己酉重刊」
『同』　三六（「愛」字函）「淳熙己（六）亥、孫璟為二宝陳氏七娘一捨銭彫二此板一」
『摩訶僧祇律』巻第一四（「登」字函）「旹紹熙二年歳次辛亥癸巳月結夏日刊」

などとあり、このうち最も時代が降る刊記は紹熙二年（一一九一、日本の建久二年）であった。

なお、経典一帖の板木のうち一枚の板木が傷んだ場合、その板木だけを新しく彫り直すことはしばしば行

われている。そのことを証明する例として、東寺の宋版一切経中の東禅寺版第一二〇「是競」字函中の『広百論釈論《こうひやくろんしやくろん》』巻第四と巻第一〇がある。この経は帖首の題記によれば北宋の紹聖元年（一〇九四）六月に刊行された版で、巻第四の一五枚の板木は程其《ていき》という刻工が彫り、巻第一〇の板木は葉平という刻工が彫ったことが刻記された刻工名によって判明している（なお、この『広百論釈論』は醍醐寺本の第二四〇「競」字函にあって、その刻工名は東寺本と同じく第四は程其、第一〇は葉平である）。しかし、巻第四のうちの一枚の版心には「東禅経司、癸巳七月重刊」の刊記、巻第一〇の一枚には「紹定癸巳八月重刊」の刊記があり、その板木の刻工名はともに「林景」と刻されていて、その板木一枚が南宋の紹定六年（一二三三）に東禅経司によって新彫されて重刊されたことを示している（なお、醍醐寺本にはこの重刊刊記がなく、醍醐寺本一切経が紹定六年以前の印刷であることを明らかにしている）。

こうした重雕刊記の存在は醍醐寺の宋版一切経が紹熙二年以降に印行されたことを示しているが、この年代は重源施入の寺伝とどう関係するのであろうか。建久六年（一一九五）一一月に重源上人が醍醐寺に施入したという寺伝とは約六年の差があり、その間に日本に将来されたことになる。そのさい、日本からの注文によって新しく印刷されたのか、あるいはどこかの中国寺院に納入されたものが日本側の要望によって売り渡されたのか、その辺りの事情は未詳である。

なお、この東禅寺版一切経は料紙の紙背に「東禅染経帋」の朱長方印（縦六・六センチメートル、横二・五センチメートル）をまま捺しているから（たとえば『断際禅師伝心法要《だんさいぜんじでんしんほうよう》』ほか）、黄染めの厚手竹紙の料紙は東禅寺版専用の料紙として漉き出されていたことが判明する。一切経中にみる印記は、東禅寺版には帖首に「東禅」

朱方印、紙背に「東禅大蔵」朱長方印が捺され、一部の経巻には「能仁禅寺大蔵」の黒長方印がある（なお、印の捺方は「東禅」が先で、後から「能仁禅寺大蔵」印を捺している）。開元寺版には「開元経司」の朱長方印が捺されている。また一切経の全帖の帖首には「醍醐寺」の黒印（ままなかには墨書もある）がある。

帖末に捺された印造印は一切経の印刷・製本を行ったいわゆる本屋を示す長方黒印で、大別して墨廓《ぼくかく》内に名前を記したもの、無廓《むかく》のものと二種類がある。印文は東寺本ではたとえば「葛同印造」もしくは「鄭寧造」という形式の二種であった。大きさは一定せず、縦三・二から四・〇センチメートル、横は一・〇から一・五センチメートルである。醍醐寺本では開元寺版（大般若経）は「葛儀印造」「楊琛造」の二形式であるのに対し、東禅寺版は「福州東禅経　生林傑印造」と東禅経生の名称を使い、二行一〇字の黒長方印を用いている（ただし、一切経の末五百番代の箱の経典には「葛敏印造」のように通例の印造印も用いている）。この印文の違いが何を意味するのか不明であるが、東禅経生の称は東禅寺版専任の印刷者の存在を示したものと思われる。

なお、日本における修理を示す史料はしばしばあって、最も古いのは第二一五、「表」字函に収める『大智度論』巻第八〇で、表紙裏打紙に永和三年（一三七七）四月一四日の法花経涌出品《ゆしゅつぼん》など『法花経』の各品の読誦を行ったことを示す巻数書上げの断簡があって、南北朝時代に修理が行われたことを伝えている。そのほか第三一五「甘」字函の『十誦律《じゅうじゅりつ》』巻第五五に、安永九年子年（一七八〇）林鐘一八日の追補記がある。

以上が醍醐寺の宋版一切経についての調査結果の概要である。このように書くと何か調査が順調に進んだように思われるが、その全貌を把握するまではなかなか大変であった。ただ、この調査は宿泊場所が調査していた黒書院の大広間の隣の部屋で、一切経と一緒に寝起きしていた。このため夕食後も寝るまでの間、酒を飲まなかった堀池春峰・新藤晋海両師と山本は、自分が調べた箱のほかに、ほかの人が調べた経箱を点検して、昼間はできなかった自分用の勉強ノートを取り、宋版一切経の刊行・再版過程について調書を元に推論を交わした。そのさい前年に行った東寺の宋版一切経で得た知見が大いに役立ったことはいうまでもない。

その検討会の成果の一、二例を憶い出すままに述べてみるとつぎのとおりである。

①捨銭刊記中の「安撫使賈侍郎《あんぶしかじろう》」の年代

東寺・醍醐寺両東禅寺版の捨銭刊記中、最も頻出するのは福州の地方官と思われる「安撫使賈侍郎」であったが、その活動の年代を示す刊記がなく、調書を取りながらいつの人か常に問題となった。しかし、醍醐寺本東禅寺版の第三〇七「登」字函中の『摩訶僧祇律《まかそうぎりつ》』第一四の帖中に紹熙二年（一一九一）の刊記がある同じ料紙に「安撫使賈侍郎捨」の捨銭刊記があることが確認された。この刊記は東寺本東禅寺版の「登仕」函にある『摩訶僧祇律』巻一四にもあることから、この安撫使賈侍郎は紹熙二年ごろの人と推定でき、ほかの東禅寺版の再版年代の判定に大きく役立った。

②欠筆の存在

宋版で皇帝の諱《いみな》の字を欠筆《けつぴつ》・欠画《けつかく》（皇帝の名の字画の一部を欠失して敬意を現すこと）していることはよく知られている。しかし仏典では釈迦の言葉を皇帝より上位にみて、経文中の文字に欠筆がないことは常識であった。今回の調査でもそのことは当然のことと考えられていたが、宋版一切経中に引用されている詔勅・題記など経文以外の俗文には欠筆があることが確認された。たとえば『唐貞元新定目録』の「貞」の字を欠筆し

ているのはその例であるが、第五六九「晋」字函の『首楞厳経義海《しゅりょうごんきょうぎかい》』巻第二〇の乾道四年一一月日咸輝題記の、

「淮南東路通州静海県居住崇敬三宝第子孝男将仕郎」云々

の文中の「敬」字を欠筆していることに気が付いた。題記に欠筆が行われている例として珍しい。また欠筆は捨銭刊記のなかにもあって、たとえば第八〇「皇」字函の『大宝積経』巻第七三の、

「崇賢里陳登、為二妣高十六娘一敬写」

とある「敬」の字を欠筆していて、これまた注目された。

調査の最終日は上醍醐に登り一泊することとなった。いわば調査の打ち上げであるが、同時に焼失した経蔵跡の視察も兼ねていた。事前に上醍醐への道の険しさを吹き込まれていたが、明道師を先達としていざ登ってみると登り口の約一〇分は急坂で一汗をかいたが、あとは比較的ゆるやかな途で、一升瓶を担がされたこともさほど苦にならなかった。夕刻前に到着して諸堂を参拝したが、山上からは河内の生駒山をはじめとして奈良の灯が間近かに眺望できたのは意外であった。

かくして醍醐寺は宋版の東禅寺版の何たるかを教えてくれた貴重な教室であったが、同時に長期にわたる数物の調査は所有者と調査チームとの意思の疎通が大切であることを体験させてくれた場所としても印象が深かった。明道師とはその後、国指定文化財の調査・修理および新収蔵庫の新設計画事業などで何かと御世話になった。修験僧の雰囲気を伝えながら醍醐寺の文化財を大切に守った人として憶い出の深い人であった。

なお、付記すれば、このようにして醍醐寺の宋版一切経の調査は無事終了したが、田山主査は引き続いて一九六四年一月・七月に知恩院の宋版一切経の調査を実施された。この一切経は醍醐寺・東寺と異なって開元寺版四九四〇帖を主体として東禅寺版九七八帖、江戸時代写本五一帖を加えている。本体の開元寺版の各帖には、北宋末の政和二年（一一一二）三月から南宋前期の紹興二一年（一一五一）正月に至る約四〇年間の歴代住持の題記があり、その開版の歴史を伝えている。また帖中には開版に結縁した人々の捨銭・施財刻記が数多くあって、開元寺版研究の基本史料となっている。また、東禅寺版は開元寺版の欠を補ったもので、前述した醍醐寺本とほぼ同版である。帖中に「乙酉」「丙戌」「丁亥」「戊子」などの再雕刻記があるから、おそらく南宋の乾道年間（一一六五〜七三）の頃の再刊本と思われる。この一切経は寺伝では徳川秀忠の寄進と伝えているが、それ以前の伝来の歴史を明らかにしないことが惜しまれる。調査場所は知恩院境内東山々麓にある法然上人ゆかりの静思堂で行ったが、夏は東山々中の藪蚊の大きさに閉口した。調査が終わって黒門を出ると街は祇園祭の宵山で、京都の市内の暑さを改めて実感したことを憶えている。

五　興福寺《こうふくじ》春日《かすが》版《ばん》板木《はんぎ》の調査

日本の印刷文化を代表するのが春日版であることはよく知られている。この春日版は奈良の興福寺が平安時代後期に刊行した仏教経典の印刷本の総称であった。興福寺が出版した版本（印刷本）を興福寺版といわないで春日版と呼んだのは、この版本の多くにその刊行の趣旨を述べた刊記があって、その文章のなかに藤原氏の氏神であり、興福寺の鎮守神と考えられていた春日社《かすがしゃ》の神徳を讃え、その加護を願った願文が記されていたためである。

ただし、興福寺が出版した版本の刊記に春日社の名前が現れるようになるのは鎌倉時代に入ってからで、平安時代の版本にはとくにみえていない。したがって興福寺の出版と春日社との密接な結び付きは鎌倉時代に急速に高まった春日信仰を背景にしたものであった。また、春日版という呼び方も中・近世の文献にみえるわけでなく、おそらく近代になってからの呼び方と思われる。しかし、現在では興福寺が出版した経典を春日版と呼ぶ習慣が定着しているので、ここではそれにしたがっておく。

春日版がいつごろ成立したのか、その辺りの事情は明らかでない。平安時代の貴族日記あるいは各種の供養願文によれば一一世紀前期には『法花経』などの供養経《くようきょう》に版経が用いられていたことが判明している。とくに永延元年（九八七）二月に入宋僧の奝然《ちょうねん》がのちに清涼寺の本尊となる三国伝来の釈迦如来像とともに、北宋版（蜀版）の一切経を将来したことが版経の普及を促進させたものと思われる。ただ、そのころの版経がどのような場所で印刷されていたのか、具体的状況は明らかではない。現存する春日版の最古本は正倉院聖語蔵《しょうごぞう》（この聖語蔵はもとは東大寺の経蔵であった）に伝わる『成唯識論《じょうゆいしきろん》』（一〇巻）で、その巻第一〇の末に寛治二年（一〇八八）正月二六日の模工僧観増の開版刊記がある。模工僧とは聞き馴れない言葉であるが、板木を彫った僧侶の刻工ということであろう。それについで古いのが高野山正智院《しょうちいん》旧蔵の『成唯識論了義燈《じょうゆいしきろんりょうぎとう》』で、その第一帖の帖末に「永久四年八月二十八日」と永久四年（一一一六）の年記の墨書があり、この本がそれ以前に出版・印刷されていたことを示している。

そのほか、平安時代の印刷本としては保延四年（一一三八）の朱筆書入れがある『成唯識論了義燈』（大谷図書館所蔵）、保延七年（一一四一）、保元二年（一一五七）などの奥書がある『成唯識論述記《じょうゆいしきろんじゅつき》』（二〇帖）（法隆寺所蔵）など、あるいは『大乗法苑義林章《だいじょうほうえんぎりんしょう》』（法隆寺所蔵ほか）『法華摂釈《ほっけせっしゃく》』（東大寺所蔵）などがあって、法相《ほっそう》・唯《ゆい》識《しき》の仏典を中心に活発な出版活動が行われていたことが判明している。

しかし、こうした興福寺の出版活動は史上に名高い治承四年（一一八〇）一二月の平家の南都焼打ちによって中絶する。このときに最大の被害を被ったのは興福寺で、その状況は藤原兼実《ふじわらかねざね》の日記『玉葉《ぎょくよう》』治承五年正月六日条に記された興福寺の被害報告「興福寺中・寺外堂舎宝塔・神社・宝蔵等焼失事注進状」に詳しく記されている。その報告書の「寺外」項に「一切経論倉在二経論章疏形木一」とあって、経蔵とともに「形木《かたぎ》」つまり板木が焼失したことを伝えている。

ただし、その板木の復興事業はただちに始められた。後述するように私どもが行った興福寺の春日版板木の調査にさいし、文治五年（一一八九）から建久三年（一一九二）にかけて新調された『成唯識論述記』の板木の存在を確認したが、このことは治承四年（一一八〇）の焼失後、一〇年を経ることなく板木の再興事業が行われたことを示している。

鎌倉時代の春日版の状況およびその板木についてその全貌を明らかにされたのは大屋徳城氏である。同氏はその名著『寧楽《なら》刊経史《かんきょうし》』（一九二三年、内外出版株式会社刊）のなかで現存する春日版の諸本を調査されて、その刊行が法相・唯識の経典のみならず、慈恩大師をはじめ法相列祖の選述、ならびに因明《いんみょう》関係の選述書、護国経典としての『法華経』、『金光明最勝王経』など、そして『大般若経《だいはんにゃきょう》』（六〇〇巻）、さらに雑経論章疏などにおよんでいると述べられた。同氏はさらに春日版について『春日権現験記』『大乗院寺社雑事記』『東院年中行事記』『経覚私要鈔《きょうかくしようしょう》』などの諸記録を博捜され、室町時代における春日版の普及状況についても言及されている。

そして同氏は興福寺に現存する春日版板木の調査も実施された。前掲書の「第五章南北朝、第二十節春日版」の項のなかで、

興福寺に於ける春日版の開版は現存の摸板《もはん》に徴するに、又相当の成績を挙げたるもの丶如し、此れ等の摸板は今北円堂内に堆積せられ塵埃に塗れて、其の紀年の鏤刻なきものは容易に時代を判別すること難く、其の経疏の名称を附刻せざるものは、又その何たるを知ること一朝一夕の業に非ず、明治廿年頃奈良県の調査あり、余輩も大正五年の夏数旬に亙りて、一斑を調査し、本年又同寺佐伯氏の調査ありたり、此れ等の調査に依れば、現存摸板の種類実に左の如し。

と述べられて、『唯識論』『了義燈』『演秘』『枢要』『述記』以下「大品般若等大般若に属するもの」に至る

まで四〇種におよぶ経論疏の題名を掲げられている。

私が春日版板木の存在を知ったのはこの大屋徳城氏の著書のお蔭であるが、その調査を行う必要性を教えられたのは前項で述べた醍醐寺の宋版一切経調査の折のことで、三宝院に泊まり込んで夜に堀池春峰・新藤晋海両師と私と、酒が飲めない者の雑談勉強会のなかでの話を聞いたのが最初であった。その調査と保存の必要を熱心に主張されたのは堀池氏で、板木の形状などについてお話を伺った。

ただ、板木の調査のことはなかなか実現しなかった。その理由は幾つかあったが、その底流には当時の文化財に対する考え方があった。私が属した書跡部門は仕事の具体的内容は典籍・文書・名家筆跡などという守備範囲の広いものであったが、これらは絵画・彫刻・工芸品らとともに一括して行政上で美術工芸品と呼ばれていた。こうした環境のなかで田山主査は古典籍・古文書・古記録などの学術史料を調査対象とし、その保存を図るという努力を重ねてこられたが、その対象には自ずから限度があって、印刷用具については一九六一年に重要文化財に指定した駿河版銅活字が唯一の対象で、板木まではおよばないのが実情であった（板木としては東京・温故学会の「群書類従版木」（一万七二四四枚）が一九五七年二月に国の重要文化財に指定されているが、これは塙保己一の功績を顕彰したものといえよう）。しかし、そののち、時代も変遷し、指定の視点が美術的価値だけでなく、歴史的・学術的・文化的価値におよぶようになり、一九七三年に書跡部門から古文書部門が分離するようになると、春日版板木も歴史資料という観点から取り上げることができるようになった。

調査の具体的検討が行われるようになったのは一九七四年ごろからで、この準備には興福寺貫首多川乗俊僧正および国宝館館長小西正文氏の格別の配慮を得ることができた。調査は文化庁文化財保護部美術工芸課

経巻用板木調査用紙

春日版板木調査用紙

番号

経巻名

仮番号

左右把手　有　無

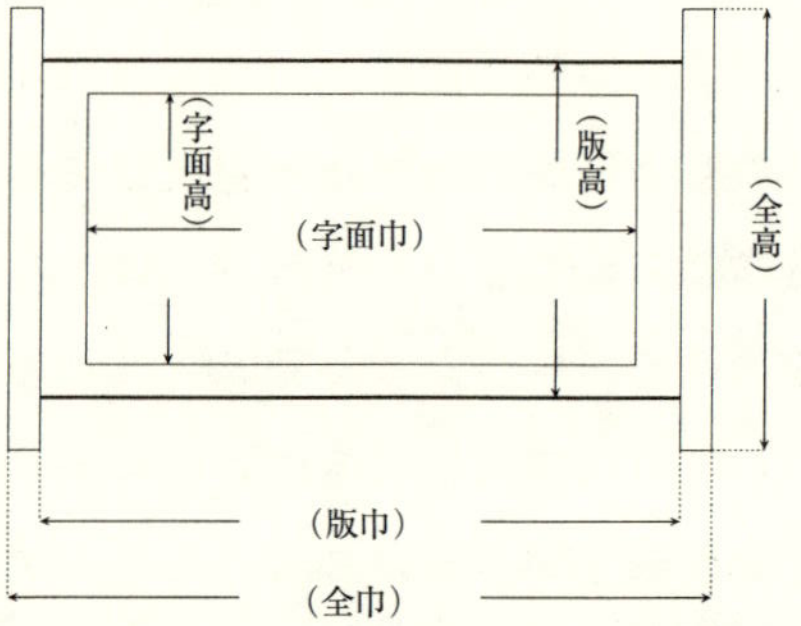

厚さ

（単位 ㎝）

半面行数

一行字数

内題

首題

尾題

版心（表）（裏）

時代

刊記、刻記等

保存状態　良　破損、小・中・大（中・大は要修理を示す）

拓本有無　表　裏

写真有無

その他

調査年月日　年　月　日

調査員

書跡係（山本・大山仁快ほか）と奈良国立文化財研究所歴史研究室の田中稔・加藤優・綾村宏氏との協同調査とし、調査の内容・方法については田中氏と私が協議し、小西氏の了解を得て決定した。

まず、調査の形式については別掲のとおりの専用調書を作成し、調査項目を定めて調査内容を統一し、必要事項の調査漏れが起こらないよう留意した。困ったのは写真撮影である。撮影は奈良国立文化財研究所の八幡義信氏に依頼することにしたが、問題は板木の字面が鎌倉時代以来の印刷墨に覆れていて真黒で、しかも文字面を左右逆に彫っているため、焼き付けでの判定が難しいことであった。このため資料として必要な板木は拓本を取ることとした。板木の字面全体に板木の形に合わせて細長く切った綿紙《めんし》を被せて湿拓《しったく》で取って、裏返すとちょうど文字面が印刷面と同じになって原寸大の拓本ができ上がり、貴重な資料となった。ただ、板木の多くは永年の間に虫損を受けていた。その場合に板木の字面は墨が厚く付いているため、虫は板木の表面をさけて、内側の木部を喰べている場合が多い。いわば菓子の最中の皮と同じで、拓本取りにさいしてタンポを強く叩くと文字が陥没して凹んでしまうことがあって、慎重な取り扱いが必要であった。

板木の材質は桜材で、形状は横長の長方形の平板の両面に経文を左右逆字で陽刻している。ただし、経典の最初と最後の部分、つまり首題と尾題がある板木は片面彫りで、背面を平板のままとして板木の表紙となるようにしている。板木の左右の端には木製の把手《とつて》が打付けられているが、その材質は杉材で高さ・厚みは板木本体より大きく作られている。これは板木を横に立てて重ねて揃えたときに版面がふれて損傷しないように備えたもので、その側面には板木の検索がしやすいよう略名、巻次、板順が陰刻されていた。法量は経典の種類によって多少の差異があるが、板木は平均して縦二八ないし二九センチメートル、横は八〇ないし一〇〇センチメートル、厚さは二センチメートルから三センチメートル前後。経文を刻んだ版面（印刷文字面）は高さがほぼ二二・三センチメートル、左右の幅は六〇ないし八〇センチメートルであった。

板木はいずれも巻子装本用で、法隆寺版あるいは高野版にみるような粘葉装《でっちょうそう》本はない（ただし、平安時代の春日版の注疏類は粘葉装本である）。版式は無廓《むかく》（本文を囲う界線がない）で、本文の行数は一板三〇ないし三五、六行前後で、一行の字数は経典は一七字、論疏類は一八ないし二一字である。中国の宋版と違って略題名・巻次・丁数・刻工名などを記した版心はない。ただし、板木の経名・巻次・丁数などは版面の左右余白あるいは板木の下方側面、および把手側面に陰刻されていて板木の整理・分別の便を計っている（板木に版心がないのは日本の巻子本はまず料紙を継ぎ合わせた巻物に板木を宛てて印刷したためで、宋版のように一枚の板木に一枚の料紙を宛てて印刷し、その印刷料紙を継ぎ合わせることをしなかったために料紙の順序を示す整本用の版心は必要がなかったのである）。なお、それらの刻記のなかには後述するように板木の成立を示す年月日、印刷の奉行・刻工（彫仏師《ほりぶっし》ともいう）などの名が記され、ときには板木を彫る費用を出した願主・施主などの名もみえている。

調査の場所は国宝館の天井裏の空間を利用して行われ、地下の倉にあった板木をそこに運んだ。仕事場としての広さは充分にあったが、構造上この場所には窓がなく、夏は屋根の余熱が籠って汗みずくであった。板木の埃《ほこり》と墨塵のなかの仕事で扇風機を廻すわけにもいかず、一日の仕事が終わると板木の鎌倉・室町時代の墨で顔から手足が真黒になり、宿泊所であった興福寺本坊の五衛門風呂で汚れを落とすのに苦労をした憶い出がある。

調査の結果、判明した板木の現存枚数は二七七八枚（大破した板木を除く）で、判明した経典の種類は四七種であった。その時代別の経典名、現存枚数および板木に刻された主要な刊記と刻記はつぎのとおりである。

鎌倉時代の板木

1成唯識論述記　三四四枚

刻記（巻第二末）「俊尊之施入、彫手義縁」（二枚目）

（巻第三本）「文治五年七月十二日、鏤手範秀」（五枚目）

（同　）「建久三年三月日衆分校也、王寿丸上」（一五枚目）

（巻第六末）「充六末、十五板、𦬇（菩提）院」（一五枚目）

（同　）「充六末、廿二板、𦬇院」（二二枚目）

（巻第八本）「𦬇院、彫手観慶」（九枚目）

（巻第九本）「述記九本一巻、模板□（十六枚）□（御）□（講）本、承士之功所雕進也矣、建久六年乙卯八月廿九日辛巳、僧尭盛」（一六枚目）（□内欠失字は大屋氏『寧楽刊経史』によって補う）

2法華経普門品　一枚

刊記「三千三百三十三巻之楷模、依㆓願主聞阿弥陀仏之誂㆒書㆑之、願一品書写之功、弥為㆓三会値遇之縁㆒、于㆑時承元三年己巳大呂（十二月）廿日矣、沙門瞻空、彫師寛慶」

3摂大乗論釈世親造　六三枚

刊記（巻第一〇）「沙門弘睿忝浴㆓紛水之恩沢㆒、速課㆓形木之彫刻㆒、于㆑時承久（二）庚辰終㆑功矣、願以㆓作模所生福一、令二法久住利有情一、尊□結縁随喜衆、共生二知足終成仏一」

4辨中邊論　一五枚

刊記（巻第三）「沙門弘睿蒙二満寺衆命一、造二中邊論一矣、貞応壬午（元）中夏（五月）上旬、彫刻功畢、

願継二応理宗法命一、久増二春日霊威光一、

遠生二有情類慧解一、皆共必得二龍華益一」

5大乗荘厳経論　四九枚

刊記（巻第一三）「沙門弘睿蒙二満寺衆命一、造二荘厳論摸一矣、貞応癸未（二）中夏（五月）上旬、彫刻功畢、

願継二応理宗法命一、久増二春日霊威光一、

遠生二有情類慧解一、皆共必得二龍華益一」

6法華懺法　一枚

刊記「□（奉）施入　御寺経蔵、法華懺法模、願以二此功徳一、令二仏法久住一、廻二向過去尼成阿弥陀仏并彼勧進結縁十方一切上下諸人一、兼自身恩所、惣法界衆生滅罪生善成仏道、于レ時建長七年乙卯三月三日　忍阿弥陀仏」

7説無垢称経　一一枚

刊記（巻第一）「徳治二年五月廿日、沙門猷玄為二自他一、同証二無上菩提一也」（第五板）

（巻第三）「願以二書写功一、与二法界衆生一、同入二不二門一、共成二無上覚一、執筆小苾蒭範覚、

延慶元年戊申十一月十七日、依レ相二當親父良尊法橋十三廻忌一、景彫当巻模畢、廻向无上大□、孝子

等敬白」（第七板）
（巻第四）「願以二印板一救二衆生一、考妣師資生浄土、□除二障証二空、我及二群生成仏道一、延慶二□（年）乙酉三月九日開之、僧憲有」（第一六板）
（巻第六）「于レ時徳治三年戊申六月二十六日、於二大和州興福寺別院龍華院一書写畢」（第六板）

8仁王般若波羅蜜経　五枚
刻記「仁王経上巻、四枚、元亨三年六月廿二日」（巻上第四板）

9摩訶般若波羅蜜経（大品般若経）　三五枚
刻記（巻第一〇）「大品、一帙、十巻、四枚、厳順、元亨三年九月十五（ママ）」
（巻第一八）「正中二年四月十一日　久信」
（巻第二二）「正中二年五月十七日、増重」（第四板）
（巻第二九）「大品経、三帙、九、八（九）枚、永重、元亨三年六月六日」（第九板）
（巻第三〇）「大品経三十八、正仲（ママ）二年四月十八日」（第八板）

10大方広仏華厳経　五〇枚
刻記（巻第二六）「元亨三年十一月十一日」（第三板）
（巻第三六）「花厳経、四帙、六巻、五枚、元亨四年六月三日」（第五板）
（巻第四七）「元亨三年十二月廿二日」（第七板）

（巻第四八）「元亨三年五月五日、重舜」（第二板）
11大般涅槃経（後分を含む）　二四枚
刻記（後分下）「建武元年十二月十一日、後分下、華」
12大方等大集経（日蔵経・月蔵経を含む）　四九枚
13瑜伽師地論　二三二枚
14瑜伽師地論略纂　一三一枚
15成唯識論　三五枚
16成唯識論掌中枢要　一二枚
刻記（巻上本）「俊尊之施入、彫手宗慶」（第二板）
（巻上本）「俊尊之施入、彫手慶珍」（第一六板）
（巻下）「要下、十板、芾院」（第一〇板）
17成唯識論了義燈　五三枚
18成唯識論演秘　四〇枚
刻記（巻第五）「秘第五之内一枚、尊詮施主」（第一板）（各板木に「尊詮」「尊詮施主」と刻記がある）
19唯識二十論　三枚
20大乗五蘊論　一枚
21摂大乗論釈無性造　四七枚

22顕揚聖教論　八八枚
23大乗阿毘達磨雑集論　七八枚
24無量義経　（47法華経に含む）
25阿弥陀経　一二枚
26解深密経　四枚
27過去千仏経　一一枚
28大乗本生心地観経　九枚
29弥勒成仏経　二枚
30弥勒上生経　三枚
31弥勒下生経　三枚
32観弥勒上生兜率天経賛（上生経疏）　二三枚
33説無垢称経疏　七八枚
34金光明最勝王経疏　九六枚
35仏垂般涅槃略説教誡経　二枚
36菩薩瓔珞本業経　三枚
37梵網経　一〇枚

刊記（巻下）「願以二此模雕刻功一、我及共諸群生類、懺除過現化戒罪、順次同生二安楽国一」

38梵網経古迹記　七枚
39大乗法苑義林章　四九枚
刻記（巻第七）「彫手延秀上」（第三枚）（ほかに「雕手延秀」「延秀」とある）
40大乗法苑義林章補闕　二七枚
41四分僧戒本　二枚
42四分戒本疏　四枚
43法華経玄賛義決　二枚
44法華経玄賛摂釈　二枚
45随求即得陀羅尼　四枚

南北朝・室町時代の板木

46大般若経　四八八枚
刻記、各板木に正中・暦応・康永・貞和・文和・延文・貞治・応安・永和・康暦・永徳・至徳・明徳・応永・永享・宝徳・康正・永正の各年月日がある。
47法華経　三八一枚
48大方広仏華厳経　（鎌倉時代華厳経に含む）
49金光明最勝王経　六五枚

刻記（巻第一）「為㆓寺門御沙汰㆒、供目代宗、奉行浄芸、長禄三年己卯七月廿六日、順盛」（第六板）

江戸時代の板木

50優婆塞戒経受戒品　五枚

木記「日本国和州南都優婆塞戒弟子秋田九兵衛、発心捨㆓銅金三両㆒、刻㆓此優婆塞戒経受戒品一巻㆒、伏願弟子三障消除二厳克備蓮開上品華、仏授一生之記、普与㆓群生㆒同㆓円種智㆒、旹元禄十年丁丑夏六月初三日識」

以上のとおり五〇種（ただし、この種類の数え方は人によって差異がある。たとえばここでは『大方等大集経《だいほうとうだいしゅうきょう》』に『日《にち》蔵経《ぞうきょう》』『月蔵経《げつぞうきょう》』を含めて数えている）の板木の存在が確認された。前述した大屋氏の調査書名と比べると、大屋氏が挙げた『戒壇式《かいだんしき》（実範作）』『聖教序《しょうぎょうじょ》』『遺教経《ゆいきょうぎょう》』『普賢経《ふげんきょう》』の四種が不見で、逆に『瑜伽師地論《ゆかしちろん》』『瑜《ゆ》伽師地論略纂《かしちろんりゃくさん》』『大乗本生心地観経《だいじょうほんしょうしんちかんきょう》』『法華経普門品《ほけきょうふもんぼん》』などの存在が判明した。

これらの板木のうち、「成唯識論述記」については、従前大屋氏は前掲書においてその「巻第九本」にあった建久六年（一一九五）八月の刻記をもって春日版板木の現存最古の板木とされていたが、今回の調査によって文治五年（一一八九）七月の刻記がある板木の存在が確認された。さきに述べたとおり、治承四年（一一八〇）の焼失後、その再興活動が九年足らずで始められていたことを明らかにしたものとして注目される。特定の経典の板木が一種類でなく、鎌倉時代に既に必要に応じて何回も再版されていたことは、現存する同一書の鎌倉時代の版本に異なった刊記を持つ本があることによって確認できる。このことは既に大屋氏が前掲書で述べていて、同氏はその例として『成唯識論』に建仁元・二年（一二〇一・〇二）沙門要弘の開版刊記がある本と、承久辛巳（三年、一二二一）沙門弘睿《こうえい》の開版刊記がある本を指摘されて、春日版に数回の開版がある版本の存在に留意されている。こうした二度にわたる開版はさきに開版した板木が損傷したためということもあるかもしれないが、利益がある経典を改めて雕造・開版することが功徳のある作善と考えて別の願主が重版をいとわず行った場合もあったと思われる。前記調査の15「成唯識論」三五枚の板木がいずれの板木か確認ができなかったが、あるいは二種の板木が入り交じって併存している可能性もあり、現存版本との対照も行う必要があったと思われる。

また、現存する板木の種類が春日版の全体像を伝えているのか、その点も今後、なお検討を要すると思われる。

これらの板木の形態上の特徴は鎌倉時代でも古い板木は形が大きく、厚さがあり、重量があることで、南北朝・室町時代の板木はしだいに厚さが薄く、軽くなった。江戸時代の板木は形も一廻り小さく、材質も桜でなく別種の堅木《かたぎ》であった。本文の字体はすべて筆写体、つまり宋版でいう写刻体である。これは日本では板木を模板、印刷することを摺写《しゅうしゃ》と呼んだことに示されているように、版本は書写本を補うもの、あるいは代わるもの、準じるものという考え方があった。このため用字は筆写体を基本としてしかるべき僧侶が版下書を書いている。春日版の書体は版下の筆者によってその書風に多少の差異がみられるが、おおむねの共通性があって、書体は概して肉太、豊潤で、縦長の字形に書かれているのが特徴で、比叡山の天台版がやや筆線が細く、遍平な字体となっているのと対称となっている。鎌倉時代は我が国に数多くの宋版本が将来され、学問・文化に多大の影響を与えている。印刷文化のうえでも叡尊《えいそん》の西大寺版のように明らかに宋版を規範とした版本もあるが、春日版にはその影響は見受けられない。ただ、現存する板木でみると鎌倉時代末から南北朝時代にかけて雕造された「五部大乗経」、すなわち前掲の表でいえば9から12に至る『摩訶般若波羅蜜《まかはんにゃはらみつ》経《きょう》（大品般若経《たいぼんはんにゃきょう》）』『大方広仏華厳経《だいほうこうぶつけごんきょう》』『大般涅槃経《だいはつねはんぎょう》』『大方等大集経《だいほうとうだいしゅうきょう》（日蔵経・月蔵経を含む）』は明らかに宋版を模したものである。本文は折本の半折六行の姿を取り入れて、その書体は宋版の字体を模した活字体に近く、かつ本文の行間に版心（略経名・巻次など）を刻記している。「五部大乗経」は平安時代から南北朝時代にかけて「一切経の権与」と称されて一切経に準ずる経典として重視されたから、宋版一切経に代わる経典としてことさらに宋版の形式を模した可能性もある。

また『大般若経』は南北朝・室町時代に各地に村落社会が成立するのにともなって、豊作を願い、悪病を防ぎ、害虫を攘う守護経として最も需要が多かった版本で、板木はたびたびの再雕《さいちょう》を経たものと思われ、消耗度は著しかった。なお、板木は文字面に補正あるいは補修の跡を示す埋木補塡が行われている。

こうした春日版板木によって印刷された版経は鎌倉時代に畿内諸国をはじめとする各地域に普及した。そのなかでも『法華経』あるいは『大般若経』など現世安穏・来世往生あるいは五穀豊穣を願う経典は地方の有力寺院で春日版を模して開版・刊行されることもあった。その代表例が広島・御調《みつぎ》八幡宮に伝わった『法《ほ》華経普門品《けきょうふもんぼん》』（二枚）『阿弥陀経』（二枚）『金剛寿命陀羅尼経《こんごうじゅみょうだらにきょう》』（一枚）の板木で、いずれも御調八幡宮がある安《あ》那《な》郡の豪族安那定親が開版した。板木は桜材を用いた横長の平板で、経文は表裏両面に一行一七字で陽刻し

ている。版式など板木の体裁は春日版の板木に相似しているのが特徴で、『法華経普門品』は全文一二三行で、本文末に、

　嘉禎二年丙申九月十八日始、十一月廿二日畢、但為二法界衆生并父母一也、願主安卩(部)氏

と陽刻の刊記があり、『阿弥陀経』は全文一一八行、本文末に、

　嘉禎二年丙申七月十六日始レ之、同歳八月十七日畢、願主安那定親

の刊記、『金剛寿命陀羅尼経』は全文五四行、本文末に、

　嘉禎三年丁酉五月廿一日、願主定親

と刊記があって、それぞれ鎌倉時代中期の嘉禎二・三年（一二三六・三七）に安那定親が開版したことを明らかにしている。『金剛寿命陀羅尼経』は唐の不空三蔵《ふくうさんぞう》訳で、この経を供養すれば災難を除いて寿命を増益し、国土は安泰にして諸の災疫がなく、風雨順調で、諸仏の加護を受けると説かれているから、領主安那氏の領民の安穏と父母の平安を願って開版されたと思われる。中世の興福寺は大和国を中心として諸国に広大な庄園を領有し、その支配を通じて春日社の分祠を行っているが、同時に春日版の普及にも努めていたことが窺われる。

　なお、この『阿弥陀経』の江戸時代末の摺本が東京・大東急記念文庫にある。見返しに屋代弘賢の跋があるから、弘賢が依頼して摺写したものと思われる（同文庫『貴重書解題』（仏書之部）参照）。

　春日版板木の調査はこのようにして一応の終了をみたが、この調査を契機としてそののちに法隆寺版・西大寺版さらには高野版のそれぞれの板木の調査が行われた。これらのうち、興福寺・西大寺版は巻子本の板

木であるが、法隆寺版・高野版はその多くが粘葉装本の板木であって、これらの調査は粘葉装本印刷の実態を明らかにしている。調査の内容は法隆寺版板木については『法隆寺の至宝⑦—昭和資財帳—写経・版経・板木』（一九九七年、小学館刊）、高野版板木については『高野版板木調査報告書』（一九九八年、和歌山県高野町刊）にそれぞれ詳しく報告されている。

第四章　中国・韓国からの古典籍の伝来

一　漢籍《かんせき》貴重書の伝来

漢籍とは、和書（国書）、洋書に対する呼び方である。通例、中国人および中国周辺の民族（日本人を除く）が、漢字などの縦書きの文字で書き現した書物をいうのが原則である。これに日本人など他民族が選録、編輯したもの、あるいは中国人の思想に基づいて漢文で注釈を加えたものが含められる。その内容は中国で生まれ育った思想、学問およびその注釈書、つまり経学、史学、諸子学などに関する書物が中心である（漢訳仏典も広義には漢籍のうちに含められるが、ここでは狭義に用いている）。

中国、朝鮮に隣接し、古くよりその文化の影響を受けた我が国には、こうした漢籍の伝存遺品が多く、ことに古写、古刊になる貴重書が数多く現存しているのが特徴である。古写本（古鈔本《こしょうほん》ともいう）では中国の唐・宋代の古鈔本、我が国の奈良・平安あるいは鎌倉時代の優秀な写本がある。唐・宋代の古鈔本はそのほとんどが奈良・平安時代に中国より渡来し、我が国の学問、文化の発展に多大な影響を与えたもので、中国には現在失われて逸書《いつしょ》となった稀覯本《きこうぼん》も多い。また奈良・平安時代、あるいは鎌倉時代の写本は、いずれも唐鈔本《とうしょうほん》、または宋版本を祖本とするもので、ことにその筆者（あるいは校合《きょうごう》、加注者など）、書写年代、伝来の事情などの歴史的価値を明らかにするものが多い。これらの古写本は本文の内容も古体を伝えて学術的価値が高く、また筆蹟優秀で書道史上の資料としても注目されている。

また、版本《はんぽん》についてみれば、中国宋・元版の遺品が著しい。宋版は古版本中の貴重書としてとくに珍重されているが、我が国に伝存する宋版本には『御注孝経《ごちゅうこうきょう》』（宮内庁書陵部所蔵）『白氏六帖事類集《はくしろくじょうじるいしゅう》』（静嘉堂文庫所蔵）のように伝存まれな北宋版の代表的遺品と目されるものがあり、また南宋版本においても、現存唯一のもの、最古本と認められるもの、あるいは初印本と目されて貴重なものなどが多い。

なお、我が国における漢籍の在り方を考えるときに重要なことは、仏書の伝来と密接な関係を持っていたことである。この両者は内《ない》・外典《げてん》（内典は仏書、外典は漢籍でときに和書も含める）と呼ばれ、ともに相須《あいま》って我が国の思想、学問に多大の影響を与えた。古代の文庫として名高い吉備真備《きびのまきび》の二教院、石上宅嗣《いそのかみのやかつぐ》の芸亭院《うんていいん》、空海の綜芸種智院《しゅげいしゅちいん》などは儒仏二教、あるいは道教を交えた三教の習合一致を目指した綜合図書館で、この儒仏を一体としてみる思想は平安・鎌倉と各時代を通じて一貫したものであった。現存する漢籍の古写本には石山寺、教王護国寺、醍醐寺、高山寺などの諸寺院に伝来したものが多く、その理由はさまざまに考えられるが、その根底にはこうした我が国の学問の基調の反映が窺われる。

我が国において漢籍の利用、およびその流通が比較的明らかになるのは、律令制による中央集権国家が確立した奈良時代に入ってからである。我が国における文字の使用が五世紀以前に遡ることは、いわゆる倭王武の上表文、あるいは江田船山古墳《えだふなやまこふん》出土の太刀銘、隅田《すだ》八幡宮人物画像鏡あるいは稲荷山古墳出土の大刀の銘文などの存在によってよく知られている。したがって漢籍の渡来もかなりに早い時代からあったと思われるが、その子細については明らかでない。天智天皇の時代には学校が設けられ、学頭職という官職も置かれて、ある程度の学校教育が行われていたことが『日本書紀』に記載されているから、相当数のしかるべき漢籍が将来され、また書写されて流布し、その講読も行われていたことが推測される。奈良時代には、中央に大学、地方に国学が置かれ、大学においては五位以上の貴族、上級官人の子孫と中・下級官人、特定の帰化人の子弟の教育が行われ、国学では郡司など地方豪族の子弟の学習が実施された。大学の学科は、奈良時代前期では明経道《みようぎようどう》（儒学科《じゆがくか》）、算道《さんどう》（数学科）などで、これに書博士《しよはかせ》（習字）、音博士《おんはかせ》（語学）などが併置された。中心を占めるのは明経道で、この学科では教科書および注釈書として、『周易』（鄭玄《じようげん》または王弼《おうひつ》の注釈書）、『尚書』（孔安国《こうあんこく》または鄭玄の注）、『周礼《しゆらい》』『儀礼《ぎらい》』『礼記《らいき》』『毛詩《もうし》』（鄭玄注）、『春秋左氏伝』（服虔または杜預《とよ》の注）、『孝経』（孔安国、鄭玄の注）、『論語』（鄭玄または何晏《かあん》の注）の九種の漢籍が用いられた。『孝経』『論語』の二書は必修課目であり、このほか『文選《もんぜん》』『爾雅《じが》』の文学の教科書も使用されていた。これらの教科書はほぼ唐の学制に準じたもので、唐制にある『老子』『春秋公羊伝《くようでん》』『春秋穀梁伝《こくりようでん》』が省略され、『文選』『爾雅』が加味されているのは、おそらく新羅《しらぎ》の学制を参酌したものであろう。こののち唐の文化に対する関心がいっそう高まると、この学制も唐制に近づき、延暦一七年（七九八）には春秋二伝が正式に教科書として採用され、また唐の玄宗が定めた『御注孝経』も用いられるようになった。しかしながら、奈良・平安時代を通じて尊重されたのは『周易』『尚書』『礼記』『毛詩』『春秋左氏伝』『孝経』『論語』の七書で、たとえば毎年二月、八月に行われる釈奠《せきてん》（孔子の祭）の論義では、この七書が順番に講義されるのが通例であった。

この学制は奈良時代中ごろにしばしば改正され、明法道《みようぼうどう》（法律学科）、文章《もんじよう》学科（のちに紀《き》伝道《でんどう》と呼ばれる文学科）が増置される。明法道の設置は律令諸制度の維持、充実に関係するもので、律令などの法制研究が主であったが、文章科の新置は宮廷を中心とする唐風文化の高揚にともなったもので、作詩、作文など漢文学に対する知識が急速に求められたためであった。

こうした漢文学の興隆と平行して、また史学もしだいに抬頭してきた。奈良時代前期に編纂された『古事記』『日本書紀』は現存する我が国最古の歴史書として名高いが、中・後期には『日本書紀』のあとを継ぐ『続日本紀』の編纂が行われ、また藤原仲麻呂が家の歴代の伝記である『藤原家伝』を編輯させるなど、この時代は歴史に対する関心の高まりつつあるときであった。こうした時勢に対応して、地方の国学でも経生《きようせい》（儒学専攻生）と伝生《でんせい》（史学専攻生）とに分化するようになり、伝生は三史、すなわち中国古代の正史である『史記』『漢書』『後漢書』が必修科目となった。神護景雲三年（七六九）、九州の大宰府が奏上して、府の文庫に五経（周易、尚書、毛詩、礼記、春秋）はあるが、三史の正本がないため、学習に不便であるから歴代の史書を賜わりたいと願い、『史記』『漢書』『後漢書』『三国志』『晋書』各一部を下附されているのも、こうした史学興隆の傾向を示しているのであろう。

我が国に伝存する中国の史書の古写本としては『史記』『漢書』『陳書』『周書』などがあり、上野家本『漢書』楊雄伝《ようゆうでん》巻第五五（一巻）、猪熊家本・大神神社本の『周書』断簡（各一巻）は唐時代の写本。滋賀・石山寺に伝わった『史記』巻第九六・九七残巻および『漢書』高帝紀下・列伝第四残巻（二巻）、名古屋・

宝生院《ほうしょういん》の『漢書』食貨志《しょくかし》第四（一巻）、高野山大明王院の『漢書』周勃伝《しゅうぼつでん》残巻（一巻）はいずれも奈良時代の書写本である。石山寺本、宝生院本の漢書は文中に唐の太祖の諱《いみな》「民」を欠筆《けっぴつ》し、唐代の写本から書写されたことを明らかにしている。なかでも宝生院本には「式部之印」、すなわち式部省の官印が捺されており、この式部省が大学寮を管轄していたことを考慮すると、この『漢書』はおそらく本文の書写が正確な証本として伝えられたものであったと思われる。また、唐代の書写になる『礼記子本疏義《らいきしほんそぎ》』（早稲田大学所蔵）は「内家私印」の朱印があり、光明皇后との関係を示して珍しい。

なお、こうした経書、史書のほかにいわゆる文学書の流行も著しいものがあった。正倉院に伝来する慶雲四年（七〇七）書写の『詩序』、聖武天皇宸翰の『雑集《ざっしゅう》』、光明皇后の筆になる『楽毅論《がくきろん》』などはその一端を示すものであろうが、正倉院文書中にはたとえば『通俗文《つうぞくもん》』のような通俗的字書の存在を伝えるものがあって、庶民用の書物もかなり将来されていたことを示している。宝生院に伝来した天平一九年（七四七）書写奥書のある『琱玉集《ちょうぎょくしゅう》』（国宝）は中国には現存しない類書で、六朝時代の撰になり、興味ある民間説話を類聚したものであるが、その内容は万葉集歌などにも影響を与え、日本文学史上にも重要な地位を占めて注目されている。

こうした中国文学、史学隆盛の動きは平安時代に入るといっそう著しくなり、大学においても文章博士《もんじょうはかせ》、文章生《もんじょうしょう》によって構成される紀伝道（史学・文学科）が学問の主流を占めるようになった。この傾向は九世紀前半、嵯峨天皇の時代を中心とする漢文学の発展と密接な関係がある。この時代には『凌雲集』をはじめとする勅撰漢詩集があいついで編纂され、菅原清公、小野篁《たかむら》、滋野貞主《しげののさだぬし》らの優れた文人が輩出した。朝野鹿《とものしか》取《とり》、春澄善縄《はるずみのよしただ》などは地方豪族出身でありながら、学問によって貴族にまで栄達した人物であった。文学の教養が上級官人に不可欠のものとされ、大学寮の附属機関である文章院（のちに大江・菅原両氏が管理する）に準じて、藤原氏の勧学院、王氏の奨学院、橘氏の学官院などが大学寮の別曹（私設の寄宿舎兼図書館）として設けられ、有力氏族が競ってその子弟の教育に務めたのもこの時代である。「勧学院の雀は蒙求をさえずる」という有名な句は、これら別曹で『蒙求《もうぎゅう》』『千字文』あるいは『李嶠雑詠《りきょうざつえい》百廿首』など初学者向きの幼学書も音読されることがあったことを推測させる（蒙求の古写本として酒井家所蔵の長承三年書写本、天理図書館所蔵の建永元年本、康永四年本の三種が重要文化財に指定されており、酒井本の仮名注記などによって当時これらの初学書が漢音で音読されていたことが判明する。なお、小川家の国宝『真草千字文《しんそうせんじもん》』（一帖）は本文を真草二体に併記した唐写本で、千字文が習字手本としても用いられていたことを示す最古の遺品としても注目される）。

清少納言が『枕草子』に「ふみは文集、もむせん（文選）、ろんご（論語）、しきごたいほんき（史記五帝本紀）、ぐわんもん（願文）、はかせ（博士）の申文」と書いたのは、平安時代中期に流行した文学入門書の在り方であるが、『白氏文集』と並んで詩賦文章の軌範とされた『文選』『文館詞林《ぶんかんしりん》』『白氏六帖事類集』などの詞華、類書が詩文を作る参考書として宮廷貴族の間に愛用された。『文選』は唐の李善注になる本が早く用いられ、ついで呂延済ら五人が撰した『五臣注文選《ごしんちゅうもんぜん》』、これに李善注を合わせた『六臣注文選』が流布したが、称名寺、東洋文庫、天理図書館などに現存する『文選集注』（国宝または重文）は、天下の孤本で、あるいは我が国の撰録かとも思われ、文選研究が盛んであったことを示している。また高野山の正智院《しょうちいん》、宝亀院《ほうきいん》に伝わった『文館詞林』残巻は、弘仁一四年（八二三）に宮中校書殿でその一部が写され、のち冷然（泉）院、ついで嵯峨院に置かれたもので、唐写本の奥書を伝えた一巻を交え、おそらくは当時の証本として貴族なども用いた貴重書であったろう。

こうした漢文学の隆盛は中国の文学書に対するいっそうの関心を高め、これらの書物の積極的な輸入が計られた。たとえば、当時唐で流行した「元白」すなわち元稹《げんしん》、白居易《はくきょい》（楽天）の詩文集はその代表的なものである。仁明天皇の承和五年（八三八）、大宰少弐であった文人官僚藤原岑守《みねもり》がたまたま唐商人の荷物中に元白詩集を発見し、朝廷に奏上したのが記録上の初見であるが、同じころ、太皇大后藤原嘉智子の命で入唐中の僧恵蕚《えがく》も、『白氏文集』に注目してこれを写し、承和一四年に持ち帰った。金沢文庫に伝来した『白氏文集』の鎌倉時代の古写本はその転写本で、現在大東急記念文庫、田中家、天理図書館などに分散し、いずれも重要文化財に指定されている。白居易は大中元年（八四七）、すなわち我が国の承和一四年に七五歳で卒しているから、その生前中にその詩文集が伝来していることは、当時の我が国の文人達が唐文化の動向にいかに敏感であったかを証している。藤原佐世の編した『日本国見在書目録《にほんこくげんざいしょもくろく》』は現存する我が国最古の漢籍目録で、九世紀末ごろに我が国にあった漢籍類を収録していて、これには『隋書』経籍志《けいせきし》、『唐書』経籍志、『新唐書』芸文志など中国の史書が掲げる目録にもみえない書物の名が載せられている。目録収掲の多くは詩文に関するもので、なかには『遊仙窟《ゆうせんくつ》』などのような通俗小説の類もあり、このほか『急就章《きゅうしゅうしょう》』などの初学教科書、あるいは通俗的な類書、字書など庶民用の初学入門書も多く、奈良・平安時代前期に広い範囲にわたる中国の書物が多数輸入されていたことを伝えて注目されている（『急就章』の古写本は香川・萩原寺に一巻を蔵し、重要文化財になっているが、これは彩絹に草書体で書かれた習字手本兼用のものとして珍しい）。

平安時代も中ごろに近づくと、しだいに学問の世襲化が目立つようになる。この傾向はいわゆる摂関政治の成立と、それにともなって顕著となる中・下級官人の職掌世襲化に対応したもので、紀伝道においても大江・菅原・藤原（南家、式家の流）の諸氏が中心となり、学問を代々の学、すなわち家学として子孫に伝えるようになった。この在り方はほかの学問分野でも同じで、明経道は中原・清原氏、明法道は坂上・中原氏、算道は三善・小槻氏、医学は丹波・和気氏などが、それぞれの学問の家として成立した。このうち、明経道の二家は、中原氏が礼博士、清原家が伝博士と呼ばれ、中原氏は主として『周礼』、『儀礼』、『礼記』のいわゆる三礼を、清原氏が『春秋左氏伝』、『穀梁伝』、『公羊伝』の三伝をそれぞれ専門としていたことを示しているが、いずれも五経（『周易』、『尚書』、『毛詩』、『礼記』、『春秋』）および『孝経』、『論語』を家学として、その秘説を子々孫々に伝授していった。平安・鎌倉時代の古鈔本として、今日に伝存している著名なものの経部諸書のうち、中原家本の系統に属するものとして、『尚書』巻第六（東洋文庫所蔵）、『論語集解』（醍醐寺、東洋文庫、名古屋市蓬左文庫所蔵）、清原家本系統として『春秋経伝集解』（宮内庁所蔵）、『古文尚書』（神宮所蔵）、『春秋経伝集解』（東洋文庫所蔵）、『論語集解』（大東急記念文庫、高山寺、東洋文庫および木村家所蔵の虎関師錬筆写本など）、『古文孝経』（大阪・武田文化事業振興財団、京都・三千院所蔵）などがあり、ことに現存する論語、孝経古写本のほとんどが中原・清原両家の系統のいずれかに属していることは、平安・鎌倉時代の儒学研究がこの二家によって専門的に行われ、世間にも尊重されていたことを示して注目される。

こうした傾向は紀伝道の場合も同様であって、その家本として最も有名なのが大江家本『史記』と『白氏文集』である。大江家本の『史記』は現在一具の残巻が三巻あり、第九が毛利家、第一〇が国（東北大学）、第一一が大東急記念文庫にあって、それぞれ国宝に指定されている。平安時代の延久五年（一〇七三）、当時、学生《がくしょう》であった大江家国が史記講義を受けたさいに書写し、訓点を付したもので、そののちは平安・鎌倉時代まで大江家歴代に伝えられ、その子孫家行、時通らがこの書によって勉強した。また旧神田家本『白氏文集』は平安時代の嘉承二年および天永四年に藤原茂明の書写加点になるもので、現存まれな藤原式家の学問を伝えて珍しい。これら両家学の証本の系統本に特徴的なことは、本文の読法を示す朱墨の書入れが稠密《ちょうみつ》なことであって、多く巻末にはその本文および書入れの書写、校合の歴史を示す本奥書《ほんおくがき》が詳しく掲げられている。たとえば神宮の『古文尚書』はその第一三巻末に仁平元年（一一五一）以来の奥書を写して、その内容が清原家第一一代の秘説に基づくものであることを伝えており、また東洋文庫の『論語集解』は、巻末に清原教隆から直隆、教元、教宗、繁隆と歴代の子孫に至る伝授のしだいを明らかにしている。これらの奥書は、その写本がそれぞれの家の証本であり、その本文および読法が由緒正しいものであることを証するもので、家学伝承上にきわめて重要視されていた。

　家学の具体的内容については、必ずしも明確でないが、その多くは古典の読法、解釈にあったらしい。したがって家学の伝授を示す経書、史書などには、本文の傍に音読、訓読を示す音点、ヲコト点、仮名などが墨、朱、あるいは胡粉などの白墨、まれにはヘラなどの角筆で加えられているのが通例で、詳細に加えられたこれらの注記は古代の読法、あるいは仮名の古体などを伝えた国語資料として重要視されている。

　平安時代の中期には、大陸から宋版本が輸入され、我が国の学問と漢籍の在り方に多大の影響を与えるようになった。中国における印刷の歴史は必ずしも明らかではないが、唐代には仏典、暦、あるいは字書などが印行されていたと推測されており、五代の後周のころには官版の経書の刊行も行われるようになった。隆盛期を迎えるのは宋代に入ってからで、北宋時代は地方では蜀を中心に発達し、南宋時代には揚子江（長江）の河口に近い杭州、のちには福建が中心地となって、経書、仏典そのほかの多様な出版物が官庁、あるいは民間の出版所から刊行された。民間出版としては、たとえば『宋版漢書』『宋版後漢書』（上杉家旧蔵、国立歴史民俗博物館保管、国宝）は慶元四年（一一九八）劉元起・黄善夫共同出版になり、また『宋版鉅宋広韻』（国、内閣文庫保管、重要文化財）、『宋版春秋経伝集解』（小汀家旧蔵、重要文化財）は閩《びん》の阮氏種徳堂の出版であった（なお、宋版准海集〈国、内閣文庫保管〉は官庁出版であるが、巻末刊語として要した出版経費を記していて珍しい）。

我が国への宋版本の渡来が記録のうえで確認できるのは平安時代の中期、永延元年（九八七）で、入宋僧奝然《ちょうねん》が清涼寺釈迦とともに当時刊行後間もない蜀版一切経を持ち帰って入洛したのがその初見であるが、宋版本は実際にはこれより遡って輸入されていたと思われる。宋版本は中国より新渡来品として（当時宋版本を唐本《とうほん》、唐摺本《とうすりほん》と呼んだ）貴重であり、内容も印刷された文字が校正厳密で誤りが少なく、テキストとして優れていたため、競って珍重し、贈答品としても用いられた。寛弘七年（一〇一〇）藤原道長は、一条天皇が新造の一条院に遷幸された折に、宋版の『文選』『白氏文集』を献上し、万寿二年（一〇二五）にもときの皇太子であった後朱雀天皇に両書を祝い物として奉っている。保元の乱の首謀者として有名な左大臣藤原頼長は、内外の学に通暁した学者としても名高い人物で、その学問研究にさいし、その本文、内容が正確であるために宋版本をとくに尊んだ。その日記『台記《たいき》』には、たとえば「五代史記摺本《すりほん》」を贈られて感激し、あるいは「礼記正義摺本」を借用し得て歓喜した有様がみえ、また「周易正義」の摺本を借りた折などは、美麗な紙を用意して能筆の人に写さしめたことなどが記されていて、当時の上流貴族が宋版の漢籍を大切にしていた様子が窺われる。

現存する宋版本のうち、いつ、どのようにして日本に渡来したのか、その歴史を明らかにするものはまれであるが、これら宋版本は中・後期の日宋貿易の盛行にともなって、商品としても相当数が輸入されたらしい。万寿三年（一〇二六）、時の関白藤原頼通に宋の商人周良史《しゅうりょうし》が漢籍を献じ、代わりに日本の官位を希望したことがあり、また藤原頼長にも同じく宋商人劉文沖《りゅうぶんちゅう》が『東坡先生指掌図《とうはせんせいししょうず》』『五代記』『唐書』を進上し、頼長がその代金として砂金三〇両を与え、さらに入手希望書の目録を渡した話などは、当時の日宋貿易の在り方を示す有名な逸話であるが、宋の商人が日本の貴族の書物好きをよく知っていた話としても興味深い。

こうした宋版本尊重の傾向は、鎌倉時代に入っていっそう著しくなった。この時代はいわゆる宋風文化の全盛期で、書画をはじめとして陶磁器、染織品の工芸品から銭貨に至るまで各種のものが輸入され、また宋より技術者も渡来して建築様式など我が国の技術にも多大な影響を与えたが、学問、宗教においても彼我の交流はきわめて盛んであった。求法のため入宋留学した人々として俊芿《しゅんじょう》、栄西、道元、円爾《えんに》などがあり、また我が国に招かれて禅宗の興隆に努めた僧侶としては、蘭渓道隆《らんけいどうりゅう》、兀庵普寧《ごったんふねい》、無学祖元などの宋僧、あるいは一山一寧、清拙正澄《せいせつしょうちょう》、明極楚俊《みんきそしゅん》などの元僧が有名である。これらの人々は禅宗などの宗教のみではなく、宋の学問、思想の導入にも大きな功績を果たした。東福寺の開山として名高い円爾（聖一国師）が、帰朝後、当時の学者として聞こえた菅原為長と儒仏の論争を行い、宋代の新しい学問に基づく円爾の論説に為長が敗れた話は、我が国旧来の学問と新しい宋の学問との関係を示した象徴的な出来事であった。この円爾が将来した宋版の内・外典は東福寺に伝存し、外典、すなわち漢籍では『太平御覧』『義疏六帖』『中庸説』などが国宝、重要文化財に指定されており、また『纂図互註尚書《さんずごちゅうしょうしょ》』（京都市所蔵）、『楽善録』（東洋文庫所蔵）、『五燈会元』（小汀家旧蔵）なども、もと東福寺伝来品であった。入宋僧が仏書だけでなく多くの漢籍を持ち帰ったことは、たとえば泉涌寺の俊芿が儒書二五六巻、雑書四六三巻を持ち帰ったということにも窺われるが、それらのほとんどが亡逸した今日にあって、この円爾将来の漢籍はこれら入宋僧の学問を伝えた遺品として価値が高い。

この時代の漢籍蒐集については金沢文庫が最も有名である。北条氏の一族であった金沢《かねざわ》実時、顕時、貞顕三代の学問を伝えた文庫で、とくに実時は、清原教隆など京都の学者について自らも学問に勉めるとともに、京都などからも多数の書物を収集した。現在では大部分が散逸し、文庫外に伝存するものが多いが、その内容は和書、漢籍、仏典の広範囲にわたり、ことに和書、漢籍で今日貴重書となっているものが多い。現存する宋版もいずれも稀覯本であって、たとえば『毛詩正義』（武田家所蔵）、『文選』（足利市所蔵）、『欧陽文忠公集《おうようぶんちゅうこうしゅう》』（奈良・天理図書館所蔵、以上国宝）、『春秋左氏音義』『沖虚至徳真経』『世説新語』『同叙録』（以上東京・前田育徳会所蔵）、『礼記正義』（山梨・久遠寺所蔵）、『大平聖恵方』（名古屋市所蔵、以上重要文化財）などは、その代表的な一例で、現在足利市所蔵（足利学校遺跡図書館保管）になる上杉憲実寄進の宋版本も、おそらくもと金沢文庫に伝来したものと推測されている（金沢文庫については関靖著『金沢文庫の研究』、また足利学校については長沢規矩也編『補訂足利学校遺跡図書館古書分類目録』および川瀬一馬著『足利学校の研究』などを参照されたい）。

我が国に漢籍の古本、ことに中国でつとに亡佚した稀覯本の古逸書が多数伝存した理由は一様でないが、日本では王朝の交代がなく、したがって大戦乱が少なかったことが第一の原因であろう。また中国では唐・

宋代にしばしば典籍の内容が改編、補訂され、あるいは宋代に入って印刷技術が発達し、本文が校訂された良質の版本が普及すると、旧態の典籍が利用されなくなり、しだいに逸失したが、我が国では博士家などの学問の世襲化も一因となって古伝本がそのままに尊重された。たとえば『古文尚書』『古文孝経』あるいは『玉篇《ぎょくへん》』などがその代表的なものである。

さらに我が国では近世においても古典の保存にさまざまな努力が払われた。徳川家康、前田綱紀などの将軍、大名らがその蒐集に熱心であったこと、また尾張藩が宝生院所蔵本の整理、修理に努めたことなどは有名であるが、個人においても林述斎《はやしじゅさい》の『佚存叢書《いつぞんそうしょ》』、渋江全善・森立之《もりたてゆき》の『経籍訪古志《けいせきほうこし》』などが著録され、その価値が紹介された。明治時代の中ごろ、清の黎庶昌が来朝し、日本に伝存する漢籍の珍書およそ二六種二百巻を収録して『古逸叢書』を撰したが、これも我が国先人の努力に負うものであった。

版経の始まりは中国にあって、唐時代には既に経典類の印刷本が流布していたと推定されているが、その歴史はあまり明らかではない。我が国に現存する最古の印刷物は法隆寺に伝存したいわゆる百万塔陀羅尼で、奈良時代の神護景雲四年（七七〇）称徳天皇が藤原仲麻呂の乱の亡霊追善のため命ぜられたものである。これが木版か銅版印刷になるものかは議論が分かれるが、その印刷はおそらく唐・朝鮮の影響を受けたものと思われる。

二　宋版一切経

版経の歴史が具体的になるのは、宋代に入ってからで、北宋の太祖が開版を命じたいわゆる蜀版一切経が現存する遺品の古例として有名である。もっとも版経といってもそれは広義には版本のうちで、漢籍も仏典も印刷技術のうえからみれば同一のものである。したがって版経の歴史とは版本の歴史のうちの一章にすぎないが、仏典の場合には中国で一切経（大蔵経ともいう）と呼ばれる膨大な経典叢書に編成されていて、その普及には書写にしろ印刷にしろ大規模な組織と経費が必要とされていた。このため版本のなかでも一切経を中心とする版経の印刷は国家的な規模で行われるのが通例で、その開版は必然的に印刷組織の発展と技術の開発をうながし、漢籍などの版本の普及にも多大な影響を与えたものと思われる。

現在判明している中国版の一切経は、北宋代では勅版とも呼ばれた蜀版一切経、福州（福建省）東禅等覚院で開版されたいわゆる東禅寺版《とうぜんじばん》、北宋から南宋時代初めにかけて同じ福州で作られた開元寺版《かいげんじばん》、湖州（浙江省）の王永従一族が発願した思渓版《しけいばん》、また南宋時代に入っては江蘇省の磧砂延聖院で印造された磧砂版《せきしゃばん》、元代では杭州（浙江省）の南山大普寧寺《だいふねいじ》で完成した普寧寺版《ふねいじばん》などがある。また一一世紀のころ遼の興宗が開版した契丹版《きったんばん》、一二世紀の中期に山西の地で刊行された金版一切経などの存在も著名であるが、これらのほかに一切経とは別に単行された大般若経、法華経などの経論・注疏類、あるいは禅僧の語録の類に至ってはきわめて多数にのぼったと思われる。

こうした中国の版経類はその近隣諸国、ことに我が国や朝鮮に競って輸入された。その理由は版経が写本に比べて文字が正しく、内容も正確、優秀であったこともあるが、莫大な費用と高度な技術で印刷されたこれら版経はいわば中国の新しい文化の代表であり、その将来は仏教伝法の象徴とも考えられていたことを示している。

またこの中国版経の受け入れはその地の版経の発展に多大な影響をおよぼした。最も早く反応したのは朝鮮である。高麗版一切経は蜀版を模して輸入後僅か一九年の顕宗二年（一〇一一）にその雕造を命じており、このいわゆる初雕版一切経が元寇で滅失すると再度その開版が行われた。現在慶尚北道の伽耶山海印寺に板木が現存する海印寺版がその再雕版の一切経である。この両種の高麗版は我が国にも数多く輸入されて宋・元版とともに珍重された。我が国でも一切経の刊行はしばしば計画されたが、なかなか実現せず、最初に完成したのは江戸時代に入って天海が主催した寛永寺版（天海版ともいう）で、これは宋・思渓版を準拠として作られた古活字版であった。

これにつぐのは宇治の万福寺で鉄眼道光が開版した黄檗版《おうばくばん》の一切経で、この板木は万福寺宝蔵院におよそ四万八二七五枚が現存し、重要文化財に指定されている。一切経の開版こそ遅れたが、宋版の将来は平安時代に叡山版、あるいは南都版などの成立、発展を促進させた。鎌倉時代末ではあるが、奈良の興福寺において元版一切経を模刻した五部大乗経が開版され、その板木の一部が同寺の春日版板木のうちとして伝存し、その摺本《すりほん》は唐招提寺経蔵中に現存している。またこれら宋・元版は唐本《とうほん》とも呼ばれ、構成、内容が正確であるため、我が国の書写一切経の底本として大いに活用された。

このように宋・元版、あるいは高麗版一切経は東洋文化史上の遺産として重要な文化財であるが、出版当時の遺品はそれを生み出した彼地にはほとんど伝存せず、我が国の寺院にまとまった遺例が比較的多数現存しているのが特徴である。このためこれらの調査は早くから小野玄妙博士らによって行われ、その成果の一端は『仏書解説辞典』巻第一二総論編所載の「仏教経典総論」大蔵経概説中にも収められた。戦後においては小野博士の委嘱を受けた田山信郎氏が中心となり、文化財保護委員会（現在の文化庁文化財保護部の前身）美術工芸課書跡係によって（奈良国立文化財研究所〈現、奈良文化財研究所〉と堀池春峰、新藤晋海両氏がこれに協力した）精力的に推し進められ、その調査は中国・朝鮮版の一切経研究上に多大な成果を挙げている。その一、二の例を東禅寺・開元寺両版について挙げてみると、従前においてこれら両版経の現存遺品はあるいは北宋時代のものかとも考えられていたが、いずれも南宋時代の印刷になる北宋刊・南宋摺印本であること、また東禅寺版といえばいずれも同一のようにみていたが、その板木はしばしば補修・新雕されていて、同版の同一経でも板木が異なり、題記・刊記・刻工が違っている場合が比較的多いこと、つまり同版といっても厳密には数種類に分かれる場合があることなどである。その調査の概要については第三章「調査が教える仏典の話」

にその一端を述べておいたので参照されたい。

こうした小野博士、文化庁の田山信郎・近藤喜博氏らの調査によって現在判明しているまとまった中国・朝鮮版の一切経の遺品は次表のごとくである。

宋版（総数には和版・写本も含む）　○印は重要文化財指定

所蔵先	種別	巻数
岩手・中尊寺	宋版開元寺版（一部東禅寺・思渓版を交う）	約二一〇帖
茨城・最勝王寺	宋版思渓版（一部東禅・開元寺版を交う）	一蔵
○埼玉・喜多院	宋版思渓版（一部磧砂版・元普寧寺版を交う）	四六八七帖
○東京・増上寺	宋版思渓版	五三五六帖
神奈川・称名寺	宋版東禅寺・開元寺版	三二三六帖
○愛知・岩屋寺	宋版思渓版	五一五七帖
○岐阜・長滝寺	宋版思渓版	三七五二帖
滋賀・菅山寺	宋版思渓版	数帖
○京都・教王護国寺	宋版東禅寺版（開元寺版五五七帖を交う）	六〇八七帖
○〃・醍醐寺	宋版東禅寺版（大般若経六五五帖は開元寺版）	六〇九六帖
○〃・知恩院	宋版開元寺版（東禅寺版九七八帖を交う）	五九六九帖
○〃・南禅寺	宋・元・高麗版混合（東禅・開元・普寧・高麗版を交う）	五八二二帖
○奈良・興福寺	宋版混合（思渓・磧砂版）	四三五四帖
○〃・唐招提寺	宋版混合（思渓・磧砂版）	四四五六帖
○〃・長谷寺	宋版思渓版	二二二二帖
○和歌山・金剛峯寺	宋版東禅寺版（思渓版四四三帖ほかを交う）	三七五〇帖

元版（普寧寺版）

所蔵先	巻数
埼玉・喜多院	一七八九帖（宋版のうち）
○東京・増上寺	五三八六帖
○〃・浅草寺	五四二八帖
岐阜・安国寺	二二〇八帖
滋賀・園城寺	二八五四帖
京都・東福寺	一蔵
奈良・西大寺	三四五二帖
〃・般若寺	八二六帖

高麗版

所蔵先	巻数
○栃木・輪王寺	六一四冊
○東京・増上寺	一二五九冊
○和歌山・金剛峯寺	六二八五帖
岡山・吉備津神社	九九四巻
香川・法然寺	二〇〇〇余帖
長崎（対馬）・観音堂	約九五〇冊

以下、小野博士の前記「大蔵経概説」、あるいは『大蔵経』（大蔵会編）などに文化庁の調査結果を勘案して中国・朝鮮版の各一切経の概要を略記するとつぎのとおりである（なお、各一切経の歴史、具体的構成については前掲書を参照されたい）。

宋・蜀版一切経

版本一切経は、北宋の太祖が開版したいわゆる蜀版一切経がその最古例と考えられている。開宝五年（九七二）宋朝の直営事業として始められたため勅版一切経とも称するが、蜀地方で雕造され、一一年後、太宗の太平興国八年（九八三）に完成した。蜀地方は印刷技術が進んでいたといわれるが、短期間に一三万余りの板木を雕進するのはなかなかに大規模な事業であったに相違ない。当時入宋中の天台僧奝然《ちょうねん》が寛和二年（九八六）帰朝するにさいし、この蜀版一切経五百余函を下賜された。完成後僅か三年のことで、我が国に宋版一切経が渡来したのはこのときが最初である。

この蜀版はのちの宋版と体裁を異にして巻子仕立て、版木の様式すなわち版式は一板に料紙一枚充て、一板行数二三行、一行一四字、各板の右端、料紙の継目になる部分に版心があって経名、巻数、料紙枚数（単位張）、所属千字文を示し、製本のさいの目じるしとなっていた。各巻の巻末にはこの版経が宋朝の命によって雕造された旨を伝える刊行と摺印の年記を示す刊記、および版木の雕造に当たった刻工名が刻されているのが原則であったと思われるが、その初印本は現存していない。ただその後印本が二種各一巻ずつ我が国に現存している。それは京都・南禅寺の一切経中に伝存していて大正年間に発見された『仏本行集経《ぶつほんこうしゅうきょう》』巻第一九と、東京・書道博物館所蔵（中村不折氏旧蔵）になる『十誦尼《じゅじゅに》律《りつ》』巻第四六で、書道博物館本は原装の巻子本の姿を留めている。ともに巻末に宋の開宝七年（九七四）の奉勅雕造刊記があり、ついで南禅寺本には熙寧四年（一〇七一）の摺印を示す印造記、書道博物館本には大観二年（一一〇八）の印造記を刻した木記を掲げている。南禅寺本の木記は当時蜀版の板木が宋朝から開封府下の顕聖寺聖寿禅院に移されていたことを伝え、入宋僧成尋《じょうじん》の『参天台五《さんてんだいご》台山記《だいさんき》』の記事とも関連する貴重な史料であり、また書道博物館本の木記は蜀版の印刷が北宋末まで行われていたことを証するものとして注目されている。なお、この二巻には奉勅印造印がないが、初印本にはそれがあったことは後述する中尊寺経などの刊記写に明らかで、この二巻は後印本であるため板木から削除されて、代わりに印造木記が加えられているのであろう。

　この蜀版は良質の本文を伝え信用度の高い経典として、我が国ではしばしば写経の底本に用いられた。たとえば中尊寺経として名高い金銀交書経の奥に「大宋開宝六年癸酉歳奉勅雕造、太平興国八年奉勅印」（金剛峯寺所蔵『法句経』巻下ほか一〇巻）と蜀版の刊記が写し留められており、同様の例が石山寺一切経の『孔雀《くじゃく》王咒経《おうじゅきょう》』など、また平安後期の一切経である名古屋七寺一切経の『出三蔵記集《しゅつさんぞうきしゅう》』巻第一二などにみえている。

宋・東禅寺版一切経

蜀版についで北宋時代に開版された版本一切経で、福州（福建省）閩《びん》県にあった東禅等覚院で雕造されたため詳しくは東禅等覚院版と呼ばれている。この一切経は各帖の首尾に付された開版題記および勘経記によれば、北宋の熙寧・元豊のころに参政事元絳《げんこう》と東禅等覚院住持沖真《ちゅうしん》が協同して、まず『大般若経』を開版したが、元豊三年（一〇八〇）元絳が歿すると沖真は諸人の助縁を得て一切経の開版を行い、崇寧二年（一一〇三）に一応完成した。ついで同年一一月徽宗より勅版に準じて「崇寧万寿大蔵《すうねいまんじゅたいぞう》」の勅賜号を受けて、その追雕が行われ、全蔵の完成をみたのは政和二年（一一一二）であったらしい。

体裁は折本装《おりほんそう》であるが、その表紙は帙を兼ねたいわゆる帙表紙《ちつひょうし》で、巻子装から折本への過渡的な姿を示して注目される。原装を伝えたと思われる京都・醍醐寺所蔵本の例でみれば表紙は紺表紙で八双《はっそう》と紐を付し、金字で経名を外題《げだい》している。各帖は千字文ごとにおよそ一〇帖ずつにまとめられ、これに字音釈一帖を加えて外帙に包み、漆塗印籠蓋の経函に納められた。各帖の版式は一板木に料紙一枚充て、一板三〇行、一行一七字で、一紙を五折して半面六行、四周に墨界があるが、左右の縦の匡廓《きょうかく》は紙継目に隠れるため一見天地横罫である。『大般若経』を除く各帖の首には、この一切経が僧俗の助縁によって開版されたことを告げる東禅等覚院歴代住持の開版題記があり、首尾題の下には所属の函号を示す千字文の記号がある。また本文の行間で折目に当たる部分に版心があり、略経名、巻次、丁数、刻工名を刻しているのが通例で、帖尾最末紙の尾題下に「福州東禅経生張栄印造」のようにその帖の印刷に当たった印造者の印造印《いんぞういん》がある。本文の書体は必ずしも同一ではないが、当初の板木と思われるものの書風は顔真卿《がんしんけい》の書法をよく伝えた肉太で重厚な書体を示して特徴的である。その料紙は厚手の黄染紙で、東禅寺版印造のため特別に用意されたものであった。まま料紙の紙背に「東禅染経紙」の印が捺されていることがそれを証している。

宋・開元寺版一切経

東禅寺版につぐ北宋時代の一切経で、東禅等覚院と同じ福州閩県にあった開元禅寺で開版された。各帖の首に掲げられた開版題記によれば東禅寺版が完成して間もない政和二年（一一一二）から南宋の紹興二一年（一一五一）にかけて完成したもので、開元寺歴代の住持らが勧進僧となって福建省周辺の人々を勧進し、その喜捨によって板木の雕造が行われた。版本の体裁は東禅寺版とほぼ同じで、各帖末には施財開版刊記と印造印がある。

我が国に伝存する東禅・開元の蔵経は必ず両版が混合して一蔵を形成しているのが特徴で、南宋中期の再版時代には両版互いに相い補って印刷が行われていたのであろう。なおこの開元寺版の紙背には「開元経司」の朱方印がある。

福州二版の重刊とその刊記

前述のようにこの福州二版、すなわち東禅寺版は北宋の政和二年（一一一二）、開元寺版は南宋の紹興二一年（一一五一）に一応完成をみたが、そののち一切経の再刊と、板木の補修、新離がしばしば行われた。東禅寺版のうち醍醐寺所蔵本を例にとれば、各経のうちに「淳熙己酉重刊」[一六]（『華厳経』巻第三〇）「淳熙己亥孫璟為宝陳氏七娘捨銭雕此板」[六]（『大華厳経』巻第三六）などのようにこの東禅寺版が南宋の淳熙六年（一一七九）、同一六年（一一八九）の再版になることを示すものがあり、この醍醐寺所蔵経が我が国でいえば鎌倉時代建久ごろの印刷になることを明らかにしている。東禅寺版の板木がしばしば改雕されたことは醍醐寺の東禅寺版中『増壱阿含経《ぞういつあごんぎょう》』巻第三一にある重刊題記にみえている。この版経は帖首に最初の開版を示す紹聖二年（一〇九五）の題記を掲げているが、帖末には紹興二八年（一一五八）の重刊題記を付していて、それによれば「福州東禅寺大蔵の板木は年代を経て字画も減り、印刷に堪えないので、欠損は修理し、朽ちたものは新しく刻り改めて一蔵五六〇余函を完備した」と改版が行われたことを伝えている。

こうした事情は開元寺版でも同じで、醍醐寺、知恩院所蔵の版経には重刊を示す刊記は見当たらないが、教王護国寺の一切経中には「嘉定庚辰経司換」[一三]（『大宝積経』巻第一九、政和二年題記）、『嘉熙己亥経司収浄土文銭換六十片」[三]（同経巻第一二、題記同前）などとあって、政和二年（一一一二）に開版された板木が嘉定一三年（一二二〇）、嘉熙三年（一二三九）のころには取り換えて新雕されたことを示している。

福州二版の一切経は諸人僧俗の結縁を得て完成し、南宋以降は同じく衆縁の施財を受けながら板木の改修、再雕を行っていたから、その板木には結縁者の施財寄進を示す施財開版の刊記が多いことが特徴である。これらの刊記は帖尾に掲げられるのが通例であるが、本文の行間に刻入されたものもしばしば見受けられる。その内容は経典一部、あるいは一函分の開版を示すもの、なかには板木一枚分だけのものと施財者の貧富に応じてさまざまである。施財の趣旨の多くは亡父母、亡夫妻など一族縁者、先師などの追善を願い、自身の平安を求めたもので、僧俗に交じって女性の施財者が比較的多いのに驚かされる。なかには「承直郎周千秋同室葉氏百七娘祈求男嗣捨」（教王護国寺蔵開元寺版『大華厳経』巻第三六ほか）のように夫婦で後嗣の男子誕生を祈ったものもあって珍しい。

また教王護国寺の開元寺版のなかには日本僧の施財刊記を伝えたものがある。いずれも本文の行間に刻まれたもので、「日本国北京西山法華寺比丘政元捨」（『大宝積経』巻第四五）、「日本国北京西山法華寺比丘乗蓮捨」（『大般涅槃経』巻第一）、「日本国下州千葉寺比丘了行捨」（同経巻第八、本書一八一頁図版参照）の三種である。年記を明らかにしないが、再版刊記のない知恩院蔵開元寺版の同じ版経にこの刊記がないこと、教王護国寺本は南宋嘉熙三年（一二三九）以後の再印本であることを考えるとおそらく鎌倉時代中ごろに入宋した日本僧のものと思われる。宋版一切経のなかに日本僧の施財刊記がある例としては、これまで宮内庁書陵部の東禅寺版一切経（もと京都西山法華山寺にあり、のち石清水八幡宮蔵経であった）があり、鎌倉時代の浄土僧として名高い松尾の慶政上人の刊記があって有名である。これは慶政上人が建保年間に入宋した折、この一切経を求得するにさいして不足の板木を雕造させたときの施財刊記と考えられている。この開元寺版の場合も同様のことが推測されるもので、当時洛西の法華寺から何人かの僧が慶政上人と前後して入宋し、また遠く東国下総の千葉寺の僧も鎌倉幕府の入宋貿易船に便乗して万里の波濤を越えて宋版一切経将来のため中国に渡っていたのであろう。

宋・思渓版一切経

北宋時代の末に、当時密州観察使であった王永従《おうえいじゅう》がその一族とともに開版した一切経で、両浙道湖州帰安《りょうせつどうこしゅうきあん》県《けん》（浙江省呉興県）松亭郷思渓邨にあり、王氏の菩提所であった思渓円覚禅院で雕造・印行された。版経中の題記によれば北宋末の靖康元年（一一二六）ごろに着手刊行され、南宋はじめの紹興年中には総数五五〇函が完成したらしい。この一切経は福州二版のように諸人の寄附を頼らず、王氏一族の財力によって開版されたため、版経中に題記、施財刊記の少ないのが特徴である。題記、刊記は三種類、すなわち靖康元年（一一二六）二月王永允刊記（『解脱道論《げだつどうろん》』巻第一）、同元年七月王永従刊記（『菩提行経《ぼだいぎょうきょう》』巻第一）、紹興二年（一一三二）四月王永従等題記（『撰集百縁経』巻第五、『観所縁縁経』『阿毗達磨識身足論』巻第六ほか）が判明している。

その体裁は東禅・開元二版と同じ半面六行の折本であるが、この思渓版の特徴は、

①各帖の末に字音釈を載せて東禅・開元両版のように別帖としない（この方法はその後の版本一切経のならうところとなった）。

②版心は各板木の右端、すなわち料紙の糊継目の内にある場合が多く、一見版心がないようにみえる。

③本文の刻字は比較的統一されていて温雅な書風が多く、料紙も福州二版に比してやや薄手柔軟な良質紙を用いる場合が多い。また表紙は黄表紙で、外題は墨書する。

などのことであろう。料紙の紙背には法宝大蔵印などがある。

この思渓版は完成後南宋の淳祐年間（一二四〇～五二）に至って再整備され、板木も補刻された。そのさいに千字文にして「済」字函の『宗鏡録』以下「最」字函の『大蔵経目録』まで二四部四五〇巻、五〇函が増

補刊行された。このため両者を区別して当初の思渓版を前期思渓版、あるいは思渓円覚禅院版と呼び、増補版を後期思渓版、または当時円覚禅院が法宝資福禅寺と改名していたことから思渓法宝資福寺版と称している。我が国に現存する思渓版は後期思渓版に属するものが多いが、一九八五年に近藤喜博主査と大山仁快氏および私が調査した岐阜・長滝寺の蔵経はこの前期思渓版のまとまった遺品と認められる。

宋・磧砂版一切経

南宋時代の中ごろに両浙路平江府《りょうせつろへいこうふ》（江蘇省呉県）の陳湖の小洲である磧砂延聖院で刊行された一切経で、かつて長安の開元、臥竜二寺から発見されて中国で著名となった。その複製版である『影印宋磧砂蔵経』の解説によれば総数は補刻を合わせて六三六五帖といわれ、私版としては最大の一切経である。我が国にはまとまった蔵経はないが、その一部が奈良・興福寺宋版一切経のうちにあり、またその大般若経が西大寺に伝来している。この版は通例南宋の紹定年間（一二二八〜三四）に当時平江府の武官であった趙安国が大檀越・大勧進となり、はじめは独力で大般若経を刊行したが、のちには延聖院内に大蔵経局が置かれ、諸人の助縁を得て一切経の雕造が行われたと考えられている。その最も遡る刊記は『大般若経』巻第九七で、末に紹定三年（一二三〇）の版下書刊記がある。しかしながら近時文化庁と奈良国立文化財研究所（現、奈良文化財研究所）が行った興福寺と西大寺所蔵経の調査によれば、大般若経のはじめの十数巻は僧了懃が嘉定九年（一二一六）から紹定二年にかけて印造した僧俗結縁開版であって、その起源は通説より遡るかとも考えられる。この版経は従前の宋版と大様において同じであるが、帖末に本文の版下を書いた人名刻記が比較的多くあるのが特徴である。

元・普寧寺版一切経

我が国に現存する元版の一切経は杭州路余杭県《よこうけん》（浙江省余杭県）の南山大普寧寺で開版されたいわゆる普寧寺版である。この一切経は思渓資福寺が南宋末の徳祐二年（一二七六）元軍のため炎上したのち、その再興のため雕造されたもので、刊行は僧俗の衆縁を求めて至元年間に行われ、同二六年（一二八九）に完成した。その再印は元時代の末におよび、現存経には至正年間の再雕刊記を有するものが多い。一切経の編成・内容は思渓版に準じたもので、字音釈も各帖の末に掲げ、版式もほぼ同様であるが、製本の方法については合理的な改善がなされているのが特徴である。すなわち帖の首尾にある千字文の下にはじめて函号内の冊数の順序を示す数字が加えられ、版心の表記も経名表示方式をやめて千字文函号と冊数順序の数字を示し、経名をみなくても機械的に料紙の丁継ぎができるようにされている。本文の文字も肉細の活字体風の書体で現し、全体として整然とした姿となっている。

この普寧寺版の我が国に現存するものは比較的多いが、そのなかには朝鮮が元に注文して印刷させた遺品がしばしば見受けられる。たとえば滋賀・園城寺の輪蔵にある元版一切経がそれで、この版経には帖末に至正年月日（ただし年月日の数字は書入れ用にあけてある）高麗国通直郎典校寺丞《つうちょくろうてんこうじじょう》李允升夫妻の大蔵経印成願文があり、父母の追善のため元版を印成して故郷の古阜郡《こふぐん》万日寺に奉納した旨を伝えている。同様の例が埼玉・喜多院一切経中の元版にもあって、これには高麗国匡靖大夫朴景亮《きょうせいたいふぼくけいりょう》が父母のため一切経一蔵を印造し神考寺に安置した旨の皇慶三年（一三一四）三月発願記を同じく一枚の紙に別刷して帖末に貼付している。こうした例は対馬上対馬町西福寺の元版大般若経にもみえている。なお、園城寺本、喜多院本はともにかつては長州（今の山口県）にあり、江戸時代のはじめに毛利氏が徳川家康に献じたものであって、往時は大内氏が朝鮮より求めた一切経であった。いわば中国の版経が朝鮮を経て我が国に伝来したわけで、当時の大陸文化の伝播の在り方を具体的に伝えて注目される。

高麗版一切経

成宗一〇年（淳化二年、九九一）、高麗に蜀版一切経が将来されたことは先に述べたが、その影響を受けて顕宗二年（一〇一一）、一切経の開版が国家事業として始められた。初雕版と通称される高麗で最初の版本一切経がそれで、顕宗代（一〇一〇～三一）に一応の完成をみ、引きつづいて徳宗、靖宗、文宗三代に新訳経典などの追雕が行われた。この版の体裁、版式は蜀版を模したもので、巻子装、一板二三行、一行一四字、首尾題の下に千字文函号を付している。しかし相違する点もあって、たとえば南禅寺一切経中の蜀版『仏本行集経』と、高麗版初雕本と目される同経とを比較すると、高麗版には蜀版にない天地横罫があり、かつ版心も蜀版は「仏本行集経巻第『幾』　第『幾』張　令字号」とするのに対して、高麗版は「仏本行集経巻第『幾』　第『幾』丈　令」と僅かながら差異があり（丁数表示を「丈」「幅」とするのは初雕版の特徴である）、本文の刻字の書風も異なっている。この初雕本の遺巻はその種類を異にする相当数が南禅寺一切経中に伝存して版経史上有名であるが、とくにその『御製秘蔵詮《ぎょせいひぞうせん》』（二〇巻、ただし巻第一七欠）と、『御製仏賦《ぎょせいぶつふ》』には細密な大形の版画挿図が付されていて注目される。おそらくこれは宋版のそれを模したものであろうから、北宋版画の趣きを伝えた珍しい遺品である。またこの一切経中には、初雕本でもやや版式、体裁を異にして別種とも目される版経があり、さらに同じ経典、たとえば『解深密経《げしんみつきょう》』の初雕本と再雕本、さらに初雕本を写した貞祐（ママ）十年癸未の書写本を併せ存するなど、高麗版研究上の宝庫である。しかしその印造年記を明らかにするものがないのが惜しまれていた。ところが、近年その摺印年記を明らかにする我が国現存最古の遺品が発見された。長崎県の壱岐安国寺の版本大般若経（二一九帖）がそれで、うち六帖に重熙一五年（一〇四六）金海府戸長礼院使《らいいんし》許珍寿《きょちんじゅ》が発願摺写した旨の墨書がある。これを初雕版一切経のうちとみるのは、版式などにやや差異があり、その類版とみるべきであろう。印刷された字体をみると、南禅寺の初雕版の字体に比べ、筆線が生硬でやや稚拙さがあるから、おそらく初雕版に準じて『大般若経』（六〇〇巻）だけを印造したものと思われる。長崎県の文化財に指定されていたが、対馬・壱岐の文化財調査にさいして私が確認したもので、直ちに国の重要文化財に指定した。初雕版一切経完成後ほどない摺印版経として珍しい。かつて小野玄妙博士はいわゆる初雕版について二種説を提言されたが、その当否は別として高麗古版については今後いっそうの検討が必要であろう。

なお、高麗版については次項「三　韓国古版経と古写経」を参照されたい。

三　韓国古版経と古写経

日本の国は東洋の古典籍の宝庫といってよいほど、中国、韓国の古代の典籍が数多く伝来している。その理由は古代の日本が中国・韓国の文化の受容にきわめて熱心であり、とくに文化の基盤というべき学問・思想・宗教を重んじて、その内容を伝えた典籍の輸入に努力したことにある。しかし、これらの典籍が永い年月を経て今日に伝えられた背景には、日本人の祖先の人々が日本文化を形成した源流の一つとして、これらの典籍を日本の典籍と同じように考え、大切に保存してきた歴史があることを見過ごすことはできない。

これらの中国・韓国の典籍が日本に伝わった状況を考えるとき、奈良・平安時代において、中国からの伝来の歴史は比較的把握しやすい傾向を持っているのに対し、韓国からの典籍伝来の状況は案外に不明な面が多い。これは日本と中国との交流が遣唐使、あるいは唐・宋への留学生・留学僧を中心にいろいろな史料によって確認される部分が多く、これによって直接・間接に典籍の伝来状況が推測できるのに対し、日本と韓国との交流については史実として把握できる面が限られていることに原因がある。奈良時代の遺品として伝わる典籍（それは写経がほとんどであるが）には韓国に由来する遺品は現在までのところその存在が確認されていない。正倉院宝物中に新羅の文書が裏打紙として使われている宝物（『華厳経論帳』）があって、奈良時代に日本と韓国との間に文物の交流が相当にあったことを窺わせている。典籍についても数多くの将来があったと思われるが、確認できないのは残念である。

韓国に伝わる新羅時代の写経をみると、その体裁、筆跡は中国・唐代の写経ときわめて近似しており、ほとんど同一といってよい。これは中国で完成した漢訳写経の周辺諸国への伝播を考えれば当然のことであるが、日本に今日伝存している隋・唐代写経のなかに、あるいは韓国、新羅・百済あるいは統一新羅時代の写経が混在していて、中国写経として扱われている可能性もまったく否定することはできないのであって、今後の調査・研究が必要であると思われる。

このように奈良時代における韓国典籍については、現在のところその対象となる遺品が確認できないが、平安時代以降に日本に伝来した韓国の典籍は数が多い。以下、日本に現存する高麗時代の典籍のうち、仏教に関する典籍すなわち仏典について、印刷本である版本経典（版経）と、筆写本である写本経典（写経）について、管見したものの概略を記しておくこととする。

版本経典（版経）

日本には韓国で出版された経典の版本、つまり版経が比較的多く伝存している。韓国における版経の歴史は中国についで古く、中国の印刷文化の影響を受けて急速に発展した。中国での大規模な印刷事業としては勅版（蜀版）一切経（大蔵経）の開版印刷事業が最も著名である。この事業は北宋の太祖が勅命によって命じたもので、開宝四年（九七一）に蜀地益州の地で開版が始められ、一一年後の太平興国八年（九八三）に完成した。雕造された一切経の板木は一三万余りといわれ、開封の太平興国寺の印経院で出版された。印刷事業としては世界最初の大事業であった。この勅版一切経は蜀版一切経とも呼ばれたが、当時の漢訳経典である経・律・論・疏を網羅し、テキストとしても優れていたため、中国近隣の仏教国家に尊重された。日本でも当時入宋中であった天台僧奝然《ちょうねん》が、この完成間もないこの勅版一切経を三国伝来の釈迦如来立像とともに、寛和二年（九八六）に将来し、平安時代の日本の一切経写経事業に多大の影響を与えた。

高麗でも、この勅版一切経を完成直後に輸入するとともに、高麗における一切経の印刷を計画し、顕宗二年（一〇一一）にこの宋・勅版（蜀版）に基づいた一切経印刷事業を開始した。この一切経は顕宗時代（在位一〇一〇〜三一）に開元釈教録に定める五〇四八巻の完成を見ている。ついで徳宗（在位一〇三一〜三五）、靖宗（在位一〇三五〜四七）、文宗（在位一〇四七〜八二）の三代にわたって、宋時代に行われた新訳経典の追加雕造を行い、千字文の函数で「天」字函から「楚」字函に至る五七〇函、経巻数五一二四巻を完成した。この一切経はのちに高宗時代に再度雕造された再雕版一切経に対して初雕版一切経と呼ばれている。

この初雕版一切経の体裁・版式・印刷はおおむね宋の勅版（蜀版）一切経に準じたもので、体裁は巻子装、版式は本文が一板木二三行宛て、一行一四字に刻字され、一板木に料紙一枚を宛てて摺り、料紙を継いで装幀した。本文の刻字の字体は宋・勅版に類似している。しかし、各板本に製本用に記された版心の表記には差異があり、とくに宋・勅版が紙数の単位表記を「張《ちょう》」としたのに対し、初雕版は「丈《じょう》」、ときには「幅《ふく》」と表記しているのが特徴である。

この初雕版一切経は、宋・勅版一切経につぐ大事業として、東洋文化史上に注目すべきもので、完成後はおそらく日本にも将来され、平安時代の一切経書写事業に多大の影響を与えたと思われるが、日本の写経にその関連を示す史料は今日まで発見されていない。またほかにその史実を伝えた史料が現存していないため、その実状が明らかでないことが惜しまれる。

ただ、この初雕版一切経の一部の遺巻が京都・南禅寺所蔵版本一切経のなかに現存しているから、中世に日本に伝来していたことは明らかである。この南禅寺一切経は、慶長一九年（一六一四）に南禅寺経蔵に納められたもので、もとは兵庫須磨（現在の神戸市）の禅昌寺に伝わり、室町時代応永元年（一三九四）ごろに沙弥慶安が九州の博多で禅昌寺のために蒐集したものである。その内容は各種の版本を取り合わせたもので、中国の宋版と元版に高麗版を取り合わせ、さらに不足分を日本の春日版で補い、また補写本で補充した混合一切経である。この一切経の宋版のなかには世界でも伝存まれな宋・勅版（蜀版）一切経の遺巻である『仏本行集経』（一帖）があって有名である。

高麗版はおよそ一七五〇帖前後あって、そのほとんどは恭愍王《きょうびんおう》時代の癸卯（一三六三）から丙午（一三六六）にかけての再雕版一切経であるが、なかに『仏本行集経』などの初雕版があって注目されている。前述した宋・勅版（蜀版）一切経と初雕版一切経の版式・刻字の書体・版心などについての異同の比較は、この南禅寺一切経中に同じ経名の版経が存在することによって具体的に可能となるものである。

このほか、この南禅寺一切経中には徳宗、靖宗、文宗時代に初雕版一切経に追加されたと思われる『御製《ぎょせい》秘蔵詮《ひぞうせん》』がある。刊記はないが本文は一行一四字で、版心の紙数単位の記載を「幅」としていて、初雕版の特徴を明らかにしている。各帖の帖首あるいは本文の途中には経の内容を現した版画の挿図があり、深山幽谷、池辺海浜の風景を描いた図様は細密・精緻をきわめていて、高麗版画技術の優れていたことを示している。この版画が、この刷本の親本である宋版にあって、それを模刻したものか、あるいは初雕版独自のものか、宋・勅版（蜀版）の『御製秘蔵詮』が現存せず、比較検討が不可能であるが、この版画は京都・清涼寺の釈迦如来立像の胎内に納められていた北宋時代の版画とともに、一〇・一一世紀初期の版画遺品として、東洋版画史上にも貴重である。

高麗初雕版一切経は前述したように文宗の時代に追加の新訳経典を含めて完成したが、そののち宣宗二年（一〇八五）に文宗の子、大覚国師義天が一切経につぐ続蔵経《ぞくぞうきょう》の編纂を計画し、広く中国、日本にも新撰の仏典、注疏類を求め、大興王寺において開版事業を行った。奈良・東大寺にある『高麗版華厳経随疏演義鈔』（四〇巻）は、義天が刊行した義天版の現存本として珍しいもので、帖末の刊記によれば、宣宗の大安一〇年（一〇九四）から粛宗の寿昌二年（一〇九六）にかけて大興王寺で雕造されたことが判明する。本文の版式は一板（料紙一紙）三〇行、一行二〇字の巻子本で、帖末に鎌倉時代の文永年間に東大寺学僧宗性《そうせい》が一見した墨書の識語があり、古く日本に渡来して学僧たちに珍重されていたことを伝えている。

なお、こうした高麗王朝の勅版の一切経、あるいは続蔵経のほかに高麗前期の雕造になる大般若経がある。長崎県の壱岐の安国寺にある高麗版大般若経二一九帖がそれである。うち六帖の巻末に重熙一五年（一〇四六）、すなわち靖宗一二年の四月に高麗国の金海府戸長礼院使許珍寿が亡父追善のため大般若経六〇〇巻を摺写供養した旨の墨書があって、その成立年代を明らかにしている。もとは巻子本であったと思われるが、現在は折本装に改装されている。本文の刻字はなかなかに端整な字体を示していて丁寧に雕造されており、首題の下には函号を示す千字文が刻される。版式は一板（料紙一紙）二五行、一行一四字で、版心の紙数単位の表記は「丈」字を用いていて、刻工名の刻記がある。初雕版一切経の大般若経が現存しない今日、この安国寺経と初雕版との関係を知ることは難しいが、本文の刻字はやや古拙な趣があって、初雕版の刻字の書体に比べて端麗さを欠いている。また刊記のないことも国家が刊行した初雕版の大般若経としては不審である。大般若経は単独で雕造開版されることがあるから、初雕版一切経とは別版とみるべきものであろう。初雕版の一切経の板木は符仁寺に伝わり、義天が開版した続蔵経の板木は大興王寺の教蔵堂にあって、それぞれ印刷事業が行われていたが、高宗一九年（一二三二）蒙古の入寇によってこれらの板木は兵火にかかりすべて焼失した。これを惜しんだ高宗が再度一切経の雕造を企てて完成したのがいわゆる再雕版一切経である。勅命を受けた大蔵都監の下で完成したのは高宗三八年（一二五一）で、前後一五年余の年月を経た大事業であった。版式はほぼ初雕版と同様であるが、版心の丁数単位表記の「丈」「幅」を蜀版と同じ「張」に改めており、各巻の末に刊行の干支と大蔵都監の奉勅命雕造の刊記を掲げている。

日本では平安、鎌倉時代には版本一切経を多く中国に求め、専ら宋版一切経である東禅等覚院版、開元寺版、思渓円覚院版、磧砂延聖院版、さらには元版の普寧寺版、あるいはその混合蔵を将来していたが、鎌倉時代後期以降、中国との交流が途絶え、また中国における一切経の印造活動が停滞することもあって、一切経を高麗に求めるようになった。ことに南北朝、室町時代に足利幕府が確立し、都を中心とする造寺事業が活発となり、また地方の守護大名もこれにならうようになると、法宝としての一切経の需要が増大し、高麗よりの一切経将来に拍車がかかることとなった。

日本に現存するまとまった高麗再雕版一切経の遺品はおおむね次表のとおりである。

これらの再雕版一切経には上製本と並製本との二種の区別があり、建仁寺本、金剛峯寺本は一巻一帖に仕立てた上製本で、料紙も上質であるのに対し、輪王寺本などは数巻分を一冊にまとめた袋綴装《ふくろつづりそう》並製本で、料紙もやや漉《す》きの粗い紙を用いている。瑞渓周鳳の『善隣国宝記《ぜんりんこくほうき》』などによれば、足利幕府あるいは大内、細川ら守護大名が十数回にわたってこの一切経の将来を高麗王室に求めていたことが判明する。

また日本に伝来した宋元版のうちには、高麗を経由して渡来したものもある。たとえば滋賀・園城寺の元版普寧寺版一切経がそれで、この元版の一帖には延祐元年（一三一四）高麗国星山郡の夫人車氏の発願文、ほかの帖には至正年月日（ただし、年月日の所は書込み用に空けてある）高麗国通直郎典校寺丞《つうちょくろうてんこうじじょう》李允升夫妻の一切経印成願文がそれぞれ本文と別刷りで貼付されている。

延祐元年の発願文は幹善僧靖恭の勧縁により高麗国星山郡の夫人車氏が亡夫趙文簡の菩提と、自身および国大夫人（正三品）であった祖母の福寿倍増と併せて国泰民安のため大蔵経の流布を発願し、家財を寄捨して元版を重摺印行したものである。また至正年紀のものは、幹善比丘法琪の勧縁により高麗国通直郎（従六品下）典校寺丞李允升と妻の咸安郡夫人尹氏が父母の菩提と自身と眷属の福智増長のため一切経を印造し、故郷の古阜《こふ》郡の万日寺に奉納したことが判明する。至正の年号のみで、年紀を明らかにしないが、典校寺（経籍を掌る役所）が、名称を旧称の典校寺に復したのは恭愍王一一年（至正二二年、一三六二）であるから、この発願文は至正二二年以後のこととなる。したがって、この元版は高麗の貴族、官人が元に注文して印刷させた二種の一切経が混合して一具となったものが、日本に将来したものである。

このように高麗の貴族、官人が父母一族の追善のため、あるいは菩提寺の法宝のため、元に一切経の印行を依頼することはしばしば行われていたらしい。同様の例が埼玉・川越喜多院一切経中の元版にもあって、これには高麗国匡靖大夫《きょうせいだいぶ》（正二品）朴景亮《ぼくけいりょう》が父母のため一切経一蔵を印造し、神考寺に寄進した旨の皇慶三年（一三一四）三月発願記を別刷りにして各帖の末に貼付している。こうした例は長崎県対馬の上対馬町西福寺の元版大般若経にもみえている。この西福寺経は泰定二年（一三二五）に一部補刻された元版普寧寺版を、その翌年の泰定三年、すなわち高麗忠粛王一三年に、当時高麗国門下省僉議賛成事であった趙璉が普寧寺に注文印刷させたものである。その印造記は各一〇帖ごとの一番台の経巻の帖末に貼付されていて、趙璉が化主僧行淳とともに印成したことを明らかにしている。この願主である趙璉は『高麗史』巻第一〇五、列伝一八、趙仁規項にその伝がみえる人物で、趙仁規の男、字名を温仲と号し、忠粛王の時代に活躍し、対元外交に尽力した人であった。また、同じく対馬上県町妙光寺の元版普寧寺版大般若経（泰定二年開版題記）も高麗時代に元・普寧寺に注文して印刷したもので、巻第一の帖末に墨書された泰定五年臨川寺住持正柔の願文によれば、全州の戸長朴環の未亡人李氏が子供の正柔とともに銀泥を寄捨し、各帖の題目を銀字で書して荘厳し、亡夫と母・子、朴氏一族の作善としたことが判明する。これらの諸例は、再雕版一切経の完成後にも、高麗において元版一切経などを輸入することがあったことを示していて興味深い。

なお、園城寺本、喜多院本はともにかつては長州にあり、毛利氏が徳川家康に献上したもので、往時は大内氏が高麗より輸入して菩提寺などに納めたものであろう。園城寺本は経箱の蓋裏墨書によって、もとは大内義弘の菩提寺であった山口の香山洞春寺にあったことが判明している。

まず、管見した高麗時代書写になる写経を列挙すると次表のとおりである。

高麗経は我が国で大切に保存されているが、日本に輸入されるようになったのは南北朝・室町時代である。高麗写経は日本の写経に比べて大型で、料紙・文字も優美で、書法に優れていて珍重された。その断簡は名筆を集めた古筆手鑑にも貼り込まれ、筆者を藤原鎌足としている。おそらく大陸文化を朝鮮から学んだ飛鳥時代を偲んだものと思われる。その存在はいまだ明らかでない面が多く、今後の調査によって、所在がさらに確認されるものが多いと考えられる。

なお、表のうち、㈠の『大宝積経巻第三二』は高麗の統和二四年（契丹年号、一〇〇六、日本の平安中期・寛弘三年）に穆宗の母后千秋王太后が寵臣の金致陽とともに発願した紺紙金字一切経の現存唯一の遺巻で、金字奥書に発願文、筆者、校正者を明らかにしている。高麗金字経の現存最古の写経でもある。見返しの供養菩薩像絵も成立年代の明らかな紙本絵画の最古品である。見返しに嘉慶二年（一三八八）に滋賀・金剛輪寺に施入した旨の朱書があり、南北朝時代に日本に輸入されていたことを明らかにしている。京都・神田喜一郎氏旧蔵で、初めて私が拝見し、一九七七年に国に購入した憶い出がある。

京都市北区大宮栗栖町の常徳寺所有の㈨『紺紙銀字法華経』（六帖）と㈩『金字法華経』（五帖）はともに高麗の官人などが国家安穏、自身の平安を祈念して発願書写せしめた七巻本の法華経である。体裁はいずれも折本装で、『紺紙銀字法華経』は巻第五、『金字法華経』は巻第四、六を欠いている。

『紺紙銀字法華経』は、紺紙銀泥宝相華文の原表紙を装し、外題は中央の金泥複郭内に金字で「妙法蓮華経巻第『幾』」と書し、見返しには金泥にて宝殿内釈迦説法の変相図が精緻な画法で描かれている。各巻と

No.	名称	巻数	所蔵先	書写年など
一	紺紙金字大宝積経巻第三二	一巻	国（京都国立博物館保管）	統和二四年（穆宗九年、一〇〇六）千秋王太后発願紺紙金字一切経
二	紺紙銀字文殊師利問菩提経	一帖	京都市　小川家	至元一三年（忠烈王二年、一二七六）忠烈王発願銀字一切経
三	紺紙銀字法華経・阿弥陀経	四帖	京都府　宝積寺	至元三一年（忠烈王二〇年、一二九四）中正大夫安節・李氏・張氏発願経
四	紺紙金字法華経	一帖	石川県金沢市　大乗寺	延祐二年（忠粛王二年、一三一五）書写奥書
五	紺紙金字法華経	一帖	島根県松江市　天倫寺	延祐二年（忠粛王二年、一三一五）書写奥書
六	白紙金字金剛般若経	一帖	大阪市　広勉氏旧蔵	至治二年（忠粛王九年、一三二二）重大匡定安君許琮等発願経
七	紺紙銀字阿育王太子法益壊目因縁経	一巻	国（京都国立博物館保管）	泰定二年（忠粛王一二年、一三二五）忠粛王発願銀字一切経
八	紺紙銀字法華経	七帖	福井県小浜市　羽賀寺	泰定二年（忠粛王一二年、一三二五）前上護軍崔有倫発願経
九	紺紙銀字法華経	六帖	京都市北区　常徳寺	天暦二年（忠粛王一六年、一三二九）奉善大夫鄭揖発願経
一〇	紺紙銀字法華経	七帖	静岡県清水市　海長寺	元統二年（忠粛王再位三年、一三三四）書写奥書
一一	紺紙銀字華厳経	一帖	兵庫県神戸市　福祥寺	至元二年（忠粛王再位五年、一三三六）書写奥書
一二	紺紙金字法華経	七帖	京都市　妙顕寺	至元五年（忠粛王再位八年、一三三九）亜中大夫木的立発願経
一三	紺紙金字法華経	七帖	佐賀県（佐賀県立博物館保管）	至元六年（忠粛王再位九年、一三四〇）書写奥書
一四	紺紙金字金剛般若経	一帖	愛知県豊橋市　太平寺	至元一一年（忠定王三年、一三五一）書写奥書
一五	白紙金字金剛般若経	一帖	長崎県上五島　常楽院	至正二七年（恭愍王一六年、一三六七）奉善大夫朴光美発願経
一六	白紙金字法華経	五帖	京都市北区　常徳寺	至正二九年（恭愍王一八年、一三六九）奉善大夫朴光美発願経

も首尾題を存し、本文料紙は金泥界（界高一八・八センチメートル、界幅一・八センチメートル）を施した紺紙を用い、半葉六行、行一七字宛てに銀泥にて謹直に書写される。書写の年代を示す奥書は巻第七末にあり、それによれば高麗忠蕭王一六年の天暦二年（一三二九）七月、忠蕭王の長久と先祖ならびに夫婦一門眷属の平安のために、奉善大夫典客副令の鄭榥とその夫人羅氏が発願書写せしめたことがわかる。

『金字法華経』は、薄紅地《うすべにじ》金銀泥宝相華《きんぎんでいほうそうげ》文《もん》の原表紙を装し、紺地の金泥複郭内の書題簽に金字にて「妙法蓮華経第『幾』」の外題を記し、見返しは金泥にて法華変相図を前者同様に精細に描いている。本文料紙は金界を施した白色紙を用い、本文は半葉六行、行一七字に金泥にて正楷に書写する。巻第一の末に至正二九年（一三六九）三月、前千午衛護軍林祐などの発願奥書がみえている。この至正二九年は高麗恭愍王一八年に当たり、既に中国では明太祖の洪武二年に相当するが、高麗では親元派の勢力が強く、当時も元朝の年号を使用していたことを示している。

両経ともに完存していない点は惜しまれるが、いずれも本文の書風は端麗にして、各帖の見返しに描かれた法華変相図は、高麗仏画資料としても注目される。書写年代、願主名を明らかにする高麗時代後期の装飾経として貴重な遺品である。

〔参考文献〕

『書誌学序説』（長沢規矩也著、一九七二年、吉川弘文館刊）

『漢籍整理法』（長沢規矩也著、一九七四年、汲古書院刊）
『五山版の研究』（川瀬一馬著、一九七〇年、日本古書籍商協会刊）
『古活字版の研究』（川瀬一馬著、一九六七年）
『支那学芸大辞彙』（近藤杢著、一九三六年、立命館出版部刊）

成稿一覧

はじめに――古典籍はどのように伝わったか――

初出　平成三年五月二九日全国重要文化財所有者連絡協議会近畿地区総会講演、「全文連会報第二号」（一九九一年九月刊）に「日本の文化財の特質」として講演要旨所収。二〇〇三年一〇月加筆。

第一章　冷泉家時雨亭文庫に伝わった貴重書

初出　「冷泉家時雨亭叢書」月報第一号から第六号（一九九二年一二月から一九九三年一〇月まで）

第二章　古典籍が教える書誌学の話

初出　「冷泉家時雨亭叢書」月報七号から五三号（一九九三年一二月から二〇〇二年一〇月まで）

＊以下は新稿

一―7袋綴装本／8紙捻綴本／9本の数え方など

五―4人にみせなかった貴重書／5家を再興した文書

第三章　調査が教える仏典の話

一　経蔵調査のことども
初出「冷泉家時雨亭叢書」月報四九・五〇号（二〇〇二年二・四月）

二　東寺宋版一切経の調査　一九六一年三月成稿（未発表）

三　宋版一切経にみえる日本僧の刊記
初出「古辞書叢刊消息」月報第五号（一九七七年五月、雄松堂出版刊）

四　醍醐寺宋版一切経の調査　一九六三年一二月成稿（未発表）

五　興福寺春日版板木の調査　一九七九年三月成稿（未発表）

第四章　中国・韓国からの古典籍の伝来

一　漢籍貴重書の伝来
初出『重要文化財』第一九巻、書跡・典籍・古文書Ⅱ、概説（一九七六年三月、毎日新聞社刊）

二　宋版一切経
初出『重要文化財』第二一巻、書跡・典籍・古文書Ⅳ、仏典Ⅱ、概説（一九七七年一月、毎日新聞社刊）

三　韓国古版経と古写経
初出『(韓国）国宝』第一二巻、書芸・典籍（日本語版）解説「日本に伝来した韓国の古典籍・古写経類」（一九八五年七月、竹書房刊）

あとがき

私が『冷泉家時雨亭叢書』の月報に本書の基底となった「古典籍のはなし」を掲載したのは一九九二年（平成四）一二月のことである。叢書の編集担当者である朝日新聞社の上野武さんからの依頼で、その趣旨は叢書に収める時雨亭文庫の影印本の各冊には、それぞれの研究者が解説を附けるが、その内容は学術的な専門用語が多く、一般の読者には判りにくいと思われるので、読者の理解を深めるため書誌の説明を書いて欲しいということであった。その要望に対して私は、冷泉家の秘庫に伝わった藤原定家の本を中心に実例をあげ、平安・鎌倉時代の書写本について、それが本としての姿・形が我々にどのようなことを教えてくれるのか、そしてそれらの貴重本はどのようにして今日に伝わったのか、永年にわたって古典籍の調査に携ってきた私の経験を反映しながら、新しい形の書誌学の話を書いてみたいと話して、了承を得たのが始まりであった。私がそうしたことを書いてみたいと述べた理由は、これまで書誌学についての本はそのほとんどが用語解説を中心としたもので、本の生きた姿について具体的に述べた本がないのは若い研究者のために残念なことだと思っていたためである。

ことに書誌学は、漢字を作り、本を生み出した中国で発達した学問で、書誌学を構成する物の考え方は漢文の本に基づいてできている。しかし、仮名が漢字から生まれて日本独自の世界を作ったように、仮名文の本も漢字の本の影響を受けながら、独自の書誌学を築いているに相違ない。そうした日本が生み育てた本の特性を明らかにしてみたいという思いもあった。

このため、月報の内容は我が国の学問の在り方、仮名文学の進展と本の形態の変化に留意しながら、実例に基づいて具体的に、判りやすく書くように努めることとした。しかし、いざ書き始めてみると、私の不勉強もあって内容は平板な記述になりやすく、自分の思いが充分に表現されているとはいえないことにやや困惑をした憶いもあった。そうしたなかで、東京神田の一橋如水会館で催された古書展の会場で、八木書店社長の八木壮一氏にお会いすることがあり、「山本先生、冷泉家時雨亭叢書の月報の書誌学の話は読んでいますよ。私の友人でも先生の文章を切り抜いて持っている人がいますよ」と声をかけられたのは、私にとって有難い励ましであった。

私の古典籍・古文書との出会いは、一九六〇年（昭和三五）に国学院大学大学院在学中に、文化財保護委員会事務局の美術工芸課の書跡調査係に採用になり、書跡の主査の田山信郎（号方南）さんの下で文化財である典籍・文書・名家筆跡の調査の仕事に従事したことから始まっている。そこで学んだことは典籍・文書の原本もしくは古写本が持つ学術的価値を的確に把握することの大切さであった。まず基礎として典籍・文書の筆写年代と原本・写本の別、そして時には真偽の是非の判断が求められた。そのためには書誌学あるいは古文書学についての正しい知識と数多くの優れた典籍・文書をみて得た経験が必要になる。その基本の一つがいわゆる筆跡の時代判定であった。しかし、やっかいなことにその判断力はいったん判ったと思うところに迷いはじめ、再度自信を持ったころに再び悩むことがある。ある時、田山主査にその悩みを話したところ、「まあ三度迷って本物になるな」といわれたことがある。

調査についていえば私は二つのことに恵まれた。一つは名品を数多く手にとる機会を得たこと。他の一つは蔵に伝わった古代・中世の典籍・文書をたびたび集中して調査できたことである。前者は、当時の文化財保護委員会に国指定文化財の内容を記した台帳がほとんどなく、昭和四〇年代にその台帳を作成するため、当時の若手職員を各地に出張させることがあった。私はその一人として神社・寺院あるいは博物館・財団法人が所有する典籍・文書の名品のほとんどにふれることができた。私はのちに田山信郎・近藤喜博主任の後を受けて一九七二年（昭和四七）から一九八九年（平成元）まで、約一七年間にわたって典籍・古文書・名家筆跡を国指定文化財にするための調査・指定の仕事を主宰した。そのさいに、この国宝・重要文化財の台帳造りの経験が大きな力となったことは申すまでもない。

後者は、文化財の指定調査の一環として田山主任の下で主として寺院経蔵の調査に参加し、近藤主任とは本居宣長などの近世学者の著述稿本類の調査を行い、のちには自らもしばしば経蔵・文庫の調査を実施したことである。これらの経蔵には平安・鎌倉・室町・江戸時代の典籍・文書が一括して保存されている。その内容は仏典が中心であるが、漢籍・国文学など広い範囲の典籍も含まれていて、それらは巻子装・折本装・粘葉装・綴葉装・袋綴装と、さまざまな姿を伝えている。我が国の典籍の実態を自ずから比較・検討しながら把握することができたのである。

ただし、こうした恵まれた状況のなかで得たことについてこれまでは書くことはなかった。それは文化財行政に携わる者は、一般の人がみられないものを肩書によって手にとることができるので、他に発表することは差し控えるべきだという戒めが根底にあったためである。しかしながら時もたち、調査のことを知る人もほとんど世を去ったことを考えて、折々の憶い出話も含めて本書に加えることとした。

このたびの出版にさいして月報掲載の文章を読み返してみると、その内容に精粗の差が大きいことに改めて気附いて内心忸怩たる思いがある。執筆中の奈良国立博物館は、永年の課題であった展示館と事務棟の新設、一九九五年（平成七）四月に迎える開館百年記念事業の準備等に併せて、世間の注目を浴びたいわゆるガンダーラ仏像問題の後始末、美術系学芸員の在り方の見直しなど様々な課題があって多忙を極めていた。このため原稿の〆切りに遅れることがたびたびで、担当の上野さんに御迷惑をかけたことを今でも申し訳なく思っている。

なお、このたびの上梓にさいして、宋版一切経、春日版板木についての調査の覚書き、あるいは中国・韓国からの漢籍・仏典および印刷経に関する概説を併載したが、これは冷泉家時雨亭文庫が和歌文学を中心とする和書で構成されていて、漢籍・仏典のことがあまり書けなかったため、その補遺を兼ねて旧稿を活用したものである。

最後になるが、永年にわたる典籍・文書等の調査にさいして格別の御高配に預った財団法人冷泉家時雨亭文庫、冷泉家時雨亭叢書刊行委員会事務局、および京都・教王護国寺（東寺）、醍醐寺、奈良・興福寺を始めとする各寺社の各位に厚く御礼を申上げたい。

また、本書の刊行は偏に八木書店社長八木壮一氏の御好意によるもので、原稿の整理から索引作成に至るまで御援助を得た同書店出版部恋塚嘉氏に感謝の意を表するものである。

二〇〇四年一一月　　　　山本　信吉

【著者】山本 信吉（やまもと のぶよし）

〔略歴〕
1932 年 7 月　東京に生れる
1956 年 3 月　国学院大学文学部史学科卒業
1960 年 3 月　文化財保護委員会事務局美術工芸課書跡調査係勤務
1961 年 3 月　国学院大学大学院日本史学専攻博士課程単位修了
文化庁文化財保護部主任文化財調査官、美術工芸課長、文化財監査官、奈良国立博物館長を歴任。

〔編著書〕
『法隆寺の写経・版経（法隆寺の至宝 7）』（1997 年、小学館刊）
『神社と神人の社会史』（共編、1998 年、思文閣出版刊）
『法隆寺の古記録・古文書（法隆寺の至宝 8）』（1999 年、小学館刊）
『青蓮院門跡吉水蔵聖教目録』（共編、1999 年、汲古書院刊）
『社寺造営の政治史』（共編、2000 年、思文閣出版刊）
『国史大系書目解題』（共編、2001 年、吉川弘文館刊）
『摂関政治史論考』（2003 年、吉川弘文館刊）
『高野山正智院経蔵史料集成』（全 6 巻・編、2004 年、吉川弘文館刊、刊行中）

古典籍が語る—書物の文化史—　定価（本体 3,600 円＋税）

2004 年 11 月 25 日　初版第一刷発行
2005 年 1 月 15 日　初版第二刷発行

著　者　山　本　信　吉
発行者　八　木　壮　一

発行所　株式会社　八　木　書　店
〒101-0052　東京都千代田区神田小川町 3-8
03-3291-2961（営業）
03-3291-2969（編集）
03-3291-2962（FAX）
Web http://www.books-yagi.co.jp/pub
E-mail pub@books-yagi.co.jp

印刷所　精　興　社
用　紙　中性紙使用
製本所　牧製本印刷
装　幀　大貫伸樹

ISBN 4-8406-0044-9

索　引

・本索引は事項索引、書名索引、人名索引からなる。
・本奥書は奥書の項に、施財刊記は刊記の項に掲出する等、下記の語句を含むものについては、適宜まとめて掲出した。
事項：奥書、界（界線）、懐紙、家学、刊記、蔵、罫、楮紙、雇筆、書名、内題、表紙、和紙
書名：『史記』、思渓円覚院版一切経、東禅寺版、『和漢朗詠集』
・氏、家、姓名に関連する名詞は便宜上人名索引に一括して収録した。
（例）上杉家文書、冷泉家時雨亭叢書、藤原資経書写本→人名索引に収録

事項索引

【え】

【お】

【か】

【き】

【く】

【け】

【こ】

【さ】

【し】

【す】

【つ】

【て】

【と】

【な】

【に】

【ね】

【の】

【は】

【ひ】

【ふ】

【へ】

【ほ】

【ま】

【み】

【め】

【も】

【や】

【よ】

【ら】

【り】

【れ】

【ろ】

【わ】

書名索引

【き】

【く】

【け】

【こ】

【さ】

【し】

【す】

【せ】

【そ】

【た】

【ち】

【つ】

【て】

【と】

【な】

【に】

【の】

【は】

【ひ】

【ふ】

人名索引

【さ】

【し】

【す】

【せ】

【そ】

【た】

【ち】

【つ】

【て】

【と】

【な】

【に】

【は】

【ひ】

【ふ】

【ほ】

【ま】

【み】